D1719814

Wilfried Ehrler

TRIATHLON

Das komplette Know-how
für Spitzenleistungen

Sportverlag Berlin

Die Deutsche Bibliothek – CIP-Einheitsaufnahme

TRIATHLON : das komplette Know-How für
Spitzenleistungen / Wilfried Ehrler. [Fotos: D. Klaus, M. Müller u. a.;
Zeichn.: R. Benedix]. – 1. Aufl. – Berlin : Sportverl., 1993
   ISBN 3-328-00549-8
NE: Wilfried Ehrler

ISBN 3-328-00549-8

© Sport und Gesundheit Verlag GmbH 1993
Erste Auflage
Fotos: D. Klaus, M. Müller, J. Wermann, Ch. Höhne
Zeichnungen: R. Benedix
Einbandfotos: ZEFA; THE IMAGE BANK;
TOMY STONE
Einbandgestaltung: Theodor Bayer-Eynck
Printed in Germany 1993
Satz: R. Benens & Co., Berlin
Druck: Bosch-Druck, Landshut/Ergolding

Inhalt

Triathlon – ein Kind unserer Zeit   9

Die Dimensionen der Ausdauer
ausschreiten   9
Die Sportart formiert sich   10

Ein moderner Sport und seine Anhänger   13

Triathlon für Einsteiger   13

Triathlon – ein Kindersport?   15

Frauentriathlon   17

Gesundheitliche Risiken minimieren   18

Schwimmen   18
Radsport   18
Laufen   19

Anforderungen an den Triathleten   20

Die Teildisziplinen   21

Die Triebwerke des Mehrkämpfers   22

*Der Wechsel der Sportarten
und seine Tücken*   23

Leistungsfaktoren im Triathlon   24

Das sportliche Vorleben des Triathleten   24
    Der Schwimmer –
    ein idealer Spitzentriathlet   24
    Die Chancen des Radsportlers   25
    Der Läufer als Mehrkämpfer   25

Allgemeine Trainingslehre für Triathleten 27

*Wann werden Anpassungsvorgänge
ausgelöst?*   27

Möglichkeiten zur Regulierung
von Trainingsbelastungen   27

Belastungsfaktoren   27
Trainingsmethoden   28
Struktur der Belastung   30

*Schulung von Fähigkeiten und
sportlichen Techniken*   32

Ausdauer – die Tugend des Triathleten   32
    Ausdauer ist ein weites Feld   32
    Bestimmung der Trainingsintensität   34
    Trainingsmethodische Kontrolle
    der Ausdauerbelastung   34

Kraftentwicklung – wichtige Ergänzung
des Ausdauertrainings   35
    Hauptformen der Kraftfähigkeit   35
    Maximalkrafttraining   36
    Schnellkrafttraining   36
    Kraftausdauertraining   36
Beweglichkeitsschulung   37
Bewegungsabläufe im Kindesalter erlernen 38

**Trainingsplanung und Leistungs-
diagnostik**   41

Trainingsplanung   41

Vorüberlegungen zur Trainingsplanung   42

Inhaltlicher Aufbau der Trainingsplanung 42
Umfang des Trainings im Jahresverlauf 43
Trainingsdokumentation 44
Wettkampfanalyse 45

Leistungsdiagnostik 46

Leistungsdiagnostik mittels elektronischer Pulsmessung 46
Laktatmessung als Grundlage der Leistungsdiagnostik 47
Wettkampftest im Labor 48

Wettkampf- und Streckenangebote 50

Wettkampfformen im Triathlon 50

Langtriathlon 50
Mitteltriathlon 50
Kurztriathlon 51
Sprinttriathlon 51
Jedermanntriathlon 51
Weitere Triathlonvarianten 51
Crosstriathlon 51
Überlange Triathlonwettkämpfe 52

Weitere Ausdauermehrkampfangebote 52

Drei Sportarten nonstop sind noch kein Triathlon 52
Duathlon 53

Das Triathlonabzeichen 53

Triathlontouristik 53

Technik und Taktik in den Einzeldisziplinen 54

Schwimmen 54

Technik 54

Zweckmäßige Schwimmtechniken 55
Kraulschwimmen 55
Brustschwimmen 56
Rückenschwimmen 58
Schwimmartenkombinationen 59
Wendentechnik 60
Kraulwenden 60
Wende im Brustschwimmen 62
Taktik beim Schwimmen 62
Der Start 64
Verhalten auf der Schwimmstrecke 64

Radfahren 66

Physik für den Radsportler 67
Radtechnik 68
Radtaktik – auch ohne Windschattenfahren 71

Laufen 73

Lauftechnik 74
Taktik auf der Laufstrecke 77

Training 79

Komplexität des Triathlontrainings 79
Trainingsaufbau 80
Trainingsaufbau für Kurzentschlossene 80
Langfristiger Trainingsaufbau 82

Schwimmtraining 82

Techniktraining 83
Vervollkommnung der Ausdauer 83
Langzeitausdauer 88
Intensitätsausdauer 88
Weitere Trainingshinweise 90
Kraftausdauer erhöht Schwimmtempo 90
Selbstrettung im Wasser 92

Radtraining

Vervollkommnung der Radtechnik 93
Leistungsverbesserung im Radfahren 94
   Verbesserung der aeroben Kapazität 94
   Kraft und Schnelligkeit auf dem Rad 95
   Wintertraining 96

Lauftraining

Vervollkommnung der Lauftechnik 96
Dauerlauftraining – aerob und anaerob 97
   Trainingsmittel zur Vervollkommnung
   der aeroben Ausdauer 98
   Trainingsformen zur Vervollkommnung
   der anaeroben Leistungsfähigkeit 98
Dehnübungen 99

Krafttraining für Triathleten 102
   Übungsvorschläge und Programme 102
   Von der Übungssammlung zum
   Übungsprogramm 108

**Rahmentrainingsplan für Hochleistungs-
sportler (olympische Distanz)** 109

Das Training für Ältere 123

Der Wettkampf 125

Startvorbereitung 126
Akklimatisation 126
Die Erwärmung vor dem Start 127
Wettkampfutensilien 128
Mentale Vorbereitung auf den
Wettkampf 128
Essen und Trinken vor, während und
nach dem Wettkampf 130

Prophylaxe und Regeneration 132

Ernährung 133
Getränke 134

Muskelpflege 135
   Muskeldehnung 136
   Muskelentspannung 137

Physiotherapeutische Maßnahmen 138
   Massage 138
   Sauna 139
   Bäder und Güsse 139

Aktive Erholung 139

Psychische Regeneration 139

Blessuren und Beschwerden 141

Überlastungsschäden 141
Akute Verletzungen und Krankheiten 142

*Organismische Störungen unter
Hitzebedingungen* 143

Hitzekrampf 143
Hitzeerschöpfung 144
Hitzschlag 145

Schwimmen im kalten Offenwasser 145

**Ausrüstung – Leistungsfaktor und
modisches Accessoire** 147

*Schwimmkleidung und Trainings-
hilfsmittel* 147

   Kälteschutzanzüge 147
   Triathlonanzug 148
   Trainingsgeräte und Hilfsmittel für das
   Schwimmtraining 148

*Material und Ausrüstung
für das Radfahren* 149

Der richtige Rahmen 149
Technik des Vortriebs 151
  Tretlager 152
  Zahnkränze und Kettenschaltung 153
  Laufräder 154
Steuersystem 158
Bremsen 159
Sattel 159
Allerlei Zubehör 160
Justieren des Rades 160
  Die klassische Sitzposition 160
  Die American Position 162
Pflege und Wartung des Rades 162
Radaufbewahrung 163
Hilfe zur Selbsthilfe 163
Bekleidung beim Radfahren 165

Die Ausrüstung für das Laufen 166

Bekleidung 166
Laufschuhe 167
  Zur Konstruktion von Laufschuhen 168
  Zur Auswahl der Laufschuhe 169

Wettkampfregeln für Triathlon 171

Startberechtigung, Teilnahme an
nichtgenehmigten Veranstaltungen,
Kennzeichnung 171
Schwimmregeln 172
Regeln für das Radfahren 172
Laufregeln 172
Verhalten im Wechselraum 172
Sanktionen 173
Altersklassen 173

Hände weg von Drogen! 174

**Organisation
von Triathlonveranstaltungen** 175

Spezielle Hinweise zur Organisation 176

  Zur Größe der Veranstaltung 176
  Genehmigungen 176
  Ausschreibung 176
  Wettkampfeinweisung 177

Unvorhergesehene Ereignisse 177

Zeitnahme und Ergebnisermittlung 177

Schwimmen 178

Radfahren 179

Laufen 181

Wechselraum 182
Zieleinlauf 184

Umweltschutz 186

Schema eines Organisationsplanes 187

Literatur 191

Triathlon – ein Kind unserer Zeit

Vor etwa zehn Jahren fanden in Deutschland die ersten Triathlonveranstaltungen statt. Seit den Anfangsjahren hat sich in dieser Sportart viel getan. Die Leistungen stiegen ständig, die Wettkampfregeln wurden perfektioniert, die Ausrüstungen spezieller und die Teilnehmerzahlen immer größer. Wie konnte es zu dieser schnellen Entwicklung in einer Ausdauersportart kommen?

Triathlon – am Anfang eher als eine Modeerscheinung für ausgeflippte Ausdauerenthusiasten angesehen – erwies sich im Laufe der Jahre immer mehr als eine Sportart, die modernes Lebensgefühl in einer Gesellschaft zum Ausdruck bringt, in der Leistungsfähigkeit, Gesundheitsbewußtsein und Selbstbehauptung eine dominierende Rolle einnehmen.

Die Dimensionen der Ausdauer ausschreiten

Ein weiterer Grund für die schnelle Verbreitung war für die Ausdauersportler zweifellos der Wunsch nach Abwechslung. Wer immer nur in derselben Sportart die gleichen Strecken absolviert, fühlt sich bald unterfordert und gelangweilt. Da kam für viele Läufer, Radsportler und Schwimmer der Triathlon mit seiner dreifachen Anforderung gerade recht. Nun konnte man neue Leistungsziele anstreben und neue Belastungsgrenzen ausloten.

Die Erkenntnis „Monotonie ist eine Fessel, die wir uns selbst anlegen" gilt auch im Sport und für den Ausdauersport besonders, denn der „Nurläufer" nutzt sein physisches Anpassungspotential nur zum Teil und erreicht deshalb nie eine multivalente Ausdauerfähigkeit. Ebenso geht es dem Radsportler oder dem Schwimmer, der sich ausschließlich auf seine Sportart konzentriert. Die moderne Trainingslehre beachtet das bereits. Spitzenathleten absolvieren deshalb ein systematisches Ergänzungstraining zur Spezialsportart. Es ist erwiesen, daß die Fähigkeit Ausdauer viel zu komplex angelegt ist, als daß sie von einer Sportart allein belegt werden kann. Ausdauer ist mehrdimensional. Für die Gesundheit, das Wohlbefinden und eine hohe Leistungsfähigkeit ist es jedoch wichtig, alle Dimensionen auszuschreiten, das heißt, möglichst viele Muskelgruppen und Organsysteme müssen erfaßt werden. Neben der Langzeitausdauer ist auch die Kraftausdauer zu entwickeln, und schließlich wird Durchhaltevermögen nicht nur über lange Distanzen, sondern auch in entsprechender Schnelligkeit über kurze Strecken gefordert.

Die einfache Lösung zu finden erweist sich jedoch häufig als besonders schwierig. Obwohl in der Geschichte des Sports eine Vielzahl von Wettkämpfen entstanden und darunter auch Mehrkämpfe sind, dauerte es sehr lange, bis spezielle Wettbewerbe gefunden wurden, die der Ausgangspunkt für eine vielseitige Ausdauerschulung sind. Unter mehreren Varianten von Ausdauermehrkämpfen hat sich eine

Kombination von Sportarten, die wir heute als Triathlon bezeichnen, als die attraktive Lösung erwiesen. Das ist nicht verwunderlich, baut doch der Triathlon auf die beliebtesten Ausdauersportarten auf. Der Dauerlauf hat sich in den letzten drei Jahrzehnten zum Fitneßsport Nummer 1 in der Welt entwickelt; Radfahren ist inzwischen als Gegengewicht zur Motorisierung in vielen Ländern zum Volkssport geworden, und Schwimmen war schon immer eine Sportart, die in der Beliebtheitsskala ganz vorn einzuordnen ist.

Wie alle Ausdauersportarten im Bereich des Breitensports hat auch der Triathlon erst mit der zunehmenden Bewegungsarmut in den Industriegesellschaften seine Daseinsberechtigung erhalten. Triathlon zeichnet sich damit durch die allen Ausdauersportarten gemeinsamen Werte aus: Prävention von Zivilisationskrankheiten und Erweiterung der Bewegungskultur in unserer Zeit. Somit ist Triathlon keine zufällige Entwicklung, sondern die logische Folge des hohen Niveaus der Ausdauerbewegung, die in dieser Phase weitere sportliche Varianten und Belastungsformen verlangte.

Mit der Sportart Triathlon hat sich in der Sportpaxis eine Mehrkampfkombination durchgesetzt, die bis vor wenigen Jahren nie zur Debatte stand und die in ihrem Ablauf durch das Nonstop-Prinzip einmalig ist.

Die Sportart formiert sich

Wir alle sind Zeugen einer rasanten Entwicklung. Noch sind uns die dramatischen Fernsehbilder von der ersten Triathlonübertragung von Hawaii aus dem Jahre 1982 gegenwärtig, und schon ist Triathlon eine Sportart, die in aller Munde ist und an der Schwelle zu einer olympischen Karriere steht.

Schwimmstart in Hawaii

In den letzten Jahren hat sich Triathlon über die ganze Erde ausgebreitet, seine innere Struktur aufgebaut und sich einen festen Platz unter den etablierten und publikumswirksamen Sportarten erobert. Das Training wird nicht mehr dem Zufall überlassen, sondern mehr und mehr wissenschaftlich geführt und kontrolliert. Die Ausrüstung wurde sportartspezifisch weiterentwickelt. Sie ist bereits Innovationsfaktor für andere Sportarten geworden. Schließlich haben sich neben dem ursprünglichen Triathlon weitere Formen wie Crosstriathlon, Duathlon und Wintermehrkampf herausgebildet. Mehrkämpfe im Ausdauerbereich sind jetzt schon das ganze Jahr hindurch möglich.

Diese Erscheinungen wirken auf die Interessenten- und Teilnehmeranzahlen. In den ersten Jahren waren es einige Radsportler, Läufer und Schwimmer, die in den Sommermonaten mit dieser interessanten Sportartenkombination neue sportliche Erlebnisse suchten. Das

Training war kaum auf alle drei Sportarten ausgerichtet. Es war auch die Zeit, als überragende Leistungen in einer Disziplin und durchschnittliche in den beiden anderen zum Sieg ausreichten.

Meist waren es die Radsportler, die in diesen Feldern die Nase vorn hatten. Die Schwimmleistung wurde wegen der häufig recht kurzen Strecken unterbewertet. Diese Erscheinungen waren für die ersten zwei, drei Jahre typisch. Eine spezielle Trainingslehre für Triathleten gab es nicht, und gute Leistungen waren das Ergebnis des früheren Trainings in der Spezialsportart.

Danach kam eine Etappe, in der sich das Training schon stärker auf die Belastung eines Triathlon einstellte. Die Besten trainierten nun in allen drei Sportarten, übernahmen aber ihre Trainingspläne fast ausschließlich von den Spezialisten dieser Sportarten. Diese Etappe war gekennzeichnet durch hohe Trainingsumfänge und durchgehende Wettkampfperioden ohne ausgewählte Saisonhöhepunkte. Das brachte zwar einen deutlichen Leistungsschub, aber keinesfalls die Erschließung der vollen Leistungsfähigkeit der Sportler. Allein schon weil Trainingsperiodisierung und weitere Trainingsprinzipien, wie Spezifik der Trainingsübungen oder regelmäßige Leistungsdiagnose, nicht ausgeschöpft wurden.

Neuere Trainingskonzepte berücksichtigen die Belastungsstruktur während des Wettkampfs viel stärker. Es wird davon ausgegangen, daß nicht nur die Gesamtbelastung für die schnelle Bewältigung der Strecke entscheidend ist, sondern auch die für jede Disziplin unterschiedliche Belastungsstruktur und damit auch die dominierende Form der Energiegewinnung. Gleichzeitig wird stärker in Rechnung gestellt, daß zumindest zwischen Rad- und Lauftraining semispezifische Trainings-

effekte auftreten, die in die Gesamtbilanz der Leistung eingehen. Schließlich wird mehr und mehr erkannt, daß eine spezifische Kraftausdauer die Leistung in hohem Maße positiv beeinflußt. Der Erfolg dieser Maßnahmen wird durch Leistungsdiagnosen gesteuert und kontrolliert.

Spätestens an dieser Stelle muß darauf hingewiesen werden, daß die unterschiedlichen Wettkampfdistanzen auch unterschiedliche Trainingskonzepte verlangen. In der Vergangenheit gab es kaum qualitative Unterschiede zwischen der Vorbereitung auf einen Kurztriathlon oder die Hawaiidistanz.

Für den Topsportler wurden in den vergangenen zehn Jahren eine Menge Erfahrungen gewonnen und Erkenntnisse ermittelt. Die Verbesserung der Leistungen auf allen Distanzen ist Beweis für diesen Prozeß. Während 1978 der Sieger in Hawaii in 11:46,58 Stunden die drei Strecken absolvierte, liegt die Bestzeit nunmehr bei 8:09,15 Stunden. Ähnlich verhält es sich bei der nun schon fast standardisierten Kurzdistanz. Waren in den ersten Jahren des Triathlonzeitalters Zeiten um zwei Stunden noch selten, muß der Sieger jetzt schon in 1:45 Stunden die 1,5 km Schwimmen, 40 km Radfahren und 10 km Laufen bewältigen, um bei Spitzenveranstaltungen ganz vorn zu sein.

Ähnlich wie sich die Leistungen entwickelt haben, ging es auch mit der Organisationsstruktur im Triathlon voran. Auf allen Kontinenten hat sich der Triathlonsport ausgebreitet. Es existieren in nunmehr fast 90 Ländern Triathlonverbände und auf allen Kontinenten Zusammenschlüsse der nationalen Triathlonorganisationen. Die anfänglichen Probleme beim Zusammenwirken aller Triathlonverbände der Erde gehören der Vergangenheit an. Ein starker Weltverband, die ITU (Internationale Triathlon-Union) leitet die Geschicke des Triathlon seit 1989. Jährlich finden Weltmeisterschaften, Kontinentalmeisterschaften und nationale Meisterschaften im Kurz- und Langtriathlon statt. Auch hier gibt es für die junge Sportart Triathlon kaum noch Unterschiede zu den etablierten Sportarten.

Triathlon wurde vom IOC als olympische Sportart anerkannt. Nun sind die Verantwortlichen der nationalen Verbände bemüht, die Sportart auch in das Programm der Spiele zu integrieren. Das kann bereits im Jahr 2000 der Fall sein und würde der Sportart weiteren Aufschwung bringen.

Ein moderner Sport und seine Anhänger

Von Anfang an fühlten sich viele Sportler zum Triathlon hingezogen. Einmal war es der Reiz des Neuen und zum anderen die Herausforderung, in drei Ausdauersportarten zu bestehen. Ähnlich wie in den ersten Jahren der Laufbewegung waren es zu Beginn „gestandene Sportler", die sich im Dreikampf erprobten. Viele sahen darin eine schöne Ergänzung zum ganzjährigen Lauftraining; andere erkannten, daß sie als gute Radsportler auch Mehrkampfchancen haben, und mancher Schwimmer wollte ganz einfach an Land seine Stärke beweisen.

Es dauerte jedoch nicht lange, da hat sich eine junge Generation ohne Vorkenntnisse dem Triathlonsport zugewandt. Aber auch Ältere finden mehr und mehr Gefallen am Dreikampf. Heute kann man sagen, daß ein Großteil der sportlich aktiven Bevölkerung Triathlonambitionen hat. Das gilt für Männer und Frauen. Welche Erkenntnisse und Erfahrungen gibt es für die verschiedenen Gruppierungen?

Triathlon für Einsteiger

Die Wege zum Triathlon sind vielfältig. Meist sind es Freunde oder Bekannte, die den ersten Anstoß geben und zu einem ersten Triathlonerlebnis verführen.

Dieser Einstieg wird dem Beginner seit einigen Jahren auch recht leicht gemacht. Vor allem die Jedermann-Triathlons sind es, mit denen die Eingangsschwelle zu dem Abenteuer Triathlon sehr niedrig gehalten wird. Vor dem ersten Start zu einem Triathlon steht aber häufig die Frage: Welche gesundheitlichen und sportlichen Chancen bietet der Triathlon, und welche Risiken sind mit ihm verbunden?

Allein die Kombination von drei Ausdauersportarten verschiebt den Wert der Sportart Triathlon gegenüber einzelnen Ausdauerdisziplinen in Richtung Gesundheit. Überlastungen, die beim Training einer Disziplin nicht selten sind, werden durch den Wechsel der Sportarten reduziert. Das gilt zuallererst für Schäden am Binde- und Stützapparat, trifft aber auch für andere Organsysteme zu.

Positiv sind auch die dominierenden Trainingsmethoden, zumindest im Anfängerbereich, einzuschätzen. Triathlonwettkämpfe dauern auch unter einfachen volkssportlichen Bedingungen mindestens eine Stunde. Es handelt sich deshalb immer um eine Langzeit-Ausdauerbelastung. Das Training muß auf diese Wettkampfdauer eingestellt werden. Das wiederum zwingt dazu, vorwiegend Trainingsmethoden anzuwenden, die nur eine gemäßigte – und damit schonende – Trainingsintensität zulassen. Die Dauertrainingsmethode und das Fahrtspiel gehören dazu. Triathleten können damit eine hohe Leistungsfähigkeit erreichen. Sie trainieren also vorwiegend im aeroben Bereich und nicht unter den Bedingungen der Sauerstoffschuld. Das erleichtert vor allem

13

den höheren Altersstufen und den wenig Trainierten die Auseinandersetzung mit langen Strecken. **Aerobes Training gilt als die Belastungsform mit dem höchsten Gesundheitswert.** Darüber hinaus ist es relativ leicht zu steuern, da nur Umfang und Häufigkeit des Trainings festgelegt werden müssen. Beide Kriterien lassen sich ohne aufwendige Leistungsdiagnose aus dem individuellen Empfinden und den Erfahrungen heraus ziemlich sicher dosieren. Die Gefahr eines Übertrainings ist somit sehr gering.

Schon seit der Antike verlangt das Idealbild vom menschlichen Körper die Ausprägung aller Muskeln und der wichtigen körperlichen Fähigkeiten. Nicht alle Sportarten erfüllen diese Forderung nach Allseitigkeit. Die Mehrkämpfe entsprechen ihr jedoch in hohem Maße. So hat der Triathlet eine entwickelte Brust- und Armmuskulatur als Ergebnis des Schwimmtrainings, athletische Beinmuskeln sind ebenfalls für ihn typisch. Bedingt durch die Ausdauerbelastung weist die Haut nur wenig Unterhautfettgewebe auf, so daß die Muskelausprägung gut zur Geltung kommt. Neben der Ausdauer wird also auch die Fähigkeit Kraft entwickelt, eine Voraussetzung für zufriedenstellende Leistungen im Schnelligkeitsbereich.

Auf der Habenseite des Triathlon läßt sich weiter verbuchen:

• Die drei Sportarten des Triathlon verlangen motorische Grundfertigkeiten, die keinen langwierigen Lernprozeß voraussetzen.

• Alle drei Teildisziplinen zählen zu den lebensbegleitenden Sportarten, die von der Kindheit bis ins hohe Lebensalter betrieben werden können. Sportler, die den Triathlon nicht mehr als Wettkampf ausüben, können in einer oder mehreren dieser Sportarten bis ins Alter trainieren.

• Triathlontraining bietet günstige Voraussetzungen, bei entsprechender Ernährung dem Normalgewicht nahezukommen.

Für die *Bestimmung des Optimalgewichts* (in kg) kann folgende Formel dienen: Körpergröße in cm minus 100 = Normalgewicht. Frauen sollten vom Ergebnis noch 10 Prozent abziehen.

• Durch die einfache Bestimmung des Belastungsumfanges und der Belastungsintensität im aeroben Bereich ist das Training in den Triathlonsportarten leicht zu gestalten.

• Verbesserungen der Leistungen in den Sportarten sind schon nach relativ kurzer Trainingsdauer durch motorische Leistungstests (z. B. 5000-m-Lauf, 400 m Schwimmen, 20 km Radfahren) meßbar. Weitere allgemeine Anpassungserscheinungen sind durch einfache medizinische Untersuchungsmethoden nachweisbar:

– Abnahme der Pulsfrequenz in Ruhe und für eine bestimmte Leistung

– Ermittlung der maximalen Sauerstoffaufnahme

– Positive Veränderungen des Blutdrucks.

• Hoch einzuschätzen ist der Erlebnisgehalt des Triathlonsports. Bereits das Training bietet viel Abwechslung, und Wettkämpfe sind meist Ereignisse, an die man sich noch nach Wochen erinnert.

• Schließlich führt die durch Triathlon erworbene Leistungsfähigkeit zu einem höheren Selbstwertgefühl und auch zu positiven Einflüssen auf den psychischen Zustand.

Die Gestaltung des persönlichen Triathlontrainings bietet weitere Vorzüge:

• Alle drei Triathlon-Sportarten sind für selbständiges Trainieren gut geeignet. Die Übungszeit kann sehr variabel gestaltet werden, und auch beruflich stark belastete Menschen können Trainingszeiten finden.

• Trainingsmöglichkeiten bestehen fast immer und überall. Sollten im Winter örtlich eingeschränkte Trainingsgelegenheiten beim Radfahren und Schwimmen bestehen, dann kann diese Zeit durch Laufen und Ausgleichstraining überbrückt werden.

• Die Anschaffungskosten für die Triathlonsportarten sind zwar hoch, die notwendige Ausrüstung und die Geräte können aber lange Zeit genutzt werden.

> Der Triathlon-Einsteiger trainiert dreimal wöchentlich. Das bringt ihm eine tolle Kondition, ein Plus an Gesundheit und jede Menge Selbstvertrauen.

Wo liegen die Schattenseiten des Triathlons und des dazu notwendigen Trainings?
Jede Sportart enthält auch ein gesundheitliches Risiko. Die Sport-Unfallstatistik vermittelt darüber ein anschauliches Bild. Besonders gefährdet sind demnach die alpinen Skiläufer, die Reiter, aber auch die Fußballspieler. Die Triathlonsportart Radsport liegt im mittleren Bereich, und Schwimmen sowie Laufen bilden das Ende dieser Rangfolge. Unfälle sind jedoch nicht die einzige Gefährdungsmöglichkeit. Nicht selten sind es Überlastungsschäden, die sich weniger dramatisch, sondern vielmehr schleichend bemerkbar machen. Sie betreffen vorrangig den Stützapparat, wovon so mancher Ausdauerläufer ein Lied zu singen weiß. Erwähnt werden muß auch die erhöhte Erkältungsgefahr im Gefolge des Schwimmtrainings. Und schließlich bildet der Übergang vom Schwimmen zum Radfahren ein Risiko, wenn der Sportler mit nicht selten noch feuchter Bekleidung das Radfahren beginnt.
Durch methodisch richtig aufgebautes Training, Beachten der hygienischen Regeln, funktionsgerechte Kleidung, medizinische Kontrollen sowie verkehrsgerechtes Verhalten beim Radtraining können diese Risiken auf ein Minimum gesenkt werden. Der Einsteiger muß aber auch wissen, daß Triathlon, wenn er wettkampfmäßig oder gar im Mittel- und Langbereich betrieben wird, eine trainingsaufwendige Angelegenheit ist. Das absolute Minimum für das wöchentliche Training liegt bei vier bis fünf Stunden (1 1/2 Std. Lauf, 1 Std. Schwimmen, 2 Std. Rad).
Der materielle und finanzielle Aufwand für die Sportart ist unerheblich, wenn der Athlet nicht jeden Modetrend mitmacht und das Wettkampfangebot in der näheren und weiterer Umgebung seines Wohnortes nutzt.

Triathlon – ein Kindersport?

Schwimmen, Radfahren und Laufen sind seit jeher in der Schule und in der Freizeit der Kinder praktizierte Sportarten, an deren gesundheitsfördernden Effekten wohl kaum jemand zweifelt. Obwohl der kindliche Organismus eine Menge Eigenheiten aufweist, Kinder also keinesfalls „kleine Erwachsene" sind, gibt es keine physiologischen Gründe, die gegen ein Ausdauertraining und kleine Wettkämpfe mit Kindern sprechen. Schon gar nicht, wenn einmal die Arme und in den anderen Disziplinen die Beine die Hauptarbeit leisten müssen. Die wechselnde Belastung in dieser Sportart liegt dem kindlichen Organismus überhaupt mehr als eine langandauernde und einseitige Belastung.
Ganz wichtig ist die Gestaltung des Trainings mit Kindern. Es unterscheidet sich grundlegend von dem, was die „Großen" unter dem Begriff „Training" verstehen.

Spiel und Spaß müssen bei Kindern ständig das Training bestimmen. Wettkämpfe sollten nur ein seltener Höhepunkt im Sportjahr sein. Und selbstverständlich macht ein Wettkampf nur dann Freude, wenn man sich darauf vorbereitet hat und auch die Grundtechniken der drei Sportarten beherrscht.

Triathlontraining für Kinder darf kein verkleinertes Abbild des Erwachsenensports sein. Es werden auch nicht nur die für die Sportart spezifischen Fähigkeiten und Fertigkeiten trainiert, sondern auch Gewandtheit, Schnelligkeit und Beweglichkeit. Über die Techniken des Schwimmens und Radfahrens sowie die richtige Lauftechnik hinaus wird durch eine vielseitige Fertigkeitsentwicklung für eine breite koordinative Grundlage gesorgt. Das alles hat die Deutsche Triathlon Union in ihrer Aktion „Jugend trainiert für Triathlon" berücksichtigt. Damit soll vielen Kindern die Möglichkeit gegeben werden, im Verein und in der Schule Erfahrungen mit der Sportart Triathlon zu sammeln. Für Wettkämpfe wurden Streckenlängen empfohlen, die dem kindlichen Leistungsvermögen entsprechen. So sollten die 10- bis 12jährigen höchstens 300 m schwim-

Tabelle 1   Üben und Trainieren mit Kindern und Jugendlichen in der Sportart Triathlon

Vorschulalter	Frühes Schulalter	Spätes Schulalter	Jugendalter
Vielseitige motorische Entwicklung durch Spiele, Hindernisturnen, Laufen, Springen und Werfen	Allgemeines Bekanntmachen mit den drei Sportarten als Wettkampfsport	Erweiterte Schulung der sportlichen Techniken in den drei Sportarten	Technikverbesserung
Erlernen des Schwimmens und Radfahrens	Vielseitige Bewegungsspiele (vorwiegend Ballspiele)	Verbesserung der konditionellen Fähigkeiten durch Training (Ausdauer, Kraft, Schnelligkeit)	Systematisches, ganzjähriges Konditionstraining in den Teilsportarten
	Erlernen der technischen Grundelemente der Schwimmtechniken	Orientierung des Trainings auf die Sportart Triathlon	Ergänzungstraining in den angrenzenden Sportarten
	Koordinative Schulung	Trainingserfahrungen (systematisches, ganzjähriges Training)	Wettkampftätigkeit in der Sportart
	Kräftigung durch Turnen, Gymnastik	Wettkampferfahrungen im Triathlon und den Einzelsportarten	
	Schnelligkeitsschulung		
	Erste Wettkampferfahrungen in den Einzelsportarten und in Mehrkämpfen		
			Jahre
5 6 7	8 9 10	11 12 13	14 15 16

men, 10 km radfahren und 2,0 km laufen. Kinderwettbewerbe sollen besonders den Jugendlichen die Möglichkeit bieten, ihre Talente zu erkunden, ihre Interessen zu erweitern und ihre Kräfte im sportlichen Vielseitigkeitswettbewerb zu messen. Und vor allem sollen sie den Kindern Spaß machen.

Das Training in den Kindergruppen ist keinesfalls für zukünftige Hochleistungssportler konzipiert. Die Kindergruppen bieten allen eine Chance, abwechslungsreich zu üben und zu trainieren. Wer allerdings später Triathlon als seine Hauptsportart betreiben möchte, findet in diesen Gruppen eine ideale Ausgangsbasis.

Die Tabelle 1 gibt einen Überblick, welche Hauptinhalte das Kindertraining im Triathlon enthält und wie der Dreikampf den Kindern vermittelt werden kann.

Frauentriathlon

Triathlonwettbewerbe sind zu 90 Prozent Männerwettbewerbe. Nur durchschnittlich 10 Prozent der Gesamtbeteiligung entfallen auf Frauen.

Also ist Triathlon doch zu schwierig und anstrengend für Mädchen und Frauen? Zumindest aus sportmedizinischer Sicht stimmt das nicht, denn die lange Ausdauerbelastung toleriert der weibliche Organismus ebenso wie der männliche. Sportmedizinische Untersuchungen weisen keine Auffälligkeiten gegenüber Männern auf. Maximale Sauerstoffaufnahme, Pulsfrequenz bei Belastung und Laktatwerte sind sich im wesentlichen ähnlich. Es gibt keine ernsthaften Argumente, die gesunden und trainierten Mädchen und Frauen von einem Triathlon abraten.

> Frauen passen sich an Dauerleistungen besser an als an hohe Kraft- und Schnelligkeitsanforderungen.

Daß der Triathlonsport bei Frauen nicht so verbreitet ist wie bei Männern, hat vorwiegend soziale Ursachen. Frauen haben durch ihre Mehrfachbelastung im allgemeinen nicht ausreichend Zeit für das aufwendige Triathlontraining. Die Erfahrung lehrt: Wenn in der Familie keine ausgesprochen sportfreundliche Einstellung vorherrscht, ist für die Frau eine regelmäßige Trainings- und Wettkampftätigkeit unmöglich. Frauenbeteiligung ist vor allem dort üblich, wo auch die Männer und Freunde sich dem Triathlon verschrieben haben.

Ein weiterer Grund für die häufige „Triathlonabstinenz" der Frauen ist in der vorherrschenden gesellschaftlichen Einstellung zu Ausdauersportarten zu suchen. Noch immer werden diese Sportarten als Männersache angesehen. Schwitzende und erschöpfte Frauen entsprechen nicht dem Frauenideal unserer Zeit. Da stehen Sportarten wie Eiskunstlauf, Gymnastik, Tanz und Skilauf viel höher im Kurs. Diese Probleme werden den Ausdauersportarten noch länger anhaften. Eine Veränderung kann wohl nur erreicht werden, wenn von früher Jugend an auch Mädchen mit Ausdauersportarten vertraut gemacht werden.

Einen weiteren Beitrag zum Umdenken können erfolgreiche Spitzensportlerinnen bewirken. Ihr Vorbild wird für viele Kinder und Jugendliche beispielgebend sein. Leistungssport ist deshalb auch ein Wechsel auf die Zukunft des Triathlons.

Gesundheitliche Risiken minimieren

Schwimmen

Neben den allgemeinen Risiken, die mit dem Schwimmen verbunden sind, birgt beim Triathlon vor allem die Verbindung von relativ langer Schwimmstrecke und niedriger Wassertemperatur ein Gefahrenpotential. Unterkühlungen mit ihren möglichen Folgen können dadurch eintreten. Diese Gefahr läßt sich vermeiden – am sichersten, wenn die Sportler mit Kälteschutzanzügen schwimmen. Neopren hilft, auch im kalten Wasser, die Kerntemperatur des Körpers lange Zeit zu halten. Kälteschutzanzüge liegen dicht am Körper, die Lufteinschlüsse ihrer Zellen bilden ein Wärmepolster.
Die Anpassung an Kaltwasser läßt sich auch trainieren. „Eisbader" sind der Beweis hierfür. Der Triathlet sollte deshalb sein Schwimmtraining nicht nur in die warme Schwimmhalle verlegen, sondern sich durch ein „Kaltwasserprogramm" rechtzeitig ungünstigen Bedingungen anpassen.

Längst haben die Triathleten auch die Schwimmbassins erobert

Radsport

Alle Sportarten, die mit hoher Geschwindigkeit ausgeführt werden, verlangen von den Aktiven ein Bewußtsein der potentiellen Gefahr. Das Radfahren wird in einem Triathlonwettkampf deshalb als zweite Disziplin ausgeführt, um zu gewährleisten, daß der Sportler noch relativ frisch und konzentriert an den Start gehen kann. Und dennoch haben die Organisatoren von Triathlon-Wettbewerben die größten Sorgen mit der Auswahl einer geeigneten Radstrecke. Kurven, schnelle Abfahrten, nasse Straßen, Kopfsteinpflaster und Rollsplit beschwören reale Gefahren herauf. Einen Sturz zu vermeiden setzt perfekte Fahrtechnik und vor allem Selbstbeherrschung voraus. Im Training und im Wettkampf muß sich der Akive zwingen können, die Fahrgeschwindigkeit stets den äußeren Bedingungen (Straße, Wetter) anzupassen.
Da es bei den meisten Wettkämpfen nicht möglich ist, die Straße für den übrigen Verkehr völlig zu sperren, ist ein weiteres Problem für den Radsportler der Straßenverkehr. Jeder Triathlet sollte deshalb immer beherzigen, daß er
1. ständig die Straßenverkehrsordnung beachten muß und

2. gegenüber dem übrigen Verkehr der schwächere Teilnehmer ist.

Aggressives Fahren bringt vor allem den Radfahrer selbst in größte Gefahren! Bei Schnee und Eis gehört das Rad in den „Stall". An solchen Wintertagen sollte die Kondition vorwiegend durch Laufen und Schwimmen oder auch durch Skilanglauf und Eislauf trainiert werden.

Zu jedem Training muß das Rennrad in einwandfreiem technischem Zustand sein. Abgefahrene Reifen, ungenügend funktionierende Bremsen, schlecht zentrierte Räder waren schon häufig die Ursache von Unfällen. Beachtet werden muß auch, daß das Training auf öffentlichen Straßen eine sicherheitstechnische Ausstattung des Rades erfordert. Dazu gehören Rückstrahler, Klingel, zwei unabhängige Bremssysteme und Licht bei Dunkelheit. Zur Sicherheit gehört aber auch ein stabiler Helm, der den Kopf vor Sturzverletzungen schützt. Der Helm muß auch beim Training getragen werden.

Laufen

Die Probleme auf der Laufstrecke während eines Wettkampfes ergeben sich weniger aus der reinen Laufbelastung als aus der Summe der Anstrengungen aus den vorherigen Disziplinen und den Witterungsbedingungen. Die Hitze ist in der Hochsommerzeit die größte Gefahr. Um kein unnötiges Risiko einzugehen, sollte im letzten Drittel eines Wettkampfes versucht werden, Leistungswillen und Leistungsvermögen in Einklang zu bringen. Das ist die wichtigste Vorsorgemaßnahme. Zu bedenken ist auch, daß Flüssigkeits- und Nahrungsbedarf in diesem Wettkampfabschnitt am größten sind. Darauf müssen sich vor allem die Veranstalter einstellen.

Beim Lauftraining reduzieren sich die Gefährdungsmöglichkeiten für den Übenden auf ein Minimum. Bei richtig ausgewählter Kleidung, funktionstüchtigen Laufschuhen und einem laufgerechten Untergrund bestehen kaum Schadensquellen.

*

Triathlon ist ein Wettkampfsport, der regelmäßiges Training verlangt. Nur regelmäßiges Training über Jahre bewirkt die positiven Anpassungen, die wir vom Sport insgesamt erwarten.

Ein Trainingsgewinn läßt sich nur über lange Zeit erhalten, wenn kein Unfall oder anderer körperlicher Schaden eintritt. Unfall- und Schadensverhütung sind deshalb ebenso Trainingsaufgaben wie ausreichende Konditions- und Technikschulung.

Anforderungen an den Triathleten

Triathlon bedeutet Wettkampf, sportliche Leistung, aber auch Abenteuer. Schon der erste kleine Triathlon ist für die meisten eine Bewährungsprobe und ein Erlebnis.

Welche **Voraussetzungen sind für die Teilnahme an Triathlonwettbewerben** notwendig?
• Bereits ein Jedermanntriathlon dauert eine Stunde und länger, ein Kurztriathlon wird von den Besten unter 2:00 bewältigt, und für die Halbdistanz werden mindestens vier bis fünf Stunden benötigt. Jeder Triathlon stellt deshalb Anforderungen an die Langzeitausdauer des Wettkämpfers. Das bedeutet, daß insbesondere die aerobe Leistungsfähigkeit – also das Vermögen, Leistungen ohne Sauerstoffschuld zu vollbringen – trainiert wird. Sauerstoffangebot und Sauerstoffverbrauch befinden sich bei dieser Art der Energiebereitstellung im Gleichgewicht.
• Die physiologischen Vorgänge beim Absolvieren eines Triathlons sind für die Trainingswissenschaft noch ziemlich unbekannt. Die Kombination von drei Sportarten – absolviert nach dem Nonstop-Prinzip – stellt eine Ausdauermehrfachanforderung dar, die neben den konditionellen Fähigkeiten auch hohe Forderungen an die koordinativen Fähigkeiten stellt, so z.B. an die Anpassungs- und die Umstellungsfähigkeit. Die Bewegungsmuster ändern sich von einer Sportart zur anderen, und diese Umstellung fällt dem Athleten nach der hohen konditionellen Belastung besonders schwer.

Die folgenden Hinweise vermitteln einen Einblick in die Leistungsstruktur des Triathlons mit ihren physiologischen Voraussetzungen.

> Der Triathlet braucht Langzeitausdauer durch stabile Energiebereitstellung.

Die Leistungsfähigkeit des Wettkämpfers wird vorrangig von der aeroben Kapazität des Organismus bestimmt.
Der Muskel kann chemische Energie in mechanische Arbeit umsetzen, und das mit einem Wirkungsgrad, der bisher von keiner technischen Maschine erreicht wird. Die für den Kontraktionsvorgang benötigte Energie wird der Zelle im wesentlichen durch den anaeroben oder aeroben Abbau von Kohlehydraten und Fetten bereitgestellt. Der Fettstoffwechsel ist allerdings weniger ergiebig, da er mehr Sauerstoff beansprucht. Das bedeutet, daß bei Erschöpfung der Kohlenhydratspeicher (und in Folge dessen „Hinübergleiten" zum Fettstoffwechsel) bereits ein deutlicher Leistungsrückgang eintritt. Da Triathlonwettkämpfe meist über die kritische Zeitspanne von 90 Minuten hinausgehen, spielt auch der Fettstoffwechsel für die Leistungsfähigkeit im Wettkampf eine entscheidende Rolle. Beim Mitteltriathlon und erst recht beim Langtriathlon wird diese Form der Energiebereitstellung sogar zur entscheidenden Größe. Im Training muß deshalb neben der Verbesserung der aeroben Energiegewinnung und der Speicherfähigkeit für Kohle-

hydrate vor allem auch die Leistungsfähigkeit des Fettstoffwechsels beachtet werden. Es ist jedoch falsch, ausschließlich die Dauer des Wettkampfes ins Kalkül zu ziehen. Schließlich liegen der Gesamtleistung beim Triathlon drei sehr unterschiedliche Teilanforderungen zugrunde. Typisch für die Belastungsstruktur des Triathlon ist: Während einer Langzeitbelastung erfolgt ein dreimaliger Belastungswechsel, der auch die Energiebereitstellung unterschiedlich fordert.

> Wichtigste Voraussetzung für die Bewältigung einer jeden Triathlondistanz ist eine gut entwickelte aerobe Energiebereitstellung. Die drei verschiedenen Fortbewegungsarten erleichtern die Gesamtbelastung.

Die Teildisziplinen

• Die erste Disziplin des Triathlons, das **Schwimmen,** hat nur geringe energetische Auswirkungen auf die beiden folgenden Teildisziplinen. Der leistungsstarke Triathlet wird beim Schwimmen die Kraultechnik bevorzugen. Es zeigt sich aber immer wieder, daß auch mit der Brusttechnik gute Ergebnisse zu erreichen sind. Bei beiden Techniken läßt sich feststellen, daß die Belastung hauptsächlich die Glykogenvorräte der Armmuskulatur beansprucht und damit kaum Auswirkungen auf die Folgedisziplinen hat. Herzfrequenz, Atemfrequenz und damit auch Sauerstoffaufnahme entsprechen einer mittleren Belastung im aeroben Bereich. Die Wettkämpfer verlassen ohne größere Spuren von Ermüdung das Wasser.

Der Wasserstart ist vollzogen, es ist noch fast alles möglich

• Eine ähnliche Situation liegt auch beim **Radfahren** vor. Es wird vorwiegend die Beinmuskulatur beansprucht. Während der zweiten
Disziplin dominiert die Fettstoffverbrennung.
Das gilt vor allem für Wettkämpfe, die länger
als die Kurzdistanz sind. Die aktuelle Belastung während des Radfahrens liegt im gemäßigten Bereich und wird auch vom Athleten so
empfunden. Günstig wirkt sich zusätzlich der
Wechsel von der „Armsportart" Schwimmen
zur „Beinsportart" Radfahren aus. Darin liegt
wohl auch der Hauptgrund, weshalb die
Sportler im Triathlon auf der Radstrecke oft
die gleichen Zeiten erreichen wie bei speziellen Radwettbewerben. Die gemäßigte Intensität beim Radfahren ist der Grund, weshalb in
dieser Sportart das Training extensiv gestaltet
werden kann. Langandauernde Belastung bei
mittlerer bis geringerer Intensität sollte das
Prinzip für das Radtraining im Triathlon sein.
Hohe Intensitäten mit Sauerstoffschuld und
großer Laktatproduktion tragen weder zur
Leistungssteigerung noch zur Gesundheitsför-
derung bei.

• Der abschließende **Lauf** fordert aufgrund
der vorhergehenden Belastung und der physiologischen Spezifik des Laufens den Wettkämpfer am meisten. Auf diesem Wettkampfabschnitt muß mit Pulsfrequenzen über 170
Schläge/min gerechnet werden. Das Laufen
wird deshalb auch als die „harte Disziplin" des
Triathlons bezeichnet, während das Schwimmen und das Radfahren als die „weichen Disziplinen" gelten.
Die Energiegewinnung beim Lauf basiert vorwiegend auf dem Kohlenhydratstoffwechsel.
Das gilt insbesondere für den Stoffwechsel im
Arbeitsbereich, also in der Beinmuskulatur.
Die Konsequenz aus dieser Erkenntnis ist, daß
dem Lauf die größte Aufmerksamkeit beim
Triathlontraining gelten sollte. Diese Art der
Bewegung setzt die ausgeprägtesten organi-
schen und funktionellen Anpassungen an Ausdauerbelastungen voraus. Damit wird aber
nicht dem „Tempobolzen" das Wort gespro-
chen, auch beim Grundlagen-Lauftraining gilt
der Grundsatz „lang und langsam".

Die Triebwerke des Mehrkämpfers

Es ist unumstritten: Eine entwickelte Ausdauer ist die Grundlage für gute Leistungen im
Triathlon. Herz-Kreislauf-System und Stoffwechsel, die organismischen Voraussetzungen
für Ausdauer, sind gewissermaßen der Zen-
tralmotor des Gesamtorganismus. Die Muskeln der Gliedmaßen bilden die peripheren
Motoren des Systems Triathlet. Diese Motoren
sind für den Vortrieb zuständig. Sie müssen

dafür möglichst leistungsfähig sein und eine große PS-Stärke haben. Vorhandene Defizite sind durch Krafttraining leicht auszugleichen. Der Triathlet muß hier jedoch die goldene Mitte finden zwischen einer reinen Ausdauermuskulatur und den maximal-kraftorientierten Muskeln, wie sie z. B. Bodybuilder haben. Ersteres hätte zur Folge, daß der „Motor" zu schwach ist, letzteres, daß er zu schwer ist und keine Dauerbelastung verträgt.

Für den Triathleten heißt das, diese Muskulatur nach den Methoden des Kraftausdauertrainings aufzubauen. Die Muskulatur muß also submaximalen Reizen ausgesetzt werden, und relativ hohe Wiederholungszahlen müssen die Ausdauerkomponente entwickeln. Nur so kann erreicht werden, daß der Wettkämpfer mit optimaler Geschwindigkeit die Wettkampfstrecken, vor allem beim Kurztriathlon, absolviert. Kraftausdauerleistungen werden für die Armmuskulatur vor allem beim Schwimmen und für die Beinmuskulatur beim Radfahren verlangt. Im Laufteil von 10 km ist mehr die reine Ausdauer als die Kraftausdauer gefragt. Hier ist die Belastung kontinuierlicher als beim Radsport mit den sehr hohen Belastungsspitzen, beispielsweise bei Bergauffahrten. Allein daran ist zu erkennen, daß es nicht immer einfach ist, im Training den richtigen Kompromiß zwischen beiden Fähigkeitsvarianten zu finden. Das trifft auch für die Ausbildung der Armmuskulatur zu. Schließlich wird sie nur beim Schwimmen gebraucht. Sie könnte bei den folgenden Disziplinen Rad und Lauf sogar zu einem leistungsmindernden Ballast werden.

Die Schulung der Kraftausdauer gewann im Triathlontraining in den letzten Jahren immer mehr an Bedeutung. Kraftausdauer im entsprechenden Muskelbereich ist zu einem entscheidenden Leistungsfaktor geworden.

> Die hohe Kunst des Triathlontrainings: In die leistungsbestimmenden Ausdauerfähigkeiten Kraft einbauen.

Der Wechsel der Sportarten und seine Tücken

Ein besonderes Kapitel beim Triathlon sind die Übergänge von einer Sportart zur anderen. Während der Umstieg vom Schwimmen zum Rad noch relativ problemlos verläuft, bereitet der Wechsel Rad – Lauf dem Wettkämpfer große Schwierigkeiten. Meist dauert es einige Kilometer, bis die Muskulatur sich der neuen Bewegung angepaßt hat und die Koordination der Laufbewegung eingespielt ist. Das ist eine Besonderheit des Triathlons, die in keiner anderen Sportart vorkommt. Alle Erfahrungen deuten aber darauf hin, daß auch diese koordinativen Anforderungen trainierbar sind. Der Sportler sollte deshalb nach dem Radtraining häufig noch zwei bis drei Kilometer laufen, um möglichst viele Erfahrungen für den Übergang zu sammeln und um den koordinativen Umstellungsprozeß auf ein Minimum zu verkürzen.

> Die Vielseitigkeit der motorischen Beanspruchungsformen unter Dauerbelastung ist die Spezifik und zugleich die große Herausforderung dieser Sportart. Sie durch Training immer besser zu beherrschen ist das Hauptziel des Triathleten.

Leistungsfaktoren im Triathlon

Im Hochleistungssport wird von der sogenannten Leistungsstruktur abgeleitet, wie das Training zu gestalten ist, welche körperlichen Voraussetzungen der Sportler haben muß und welche Bedingungen für Training und Wettkampf zu schaffen sind. Für den Triathlon ist diese Leistungsstruktur – wie auch in den meisten anderen Sportarten – noch nicht vollständig erfaßt. Fest steht aber, daß eine überdurchschnittliche Ausdauerfähigkeit, sporttechnische Vorkenntnisse und psychische Komponenten wie Durchhaltevermögen, Schmerzverträglichkeit und Zielstrebigkeit eine entscheidende Rolle spielen. Das gilt für den Spitzenathleten und auch für den Durchschnittstriathleten. Nur wer die entsprechenden sportlichen Voraussetzungen mitbringt und auch imstande ist, sich im Training und im Wettkampf zu quälen, hat Aussichten, ein guter Triathlet zu werden. Welche speziellen Voraussetzungen spielen eine Rolle?

Das sportliche Vorleben des Triathleten

Durch die vielseitigen Anforderungen an den Ausdauerdreikämpfer werden bei ihm mehrere körperliche Merkmale gefordert und gleichzeitig entwickelt. Deshalb ist der „typische Triathlet oder Duathlet" äußerlich nicht zu erkennen. Anders als zum Beispiel beim Marathonläufer oder beim Kugelstoßer, fallen keine bestimmten herausragenden Körperbaumerkmale dominant auf (z.B. Körperhöhe, Körpergewicht). Die Siegerbilder bei Wettkämpfen zeigen, daß die Körperhöhe wenig entscheidend ist. Wichtiger scheinen jedoch die muskuläre Entwicklung und das Kraft-Last-Verhältnis zu sein. So findet man unter den Besten meist athletische Typen, und nur in Ausnahmefällen werden sich Übergewichtige im Vorderfeld plazieren können. Entscheidend für den Erfolg sind jedoch die Fähigkeiten und Fertigkeiten in den einzelnen Teilsportarten.

Welche Voraussetzungen haben Schwimmer, Radsportler und Läufer, um gute Triathleten bzw. Duathleten zu werden?

Der Schwimmer – ein idealer Spitzentriathlet

Ohne das solide Beherrschen einer Schwimmart kann man zum Triathlon nicht antreten. Schwimmenkönnen ist also Voraussetzung. Unter „Schwimmer" sind Sportler zu verstehen, die bereits Erfahrungen in Schwimmwettkämpfen gesammelt haben. Schwimmen ist beim Triathlon die Teilstrecke, die am ausgeprägtesten technische Fertigkeiten verlangt. Es ist zugleich die Strecke, die zeitlich am schnellsten bewältigt wird. Damit soll die Bedeutung der Schwimmstrecke nicht unterschätzt werden; denn eine gute Leistung im Schwimmen ist entscheidend für die Position beim Radfahren. Der Einsteiger muß aber auch wissen, daß es ab dem dritten Lebensjahrzehnt sehr schwierig ist, neue Schwimmtechniken in hoher Perfektion zu erlernen. Wer diese Techniken nicht schon im Kindes- und Jugendalter beherrscht, wird nie Spitzenzeiten im Schwimmen erreichen. Damit sind die Vorteile der „Schwimmer" in einem Triathlon genannt. Für diesen Wettkämpfertyp ist es notwendig, sich ausreichend Kondition in den Landsportarten zu erwerben. Die besten Ergebnisse werden erreicht, wenn der Schwimmer ein systematisches Lauftraining durchführt. Erfahrungen müssen aber auch mit dem Rad gesammelt werden. Hier kommt es mit darauf an, sich Kenntnisse über die Mechanik des Fahrrads und notwendige Fertigkeiten zu verschaffen, denn gute Leistungen im Radsport sind nicht nur von der Anzahl der Trainingskilometer auf dem Rad abhängig, sondern auch davon, wie der Sportler die Rennmaschine justiert, pflegt und technisch beherrscht. Insgesamt kann festgestellt werden, daß besonders im Spitzenbereich die Schwimmer erhebliche Vorteile gegenüber den Triathleten aus anderen Sportarten haben.

> **Schwimmer haben es leichter. Sie können ihr Training ganz auf die Entwicklung der konditionellen Fähigkeiten konzentrieren.**

Die Chancen des Radsportlers

Radsportler haben sehr günstige Einstiegs- und Erfolgschancen für den Triathlon, wenn sie am Anfang ihrer Triathlonkarriere zumindest mittelmäßige Schwimmer sind. Die Radstrecke nimmt die längste Zeit in Anspruch, und erfahrungsgemäß sind Radrenner auch gute Läufer. Ein Zeitgewinn von 10 bis 15 Minuten auf der Radstrecke gegenüber einem durchschnittlichen Radsportler ist beim Kurztriathlon keine Seltenheit. Ein Wert, der eine mäßige Schwimmleistung ausgleicht und ein beachtliches Polster für den abschließenden Lauf schafft. Das gilt umso mehr, als ein erfahrener Radsportler nach seiner Spezialdisziplin auch relativ frisch an den Lauf geht. Für den „gelernten" Radrenner kommt es deshalb meist darauf an, seine Schwimmleistung zu verbessern und vor allem im Winter den Lauf zu trainieren, um diese spezielle Kondition zu schulen.

Eine relativ neue Möglichkeit, als Radsportler im Mehrkampf eine gute Figur zu machen, bildet der Duathlon. Die Ergebnisse der großen Duathlonveranstaltungen z. B. in Zofingen (Schweiz) bestätigen das. Obwohl die Raddisziplin vom Laufen eingerahmt wird, also zweimal gelaufen wird, finden sich die Radsportler damit gut zurecht. Der erste Lauf wird meist ohne größeren Rückstand absolviert, und beim zweiten Laufsplit zehren die Radsportler vom Zeitgewinn aus ihrer Spezialdisziplin.

> **Auf der Radstrecke wird im Wettkampf die längste Zeit benötigt, der Zeitgewinn gegenüber den anderen „Spezialisten" kann dadurch am weitesten ausgebaut werden.**

Der Läufer als Mehrkämpfer

Obwohl der Lauf als das Haupttrainingsmittel des Triathleten gilt, kann man feststellen, daß hochtrainierte Langstreckenläufer den Triathlon meiden. Die Ursache liegt wohl vorwiegend in den Schwierigkeiten, die mit dem Schwimmen verbunden sind. Einmal mögen es fehlende technische Fertigkeiten sein, zum anderen liegt es wohl an der großen Kälteempfindlichkeit der oft recht „mageren Marathonläufer". Aus der Schar der Läufer fühlen sich also mehr die athletischen Typen und weniger die leptosomen Typen zum Triathlon hingezogen. Probleme für den „Nurläufer" bereitet auch die Tatsache, daß er sich in zwei technischen Disziplinen vervollkommnen muß. Das erweist sich immer wieder als schwieriger als die einfache Konditionsverbesserung. Die Vorteile des Läufers liegen eindeutig in seiner Grundkondition und der Endkampfstärke. Wenn andere nur noch im langsamen Trab und Gehschritt vorankommen, ist er in der

Lage, in flottem Tempo einen Kontrahenten nach dem anderen zu überholen. Beim Leipziger Triathlon 1992 lag der beste Läufer 25 Minuten vor dem Durchschnitt seiner Altersgruppe. Diese Differenz charakterisiert nicht allein die mögliche Laufleistung der betreffenden Wettkämpfer, sie vermittelt auch ein Bild, wie sich die vorherige Beanspruchung auf die Laufzeiten auswirkt. Daraus kann unter anderem gefolgert werden, daß ein gezieltes Lauftraining die Grundlagenausdauer für alle drei Disziplinen verbessert und die Chancen beim Endkampf wesentlich steigert.

Beim Duathlon hat ein ausgesprochener Läufer nur Chancen, wenn er auch als Radrenner schon Erfahrungen hat und Anschlußleistungen bringt, denn beim Duathlon fallen die Leistungen im Radfahren am stärksten ins Gewicht. Das trifft für die kurze Strecke (5/30/5) zu und gilt noch mehr für die Langstrecke (10/60/10).

Wer allerdings im Spitzenbereich mitmischen will – egal ob Duathlon oder Triathlon – kann sich keine schwache Disziplin leisten. Bei ihm müssen alle Teilleistungen im überdurchschnittlichen Bereich liegen. Bei den ausgeglichenen Leistungen der Topathleten sind bereits zwei Minuten Rückstand auf der ersten Strecke nur sehr schwer auf den weiteren Teilstrecken wettzumachen.

> Bei genügend Gesamtkondition hat der Läufer im Endkampf gegenüber seinen Konkurrenten die besten Chancen.

Allgemeine Trainingslehre für Triathleten

Das biologische Grundprinzip des Trainings beruht auf der Fähigkeit des menschlichen Organismus, sich an höhere Belastungen anzupassen.

Wann werden Anpassungsvorgänge ausgelöst?

Anpassungsvorgänge werden dann ausgelöst, wenn die Belastung im Training auch als echte Belastung vom Organismus verspürt wird, also wenn die Belastungsgrößen (z. B. Umfang und Intensität) einen von der augenblicklichen Leistungs- und Belastungsfähigkeit abhängigen Wert überschreiten. Dieser Wert kann bei einem Trainingsanfänger ein relativ niedriger Trainingsreiz sein, während bei einem Sportler einer höheren Leistungsklasse für das Auslösen von Anpassungsmechanismen wesentlich höhere Belastungen erforderlich sind. Diesen Optimalwert zu finden ist schwierig. Der Triathlet sollte sich dabei nicht nur auf sein Gefühl verlassen, sondern auch objektive Verfahren mit einbeziehen. Dazu zählt zumindest die Kontrolle des Ausdauertrainings mit einem Pulsmesser. Leistungsphysiologische Diagnosen und sportartspezifische Tests vermitteln genauere Hinweise auf erfolgte Anpassungsvorgänge durch das Training. Ein anderes Mittel ist mit der Kontrolle durch Wettkämpfe gegeben. Es müssen aber nicht immer Triathlon-Wettbewerbe sein. Auch ein 10 000-m-Lauf oder die 800-m-Schwimmdistanz geben schon Auskünfte über den Trainingserfolg.

Möglichkeiten zur Regulierung von Trainingsbelastungen

Die Trainingsbelastungen werden durch die Belastungsfaktoren, die Belastungsverfahren und die Belastungsstruktur bestimmt (Übersicht 1). Diese drei variablen Einflußgrößen stellen die trainingsmethodischen Kennziffern dar.

Übersicht 1
Regulierung der Trainingsbelastung

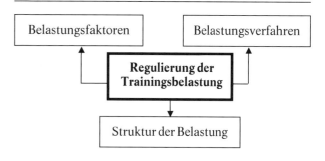

Belastungsfaktoren

Von den trainingsmethodischen Kennziffern stellen die Belastungsfaktoren für den Triath-

Abb. 1   Belastungsfaktoren

leten die wichtigsten Größen dar. Zu ihnen gehören Intensität, Umfang, wöchentliche Trainingshäufigkeit, Art der Körperübungen und Qualität der Bewegungsausführung (Abb. 1).
Die Belastungsfaktoren werden wiederum von der Leistungsstruktur einer Sportart bestimmt.
Die **Leistungsstruktur** kennzeichnet den inneren Aufbau der sportlichen Leistungen und stellt die Wechselbeziehungen zwischen den einzelnen Leistungsfaktoren dar.
So gibt die Leistungsstruktur Auskunft darüber, wie sich zum Beispiel bei Triathleten das Verhältnis von Kraft und Ausdauer verhält oder welche Rolle technische Fertigkeiten spielen.
Ausgehend von dieser Leistungsstruktur, ist für den jeweiligen Ausbildungsstand des Sportlers das **aktuelle Anforderungsprofil** abzuleiten. Das kann bedeuten, daß in bestimmten Etappen des mehrjährigen sportlichen Ausbildungsprozesses das technische oder

auch das konditionelle Training stärker betont wird. Des weiteren ist die Kenntnis der Leistungsstruktur eine wesentliche Voraussetzung für die Bestimmung der Methoden und Mittel des sportlichen Trainings.

Trainingsmethoden

Die Trainingsmethoden und die organisationsmethodischen Verfahren bilden zusammen die Belastungsverfahren. Den Triathleten interessieren insbesondere die Trainingsmethoden zur Ausbildung von konditionellen Fähigkeiten. Ausdauer, Kraft, Schnelligkeit werden mit folgenden Trainingsmethoden entwickelt:
– Dauermethoden
– Intervallmethoden
– Wiederholungsmethoden
– Wettkampf- und Kontrollmethoden.
Jede Trainingsmethode zur Entwicklung konditioneller Fähigkeiten wird durch die **Belastungskomponenten**
– Reizintensität,
– Reizdichte,
– Reizdauer,
– Reizumfang und
– Trainingshäufigkeit
charakterisiert.
Dabei versteht man unter **Reizintensität** im wesentlichen die Stärke des einzelnen Reizes bzw. die in der Zeiteinheit geleistete Arbeit. Gemessen wird sie im Ausdauer- und Schnelligkeitstraining in Form der Geschwindigkeit (m/s) und beim Krafttraining in kg/s bzw. in mkg/s als Ausdruck der bewältigten Last bzw. der bewältigten Last in der Zeiteinheit.
Die **Reizdichte** ergibt sich aus der zeitlichen Aufeinanderfolge der Trainingsreize in einer Trainingseinheit. Die Reizdichte gibt Auskunft über das Verhältnis von Belastung und

Erholung und somit über die Länge der Pausen zwischen den Belastungsintervallen.

Als **Reizdauer** wird die Dauer der Einwirkungen einzelner Belastungsreize verstanden, während der Reizumfang die Gesamtmenge der Belastungsreize im Training bestimmt.

Der Umfang wird im Ausdauerbereich in der Streckenlänge oder in der Zeit (km oder auch Stunden), im Krafttraining in der Summe der Bewegungswiederholungen und/oder der bewältigten Lasten zum Ausdruck gebracht.

Unter **Trainingshäufigkeit** wird die wöchentliche Dichte der Trainingseinheiten verstanden. Bei zyklischen Ausdauersportarten, wie Laufen, Radfahren, Schwimmen, ist besonders bei Dauertraining die Reizdauer mit dem Reizumfang identisch, so daß man nur die Belastungskomponenten Intensität, Umfang und wöchentliche Trainingshäufigkeit benötigt.

Dauermethoden

Typisch ist, daß die Belastung nicht durch Pausen unterbrochen werden. Der Umfang ist groß, die Intensität relativ gering. Die Dauermethoden gliedern sich in weitere, spezielle Methoden auf (Abb. 2):
– kontinuierliche Methode,
– Wechselmethode,
– Fahrtspiel.

Kontinuierliche Methode

Über einen langen Zeitraum wird eine gleichbleibende Geschwindigkeit beibehalten. Der Umfang sollte möglichst 30 Minuten nicht unterschreiten und die Intensität in einem Herzfrequenzbereich von 140 bis 160 Schläge pro Minute liegen. Diese Werte gelten aber nur für das Lauftraining. Beim Rad- oder Schwimmtraining liegen die Pulsfrequenzen wesentlich niedriger, weil ein Teil der Körpermasse vom Rad bzw. Wasser getragen wird.

Wechselmethode

Während der Dauerbelastung wird die Geschwindigkeit planmäßig verändert und dabei so erhöht, daß man kurzzeitig außer Atem kommen kann.

Beispiel: Ein Lauftraining nach der Wechselmethode könnte folgendermaßen aussehen: 1000 m langsamer Lauf mit einer Herzfrequenz von 140 bis 150 Schlägen pro Minute. 400 m mit einer Intensität von 170 bis 180 Schlägen pro Minute. Das ganze wird sechs- bis achtmal wiederholt.

Fahrtspiel

Im Verlauf der Dauerbelastung wird die Geschwindigkeit nach den individuellen Bedürfnissen des Sportlers oder nach seiner augenblicklichen Verfassung variiert. Das Fahrtspiel ist ein Spiel mit der Geschwindigkeit. Für das Lauftraining nach der Methode des Fahrtspiels wählt man abwechslungsreiches Gelände. Ein etwas hügeliges bzw. welliges Profil ist beson-

Abb. 2   Dauermethoden

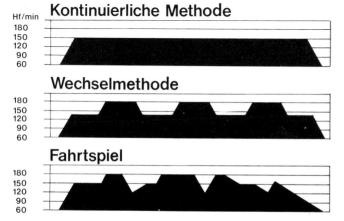

Kontinuierliche Methode

Hf/min
180
150
120
90
60

Wechselmethode

180
150
120
90
60

Fahrtspiel

180
150
120
90
60

29

ders geeignet, weil man die Geschwindigkeit dem Gelände anpassen kann. Beim Radtraining gilt ähnliches. Der Sportler kann jedoch auch entsprechend seinem Befinden schnellere Streckenabschnitte im flachen Gelände einfügen. Das Fahrtspiel ist ursprünglich von den Langstreckenläufern entwickelt worden. Für andere Sportarten, speziell das Schwimmen, ist es weniger geeignet.

Zur Entwicklung der Grundlagenausdauer sind grundsätzlich alle Dauermethoden einsetzbar, wobei mit der kontinuierlichen Methode begonnen werden sollte. Diese Methode kann für Anfänger die bestimmende bleiben, während bei fortgeschrittenen Sportlern das Fahrtspiel und die Wechselmethode Anwendung finden sollten. Besonders die Wechselmethode kann einen guten Anschluß vom Training der Grundlagenausdauer zum wettkampfspezifischen Ausdauertraining herstellen. Im Triathlon entfallen auf die kontinuierlichen Methoden im Lauf- und Radtraining ca. 80 Prozent des gesamten Ausdauertrainings. Lediglich beim Schwimmen ist das Verhältnis anders. Hier beherrscht das Intervalltraining mindestens die Hälfte des Gesamttrainings.

Intervallmethoden

Bei den **Intervallmethoden** werden die Belastungs- und Erholungsphasen planmäßig gewechselt. Die Pausenintervalle dienen nur der unvollständigen Wiederherstellung. Die folgende Belastung beginnt, wenn die Herzfrequenz einen Wert von 120 bis 130 Schläge pro Minute erreicht hat.

Entscheidend für die Wirksamkeit ist, daß die Dauer der Belastung und die Länge der Pausen im richtigen Verhältnis zueinander stehen. Nach einer hohen Belastung kann die Pause etwas länger sein, bei kürzeren Belastungsphasen darf die Pause auch kurz sein.

Grundsätzlich ist die Dauer der Pause kürzer als die Belastung. Sie umfaßt gewöhnlich ein Drittel der Belastungsdauer. Nach der Dauer der Belastungsintervalle wird unterschieden zwischen

– Kurzzeitintervallmethode
  (15 Sekunden bis 2 Minuten),
– Mittelzeitintervallmethode
  (2 bis 8 Minuten),
– Langzeitintervallmethode
  (8 bis 15 Minuten).

Für den Triathlon kommen vorwiegend Langzeitintervalle in Frage. Bewährt hat sich die extensive Intervallarbeit. Sie ist gekennzeichnet durch relativ lange Belastungsphasen (siehe Langzeitintervallmethode) mit herabgesetzter Intensität. Für das Training des Triathleten haben die Intervallmethoden weniger Bedeutung. Die lange Belastungsdauer des Wettkampfes zwingt insbesondere den Anfänger, die Dauermethoden – zumindest beim Rad- und Lauftraining – zu bevorzugen.

Struktur der Belastung

Langjährige Erfahrungen bei der Entwicklung von Trainingskonzepten für bestimmte Sportarten zeigen immer wieder, daß diese nur dann zum Erfolg führen, wenn der Trainingsaufbau der Leistungsstruktur der Sportart entspricht. Für die etablierten Sportarten ist die Ermittlung ihrer Leistungsstruktur schon sehr weit fortgeschritten, eine junge Sportart wie Triathlon hat hier noch einen erheblichen Nachholebedarf. Manche Elemente dieser Struktur, wie Langzeitbelastung, Belastungswechsel oder Freiwasserschwimmen, springen bei der Betrachtung dieser Sportart zwar sofort ins

Auge, andere bleiben noch immer verborgen. Der Sportler oder Trainer wird immer dann darauf aufmerksam gemacht, wenn er bei einem Wettkampf merkt, daß eines dieser Elemente nicht richtig erkannt und demzufolge beim Aufbau der Trainingsbelastung ungenügend berücksichtigt wurde.

Grundlegende **Faktoren einer komplexen Leistungsstruktur im Sport** sind:
- die konditionellen Fähigkeiten,
- die technisch-koordinativen Fähigkeiten und Fertigkeiten,
- taktische Fähigkeiten,
- Persönlichkeitsqualitäten des Sportlers.

Diese Hauptfaktoren aufzuspalten und ihre richtige Zuordnung zur speziellen Sportart zu finden ist eine Voraussetzung für wissenschaftlich aufgebautes Training. Welche Leistungsfaktoren sind für den Triathlon bedeutungsvoll?

Komplexe Leistungsfaktoren (Kurztriathlon):
- aerobe Kapazität
- hohe Kapazität des Fettstoffwechsels
- Leistungsfähigkeit im Kraftausdauerbereich für die Muskulatur im Arm- und Beinbereich
- psychische Belastbarkeit und Anstrengungskonstanz.

Einzelne Leistungsfaktoren
Schwimmen
- vollkommene und wettkampfstabile schwimmtechnische Fertigkeiten (insbesondere Kraul)
- variabel entsprechend der taktischen Situation verfügbare schwimmtechnische Fertigkeiten
- wettkampfspezifische Ausdauer im Langzeitausdauerbereich I (LZA I)

- entwickelte Kraftausdauer im Arm-/Schultergürtelbereich

Radfahren
- wettkampfspezifische Ausdauer im Langzeitausdauerbereich II (LZA II)
- vollkommene Beherrschung der Radfahrtechniken
- Fähigkeit zur variablen Anwendung der Radfahrtechniken entsprechend der taktischen Situation im Wettkampf
- entwickelte Kraftausdauer, insbesondere im Bereich der Bein- und Gesäßmuskulatur
- Beherrschung der Mechanik des Rennrades

Laufen
- wettkampfspezifische Ausdauer im Langzeitausdauerbereich II (LZA II)
- variable Anwendung der Wettkampftaktiken

> Nur wer die wichtigsten Leistungsfaktoren kennt, kann sein Training gezielt ausrichten und aufbauen und damit auf das Wesentliche konzentrieren.

In Abhängigkeit von der Wettkampfdistanz kommt den Leistungsfaktoren im Triathlon unterschiedliche Wertigkeit zu (Tabelle 2).

Tabelle 2   Die Wertigkeit der Leistungsfaktoren entsprechend der unterschiedlichen Wettkampfdistanz im Triathlon

Faktor	Kurz-triathlon	Mittel-triathlon	Lang-triathlon
Komplexe Faktoren			
aerobe Kapazität	×××	×××	×××
Fettstoffwechsel	××	×××	×××
Kraftausdauer	×××	××	××
psychische Belastbarkeit	××	×××	×××

31

Faktor	Kurz-triathlon	Mittel-triathlon	Lang-triathlon
Einzelne Faktoren			
Schwimmen			
vollkommene Technik	× ×	× × × (LZAI)	× × × (LZAII)
variable Schwimmfertig-keiten	× ×	× ×	× × ×
wettkampfspezif. Ausdauer	× × (LZAI)	× × ×	× × ×
Kraftausdauer	× × ×	× ×	× ×
Radfahren			
wettkampfspezif. Ausdauer	× × (LZAII)	× × × (LZAIII)	× × × (LZAIV)
Radtechnik	× ×	× × ×	× × ×
variable Radtechnik	× ×	× ×	× ×
Kraftausdauer	× × ×	× ×	×
Mechanik	× ×	× × ×	× × ×
Laufen			
wettkampfspezif. Ausdauer	× × (LZAI)	× × × LZAII)	× × × LZAIII)
variable Taktik	×	× ×	× × ×

Schulung von Fähigkeiten und sportlichen Techniken

Ausdauer – die Tugend des Triathleten

Die Ausdauer ist im Triathlon von entscheidender Bedeutung für die Leistung des Athleten. Diese Fähigkeit ist aber auch für viele andere Sportarten wichtig. Selbst der Sprinter braucht eine gut entwickelte Ausdauer, weil sie eine Voraussetzung für die schnelle Wiederherstellung nach hohen sportlichen Leistungen darstellt. Enge Beziehungen bestehen zwischen Ausdauerleistungsfähigkeit und Gesundheitsstabilität. Allein das ist ein Grund, sich mit den drei Disziplinen des Triathlon zu beschäftigen.

„Ausdauer" ist ein weites Feld

Unterschieden wird zwischen Grundlagenausdauer und wettkampfspezifischer Ausdauer. Für den Triathleten mit Wettkampfambitionen müssen beide Formen herausgebildet werden. Die klassische Unterscheidung nach der Dauer der Ausdauerbelastung ist für den Triathleten nur im Langzeitausdauerbereich von Interesse, da seine Wettkämpfe durchweg über 90 Minuten dauern. Bedingt durch die Vielfalt von Wettkampfformen, die deutlich über einer Stunde liegen (z. B. Langstreckenschwimmen, Radetappen, Mountain-Bike-Wettbewerbe, Ultra-Ausdauerlauf und Triathlon), wurde der Langzeitausdauerbereich in vier Teilbereiche eingeteilt. Dadurch ergeben sich für den Triathlon als Ganzes und seine Teilstrecken brauchbare Ansatzpunkte. Die Einteilung aller Ausdauerbereiche geht aus Tabelle 3 hervor.

Tabelle 3   *Ausdauerbereiche und Energiebereitstellung*

Ausdauerbereich	Dauer min	Energiebereit-stellung in %-Anteil aerob	anaerob
Kurzzeitausdauer	0,5– 2	20	80
Mittelzeitausdauer	2– 10	60	40
Langzeitausdauer I	10– 30	70	30
Langzeitausdauer II	30– 90	80	20
Langzeitausdauer III	90–360	95	5
Langzeitausdauer IV	über 360	99	1

Neben dieser Einteilung der Ausdauer kennt die Trainingsmethodik noch die Begriffe Schnelligkeitsausdauer und Kraftausdauer. Die **Schnelligkeitsausdauer** ist die Widerstandsfähigkeit gegen Ermüdung bei Belastungen mit submaximaler bis maximaler Geschwindigkeit und überwiegend anaerober Energiegewinnung (unter Sauerstoffmangelbedingungen). Die **Kraftausdauer** ist gekennzeichnet durch eine hohe Kraftleistungsfähigkeit bei gleichzeitig guter Ausdauer und insbesondere auch gut entwickelter lokaler Ausdauer in der Muskulatur, die im disziplinspezifischen Bewegungsablauf besonders stark belastet wird. Die Kraftausdauer ist ein Element der Leistungsstruktur des Triathlons. Sie zu entwickeln ist besonders für den Leistungssportler wichtig.

Was ist unter aerober und anaerober Leistungsfähigkeit zu verstehen, und wie wird sie entwickelt?

Aerobe Leistungsfähigkeit: Leistungsfähigkeit,die im Ausdauerbereich ohne Eingehen einer Sauerstoffschuld vollbracht wird, das heißt, der Sauerstoffverbrauch entspricht dem Sauerstoffangebot. Diese Form der Energiebereitstellung ist vor allem bei langfristigen Ausdauerbelastungen vorherrschend. Die Laktatwerte liegen meist unter 3 mmol/l.

Die aerobe Leistungsfähigkeit wird durch Ausdauerbelastungen mit einem Umfang von elf und mehr Minuten – am günstigsten ab 30 Minuten – bei einer Herzfrequenz von 130 Schlägen pro Minute und höher entwickelt.

Der Aufbau der aeroben Leistungsfähigkeit (Niveau der Grundlagenausdauer) erfolgt für den Trainingsanfänger nach dem Prinzip „lang und langsam". Als *Trainingsmethoden* kommen in Frage:

– Dauermethoden,

– Langzeitintervallmethode mit vorwiegend extensivem Charakter.

Aerobe Ausdauer ist problemlos zu trainieren. Voraussetzung sind jedoch ein hoher Trainingsumfang und mehrere Trainingseinheiten pro Woche.

Anaerobe Leistungsfähigkeit: Leistungsfähigkeit, die unter Eingehen einer Sauerstoffschuld vollbracht wird, das heißt, der Sauerstoffverbrauch ist höher als die mögliche Sauerstoffaufnahme. Die Herzfrequenz liegt über dem Bereich, der für die Langzeitausdauer typisch ist. Die Laktatproduktion ist hoch (über 3 mmol/l bis 12 mmol/l).

Die anaerobe Leistungsfähigkeit wird durch Belastung im Mittelzeit- oder im Kurzzeitausdauerbereich (45 s bis etwa 5 min) entwickelt. Dabei ist die Intensität hoch bis maximal.

Zwischen der anaeroben und der aeroben Leistungsfähigkeit bestehen enge Wechselbeziehungen. Die anaerobe Leistungsfähigkeit soll immer auf einem entsprechend ausgeprägten aeroben Leistungsniveau aufgebaut werden. Generell gilt für die Ausdauerschulung: Die Entwicklung der aeroben Kapazität erfolgt vor der Entwicklung der anaeroben Kapazität.

Als *Trainingsmethoden* (für die anaerobe Kapazität) eignen sich am besten die Kurzzeitintervallmethode und die Wiederholungsmethode. Typisch für diese Methoden ist, daß die Pausen zwischen den Belastungen fast bis zur völligen Pulsberuhigung ausgedehnt werden, also länger als beim Intervalltraining.

Anaerobe Ausdauer zu trainieren bedarf Willensstärke und auch etwas Schmerzverträglichkeit. Strecken aus dem Bereich Mitteldistanzen sind am besten geeignet.

Bestimmung der Trainingsintensität

Umfang und Intensität sind die wichtigsten trainingsmethodischen Kennziffern. Sie stehen in einer direkten Abhängigkeit zueinander. Wird der Umfang groß gewählt, kann die Intensität nur gering sein, und umgekehrt.
Umfang und Intensität beim Ausdauertraining hängen ab:
– von der Zielstellung des Trainings (Entwicklung von Kurzzeit-, Mittelzeit- und Langzeitausdauer),
– vom Trainingszustand des Sportlers,
– von der Trainingsperiode im Jahr.
Für die *Intensität der Belastung* stellen die in der Tabelle 4 angegebenen Werte eine orientierende Empfehlung dar.

Tabelle 4   Intensitätsempfehlungen

Ausdauerart	Trainingsintensität
Grundlagen-ausdauer wettkampf-spezifische	60 bis 80% der möglichen max. Leistung
Langzeit-ausdauer	80 bis 100% der möglichen max. Leistung
Mittelzeit-ausdauer	90 bis 100% der möglichen max. Leistung
Kurzzeit-ausdauer	95 bis 100% der möglichen max. Leistung

Als Maßstab gilt immer die erreichte persönliche Bestzeit auf der jeweiligen Strecke. Kontrolliert wird nicht nur mit der Uhr, sondern auch über die Pulsfrequenz.

Trainingsmethodische Kontrolle der Ausdauerbelastung

Die Kontrolle des Trainings und seiner Belastungshöhe ist wichtig für den Erfolg der Trainingsbemühungen. Die einfachste Form der Kontrolle ist die Pulsmessung. Eine Frequenz über 120 Schläge/min gilt bereits als trainingswirksam. 120 bis 160 Schläge verraten eine mittlere Intensität, und alle Werte darüber kommen der Maximalbelastung nahe. Ergänzt wird die Wirkung des Ausdauertrainings durch Laktatmessungen (Milchsäuremessungen). Die Laktatwerte zeigen das Verhältnis von Trainingsleistung und biochemischer Reaktion des Körpers an. Der Trainer kann aus der Höhe des Laktatspiegels auf den Trainingszustand und die Wirkung seiner Übungen schließen.
Laktatmessungen sind jedoch immer mit einer geringen Blutentnahme verbunden.

Vertraue nicht nur Deinem Gefühl, erst objektive Messungen zeigen die wahre Trainingsbelastung!

Die Tabelle 5 gibt Auskunft über die Laktatkonzentrationen und weitere biochemische Parameter bei unterschiedlichen Trainingsaufgaben.

Tabelle 5   Trainingsmethodisch-physiologische Charakteristik der verschiedenen Arten der Ausdauer (nach Engelhardt)

Ausdauerart	Laktat (mmol/1)	Herz-frequenz (Schläge/min)	über-wiegender Stoff-wechsel	bevorzugter Substrat-abbau	Anspruch an $VO_{2\,max}$
Grundlagenausdauer	um 2	120–140	aerob	Fette, wenig KH	40–50%
Grundlagenausdauer	2–3	140–155	aerob	Übergang Fett/KH	50–60%
Grundlagenausdauer	4–6	155–180	aerob/anaerob	KH	65–90%
wettkampfspezifische Ausdauer	6–10	um 180	anaerob/aerob	KH	90%
Schnelligkeits-ausdauer	12–18	um 200	anaerob	KH	100%

Kraftentwicklung – wichtige Ergänzung des Ausdauertrainings

Triathleten neigen dazu, das Krafttraining zu vernachlässigen. Das ist ein Fehler, denn ohne die Fähigkeit Kraft geht nichts. Das trifft besonders für das Radfahren und das Schwimmen zu. Krafttraining muß deshalb in der Vorbereitungsperiode einen wichtigen Platz einnehmen. Welche Kraftausprägung notwendig ist, wird in den nächsten Abschnitten erläutert.

Hauptformen der Kraftfähigkeit

Die konditionelle Fähigkeit Kraft ist Leistungsvoraussetzung, um äußere Widerstände zu überwinden oder äußeren Kräften entgegen-zuwirken. Kraft beruht auf Muskeltätigkeit. Sie ermöglicht im Sport die Fortbewegung eines Gerätes oder des eigenen Körpers, das Einwirken auf einen Gegner bzw. die Abwehr von gegnerischen Handlungen. Unterschieden werden Maximalkraft-, Schnellkraft- und Kraftausdauerfähigkeiten.

„Als **Maximalkraft** bezeichnet man die höchste Kraft, die ein Sportler bei maximaler, willkürlicher Muskelkontraktion auszuüben vermag." Leistungsbestimmend ist die Maximalkraft zum Beispiel in den Sportarten Gewichtheben und Ringen. Sie hat aber auch große Bedeutung für die Wurf- und Stoßdisziplinen in der Leichtathletik.

„Die **Schnellkraft** ist die Fähigkeit des Sportlers, Widerstände mit hoher Kontraktionsgeschwindigkeit zu überwinden." Sie ist zum

Beispiel Voraussetzung, um im leichtathletischen Sprint, Sprung, Wurf und Stoß, in den Spielsportarten, in den Sprintdisziplinen des Radsports und Eisschnellaufs hohe sportliche Leistungen zu erzielen.

„Die **Kraftausdauer** ist die Widerstandsfähigkeit gegen Ermüdung bei langandauernden Kraftleistungen." Sie hat einen hohen Stellenwert in den Ausdauersportarten, denn in diesen Sportarten muß über einen längeren Zeitraum fortlaufend ein relativ hoher äußerer Widerstand überwunden werden.

Maximalkrafttraining

Die Muskelkraft ist hauptsächlich vom Muskelquerschnitt abhängig. Je größer der Muskelquerschnitt ist, um so höher ist die Muskelkraft. Eine Muskelquerschnittsvergrößerung wird am besten erreicht, wenn mit hohen Lasten trainiert wird. Anfänger sollten im Maximalkrafttraining Lasten von 60 bis 80 Prozent der maximal möglichen Last wählen. Diese relativ verträglichen Lasten erlauben auch dem Anfänger eine technisch saubere Übungsausführung, mindern die Verletzungsgefahr und haben dabei einen hohen Effekt für die Maximalkraftentwicklung. Fortgeschrittene, d.h. Sportler, die die Übungsausführung beherrschen und einen sehr guten Trainingszustand haben, können mit Lasten von 80 bis 100 Prozent der maximalen Kraftfähigkeit trainieren. Je nach gewählter Last sind in einer Übungsserie zwei bis acht Wiederholungen zu absolvieren. Die Pausen zwischen den Übungsserien müssen eine ausreichende Erholung sichern. Sie sollten zwei bis fünf Minuten betragen. Maximalkraft ist auch für den Triathleten nicht unwichtig, denn sie ist Voraussetzung für die leistungsbestimmende Kraftausdauer.

Schnellkrafttraining

Schnellkraftleistungen sind abhängig von der Maximalkraft und von der Geschwindigkeit der Muskelkontraktionen. Die Verbesserung der Schnellkraft erfordert folglich eine Erhöhung der Maximalkraftleistung und der Bewegungsgeschwindigkeit. Für Triathleten hat die Schnellkraft keine vordergründige Bedeutung. Sie ist für ihn mehr ein brauchbares unentgeltliches Zusatzprodukt des Krafttrainings.

Kraftausdauertraining

Die Fähigkeiten Ausdauer und Kraft widersprechen sich häufig. Trotzdem ist es möglich, dem Ausdauersportler auch ein Optimum an Kraft anzutrainieren. Die Fähigkeit Kraftausdauer kann sehr unterschiedlich strukturiert werden. Für den Triathleten sollte der Kraftanteil unter dem Ausdaueranteil liegen. Dann ist gesichert, daß auch die Gesamtleistung im Wettkampf optimal gestaltet werden kann. Für die Entwicklung der Kraftausdauerfähigkeit ist das Kreistraining das geeignete organisatorisch-methodische Verfahren.

Hat die Kraftkomponente der zu entwickelnden Kraftausdauerfähigkeit nur einen mittleren oder geringen Stellenwert, aber die Ausdauerkomponente große Bedeutung, wie es beim Triathleten der Fall ist, dann ist im Kreistraining nur ein Krafteinsatz von 40 bis 70 Prozent des maximalen Leistungsvermögens erforderlich. Dafür sollten aber pro Übungsserie zehn bis dreißig Wiederholungen ausgeführt und die Erholungspausen zwischen den einzelnen Serien kurz ($1/2$ bis 2 Minuten oder kürzer) gehalten werden. Bei 8 bis 12 Stationen eines Trainingskreises sind zwei, drei Durchgänge zu absolvieren (Abb. 3).

Abb. 3 Beispiel für ein Kreistraining

Für die Fähigkeit Kraft gilt besonders der Spruch: Wie gewonnen so zerronnen. Also – nur regelmäßiges und intensives Training erhält ein hohes Kraftniveau.

Beweglichkeitsschulung – oft unterschätzt

Die Besonderheit der Fähigkeit Beweglichkeit ist, daß sie im Kindesalter am größten ist und danach kontinuierlich abnimmt. Bei Kraft und Ausdauer ist ein natürlicher Zuwachs bis zum dritten Lebensjahrzehnt zu verzeichnen, erst dann beginnt die Rückentwicklung. Beweglichkeit in den Gelenken ist jedoch eine wichtige Voraussetzung für jede Bewegungsausführung. Die Sportart Triathlon verlangt eine hohe Beweglichkeit vor allem für das Schwimmen, aber auch für das Laufen und mit Abstrichen für das Radfahren. Gute Bewegungsweiten in den Gelenken bringen vor allem Vorteile
– bei der Vervollkommnung schwimmspezifischer Fertigkeiten,
– bei der Schrittweite beim Laufen,
– für die Ökonomisierung der Bewegungsabläufe in allen drei Sportarten,
– bei der Verringerung der Verletzungsgefahr an Sehnen, Bändern und vor allem Muskeln,
– für die Entspannungsfähigkeit der Muskulatur und damit die Regenerationsfähigkeit des Sportlers.
Für den Triathleten ist eine hohe Beweglichkeit in folgenden Gelenken wichtig:
– Schultergelenk (Schwimmen),
– Hüftgelenk (Schwimmen und Laufen),
– Fußgelenk (Schwimmen, Radfahren und Laufen).
Auf folgende Spezifik muß jedoch hingewiesen werden: Beweglichkeit ist auch abhängig von dem Zusammenspiel der Antagonisten und Synergisten. Ein Gelenk, das vom Synergisten gebeugt wird, ist in seinen anatomischen Grenzen nur so beweglich, wie es der Antagonist zuläßt. Das bedeutet, daß auch der Antagonist durch ausgewählte Übungen gedehnt werden muß.
Probleme entstehen hier häufig im Zusammenhang mit dem Krafttraining. Muskeln, die nur einseitig gekräftigt und nicht gleichzeitig gedehnt werden, verkürzen im Laufe der Zeit und verschlechtern dadurch die Beweglichkeit des Gelenkes. Im schlimmsten Fall führt das zu sogenannten muskulären Dysbalancen. Der

Name deutet an, daß das Gleichgewicht zwischen Synergisten und Antagonisten gestört ist. Genauer heißt das, einem abgeschwächten Muskel steht ein verkürzter Gegenspieler gegenüber. Diese Fehlentwicklung wird bei falschem Krafttraining noch verstärkt und kann bei allen Gelenken und vor allem auch im Bereich der Wirbelsäule vorkommen. Ein ausgewogenes Kraft- und Beweglichkeitstraining verhindert diese Erscheinung.

> Hohe Beweglichkeit schafft die Voraussetzungen für eine rationelle Technik, verhütet Verletzungen und verbessert die Entspannungsfähigkeit während der Bewegung.

Wie jede Fähigkeit, so ist auch die Beweglichkeit trainierbar. Dafür bieten sich passive und aktive Beweglichkeitsübungen an. Bei der Verbesserung der Beweglichkeit sollte folgendes beachtet werden:

- Die Wahl der Körperübungen wird bestimmt von den Grundforderungen an die Technik der drei Sportarten.
- Die Voraussetzungen der Sportler für eine gute Beweglichkeit sind vom Alter abhängig und ebenso genetisch vorgegeben. Der Übungsleiter muß diese Voraussetzungen beachten.
- Man unterscheidet zwischen aktiver und passiver Beweglichkeit. Bei Triathleten ist vorwiegend die aktive Beweglichkeit gefragt.
- Übungen zur Beweglichkeitsschulung sollten nur bei erwärmter Muskulatur erfolgen.
- Zur Entwicklung der Beweglichkeit gibt es mehrere Verfahren:
  - wiederholende Dehnung,
  - Dauerdehnung,
  - postisometrische Dehnung (Dehnung nach vorheriger Anspannung des Antagonisten).

Alle drei Verfahren können im Triathlontraining angewandt werden. Die Auswahl wird in der Trainingspraxis vorwiegend vom Übungsangebot für das jeweilige Gelenk bestimmt.

Bewegungsabläufe im Kindesalter erlernen

Es ist schon etwas dran an der Volksweisheit „Was Hänschen nicht lernt, lernt Hans nimmermehr". Obwohl Triathlon eine Sportart ist, bei der die konditionellen Fähigkeiten im Vordergrund stehen, sind auch die Bewegungsfertigkeiten wichtig. Das gilt vor allem für die Sportart Schwimmen. Aber auch das Radfahren und das Laufen verlangen sporttechnische Fertigkeiten.

Erkenntnisse zur Fertigkeitsentwicklung, die für den Triathlon von Bedeutung sind:

- Für die gezielte Entwicklung koordinativer Fähigkeiten und elementarer Bewegungsformen gibt es weniger ein „zu früh", wohl aber Versäumnisse und unzulängliche Methoden. Das trifft besonders für lernintensive Sportarten zu. Die Schwimmtechnik und das „Wassergefühl" gehören dazu. Aber auch das richtige Pedalieren beim Radsport ist eine Bewegung, die schwer in hoher Perfektion auszuführen ist. Dieses Bewegungsmuster muß mühevoll erlernt werden, weicht es doch vom Gehen und Laufen, der angeborenen menschlichen Motorik, erheblich ab.
- Zu den möglichst früh auszuprägenden sportmotorischen Fähigkeiten zählen die Beweglichkeit und die Schnelligkeit. Letztere weist eine stärkere nervale Komponente als etwa die Kraft und die Ausdauer auf. Ihre Ausprägung sollte nach Möglichkeit bereits im Vorschulalter einsetzen und im Übungsbetrieb während des Schulalters akzentuiert werden.

Beweglichkeit und Schnelligkeit sind Leistungsreserven, die später dem Triathleten zugute kommen.

• Erlernte und gefestigte sportliche Techniken bleiben im Unterschied zu konditionellen Fähigkeiten und speziell zur Ausdauer lange Zeit stabil und verfügbar. Der junge „Techniker" sichert sich für das Hochleistungsalter ein Guthaben, auf das er dann ohne großen Trainingsaufwand jederzeit zurückgreifen kann. Das erlaubt ihm, sich stärker dem konditionellen Training zu widmen – für eine trainingsintensive Sportart wie Triathlon ein großer Vorteil.

Die Bedeutung einer frühzeitigen und soliden koordinativ-sporttechnischen Ausbildung in der Struktur der sportlichen Leistung hat in den letzten Jahren deutlich zugenommen. Es ist immer wieder zu beobachten, daß Weltklassesportler ihre Erfolge nicht nur durch den maximalen Ausbau der konditionellen Fähigkeiten erreichen, sondern auch durch außergewöhnliche koordinativ-technische Qualitäten. Mit zunehmender Angleichung des Ausdauer- und Krafttrainings im Triathlon können Mängel im technischen Bereich nicht mehr mit Kondition ausgeglichen werden. So rücken zum Beispiel die Schwimmfelder immer dichter zusammen. Wer aber in der Lage ist, durch eine bessere Technik Kraft zu sparen, hat bei der folgenden Raddisziplin mehr Reserven.

• Die Herausbildung von Bewegungsfertigkeiten erfolgt in den Phasen Erlernen – Vervollkommnen – Stabilisieren.

1. Phase: **Entwicklung der Grobkoordination (Erlernen)**

Die Grundstruktur der Bewegung wird beherrscht, die Bewegungsführung ist jedoch störanfällig und unökonomisch. Häufig wird die Bewegung mit zuviel Krafteinsatz und verkrampft ausgeführt.

2. Phase: **Entwicklung der Feinkoordination (Vervollkommnen)**

Die Ausführung entspricht weitgehend dem technischen Leitbild. Bei veränderten und erschwerten Bedingungen treten Störungen auf.

Tabelle 6   Lernalter für Triathlontechniken

Alter	Schwimmen	Radfahren	Laufen
Vorschulalter	Springen, Gleiten, Tauchen; Erlernen des Rücken- und Brustschwimmens	Erlernen des Radfahrens auf einem Kinderrad	Laufen, Hüpfen, Springen in spielerischer Form, Tempowechsel beim Laufen
Frühes Schulalter	Vervollkommnung der Rücken- und Brusttechnik; Erlernen des Kraulschwimmens; Erlernen der Wende	perfektes Beherrschen des Rades (Kurven, Fahren mit Zusatzbewegung, Einhand- und Freihandfahren, Schulung des Pedalierens)	Schulung der Schnelligkeit beim Lauf
Spätes Schulalter	Stabilisieren der Brustschwimm- und Rückenkraultechnik; Vervollkommnen und Stabilisieren der Kraultechnik und der Wende	Stabilisieren der wichtigsten Radtechniken (Bergabfahren, Kurventechnik, Wiegetritt)	Verbessern der Bewegungsführung
Jugendalter	Stabilisierung aller wichtigen Bewegungsabläufe		

Die erlernte Fertigkeit ist noch nicht „wettkampffest".

3. Phase: Stabilisierung der Bewegungshandlung

Die Bewegung entspricht dem technischen Leitbild. Auch in abweichenden Situationen ist die Bewegung technisch richtig. Sie kann, wenn notwendig, bewußt gesteuert und verändert werden.

Für das Erlernen und Vervollkommnen der wichtigsten Techniken in den Triathlonsportarten sind bestimmte Altersabschnitte ideal (Tabelle 6).

Trainingsplanung und Leistungsdiagnostik

Trainingsplanung

Training bedeutet immer Belastungssteigerung. Dieser Prozeß verläuft nicht kontinuierlich, sondern phasenförmig. Diesen physiologisch bedingten Phasen muß sich das Training anpassen. Die Abschnitte werden nach ihrer Dauer eingeteilt. Es werden unterschieden:

Makrozyklen
Hierunter zählen Zyklen, die mehrere Monate lang sein können und im Prozeß der sportlichen Vervollkommnung unterschiedliche Aufgaben haben (z. B. Vorbereitungsperiode, Wettkampfperiode).

Mesozyklen
3- bis 6wöchige Zyklen, die eine sehr spezielle Trainingsaufgabe haben

Mikrozyklen
Meist Abschnitte, die eine Woche und kürzer sind (Abb. 4).

Triathlon in seiner leistungsorientierten Ausprägung ist eine Sportart, die einen langfristigen Leistungsaufbau verlangt. Die Vervollkommnung der Fähigkeiten Ausdauer und Kraftausdauer vollzieht sich über mehrere Jahre, und auch das Erlernen technischer und taktischer Fertigkeiten dauert lange. Für Triathleten ist deshalb eine längerfristige Trainingsplanung notwendig. Somit bildet

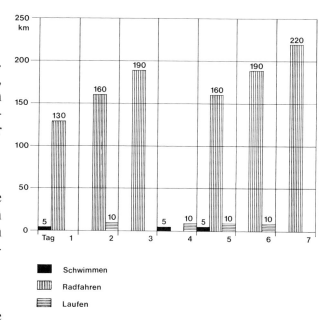

Abb.4   Mikrozyklus – Beispiel für ein Trainingslager

Triathlon keine Ausnahme gegenüber anderen Sportarten. Die Detaillierung der einzelnen Planungsabschnitte hängt wesentlich von der Zielstellung des Athleten ab. Ebenso zu berücksichtigen sind seine zeitlichen Freiräume, seine sportlichen Vorkenntnisse und sein Talent.
In die Trainingsplanung des Triathleten mit Leistungsambitionen sind folgende Positionen und Vorüberlegungen einzubeziehen:

41

Vorüberlegungen zur Trainingsplanung

Am Anfang einer jeden Trainingsplanung muß sich der Sportler im klaren sein, welche Ergebnisse er in diesem und in den folgenden Jahren anstrebt. Die Palette ist breit. Kann es sich doch um Plazierungen bei einer Meisterschaft handeln oder auch nur um achtbare Teilnahme bei Breitensportveranstaltungen. Ausgangspunkt aller Zielvorgaben sind immer die physischen sowie die zeitlichen Möglichkeiten des Sportlers. Ein Wettkämpfer, dessen körperliche Voraussetzungen nur ungenügend vorhanden sind oder der schon im voraus einschätzen kann, daß seine Trainingszeiten sehr begrenzt sind, sollte das bereits bei der Trainingsplanung berücksichtigen.

Wichtig sind auch Festlegungen, bei welchen Wettkämpfen Bestleistungen gebracht werden sollen. Bei Spitzenathleten werden es die Europameisterschaften sein. Ein anderer möchte die gesamte Saison über vertretbare Ergebnisse erzielen, und ein Dritter strebt den Langtriathlon mit einer Teilnahme in Hawaii an. Das bedeutet Höchstleistung zur Qualifikation im Juli und einen zweiten Leistungshöhepunkt im Oktober. Erwiesen ist, daß Höchstleistungen nur über relativ kurze Zeiträume möglich sind. Wer das bei der Planung mißachtet, wird wohl kaum am Ende der Saison mit seinen Ergebnissen zufrieden sein.

Diese Beispiele deuten nur einige Entscheidungsvarianten an. In der sportlichen Realität zeigt sich, daß für jeden Sportler eigene Voraussetzungen gelten, die bei der Zielstellung berücksichtigt werden müssen. Wie zufrieden ein Athlet mit den Ergebnissen einer Saison ist, wird in der Phase der Zielvorgabe entscheidend vorbestimmt.

Die Trainingsplanung ist eine außerordentlich individuell zugeschnittene Angelegenheit. Zielvorstellung, Talent, zeitliche Möglichkeiten und materielle Voraussetzungen sind unterschiedlich. Diese Unterschiede spiegeln sich im Trainingsplan wider.

Inhaltlicher Aufbau der Trainingsplanung

Jedes langfristige Training muß periodisch aufgebaut werden, weil der Biorhythmus des Körpers diese Anpassung verlangt. Abschnitte mit hoher Belastung müssen sich mit Etappen relativer Ruhe und aktiver Erholung ablösen. Die Periodisierung des Trainings beim Triathleten weicht nicht wesentlich von der in anderen Sommersportarten ab. Besonderheiten sind allerdings die kurze Wettkampfsaison von Mitte Juni bis Mitte September und die relativ große Wettkampfhäufigkeit in dieser Zeit. Weitere Vorüberlegungen sind notwendig, wenn der Sportler auch Duathlonwettkämpfe in der Vor- und Nachsaison bestreitet. Die Trainingsperioden des Triathleten gehen aus Tabelle 7 hervor.

Tabelle 7
Trainingsperioden für Triathleten

Periode	Zeitraum
Vorbereitungsperiode	Dezember–Mai
Etappe I (Grundlagentraining)	Dezember–Februar
Etappe II (Aufbautraining)	März–Mai
Wettkampfperiode	Juni–September
Übergangsperiode (aktive Erholung)	Oktober–November

Das folgende Beispiel für die Belastungsgestaltung als Rahmen für die Trainingsplanung (vgl. Abb. 6 und 7) berücksichtigt diese Hauptperioden, geht jedoch nicht auf die kurzen Trainingsabschnitte (Mikrozyklen) ein. Diese Detaillierung der Trainingsplanung muß der Trainer bzw. der Athlet entsprechend den örtlichen Bedingungen, seinen Zielen und individuellen Voraussetzungen selbst vornehmen. Das Beispiel ist abgestimmt auf Sportler, die beabsichtigen, vorwiegend an Kurz-Triathlons teilzunehmen.

Umfang des Trainings im Jahresverlauf

Im Jahresverlauf schwankt der Umfang des Trainings erheblich. Während in der Übergangsperiode nur wenig sportartspezifisch trainiert wird, ist in der Etappe I der Vorbereitungsperiode der Belastungsumfang und damit auch die zeitliche Ausdehnung des Trainings sehr hoch. Die Abbildung 5 zeigt an einem Beispiel die Belastungskurven in den verschiedenen Sportarten im Laufe eines Jahres. Während beim Schwimmen der Umfang relativ geringe Schwankungen aufweist, sind beim Laufen und Radfahren in der Vorbereitungsperiode deutliche Spitzen im Umfang zu erkennen. Diese Belastungsspitzen liegen, jahreszeitlich bedingt, hintereinander.

Im vorliegenden Beispiel wird die Grundlagenausdauer vorwiegend durch Lauftraining entwickelt. Wenn die Möglichkeit besteht, das Training im Winter oder Frühjahr in wärmere Gegenden zu verlegen, kann auch zu dieser Zeit das Radfahren als Block in dieser Etappe angeboten werden. Diese Lösung bietet sogar den Vorteil des sogenannten „Fettstoffwechseltrainings" zu einem frühen Zeitpunkt im Jahr. Diese Trainingsform ist Voraussetzung

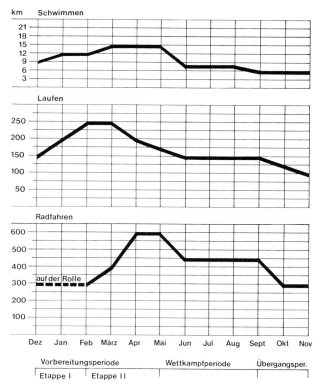

Abb. 5   Belastungsumfang im Jahresverlauf

für stabile Energiebereitstellung bei Wettkämpfen über zwei Stunden. Radtraining über lange Strecken (100 km und mehr) hat sich als günstiges Trainingsmittel für diese Zielstellung erwiesen (vgl. Abb. 6).

Während der Wettkampfsaison von Juni bis Ende September geht der Umfang deutlich zurück. Die Wettkampfbelastung und die folgende Regenerationsphase zwingen dazu. Gemäß der Erkenntnis, daß Trainingspausen und Formen der aktiven Erholung entscheidend dazu beitragen, die Form zu halten und die Wiederherstellung zu beschleunigen, sollte in der Wettkampfperiode auf zu hohe Umfänge und

43

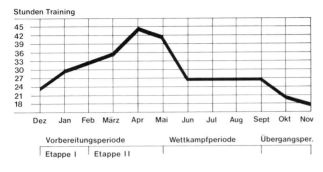

Stunden Training

Vorbereitungsperiode | Wettkampfperiode | Übergangsper.

Etappe I | Etappe II

Abb. 6 Zeitliche Belastung im Jahresverlauf

wesentlich größere Trainingsumfänge nötig. Ihre Trainings- und Wettkampfplanung sollte auch noch detaillierter und determinierter sein.

Über die Intensität des Trainings sagt die Grafik nichts aus. Diese Belastungsgröße muß von Training zu Training neu bestimmt werden. Der Sportler sollte hierüber immer wieder bedenken, daß es vor allem der Trainings*umfang* ist, der am Ende über die Leistung im Wettkampf entscheidet.

Trainingsdokumentation

Jeder Ausdauersportler sollte in irgendeiner Form sein Training dokumentieren. Erst diese Erfassung ermöglicht es, das Training systematisch aufzubauen und über längere Zeitabschnitte zu steuern. Trainingsdokumentation braucht nicht nur der Athlet mit Siegambitionen, sondern auch der Triathlet aus dem Mittelfeld. Selbst Sportler, die den Dreikampf nur aus Gesundheitsgründen betreiben, haben Vorteile, wenn sie am Ende eines Jahres ihre Trainingsleistungen mit den Planungen vergleichen können.

besonders hohe Intensität verzichtet werden. Die Kurve des zeitlichen Aufwandes für das Training (Abb. 6) verdeutlicht ebenfalls die geringere Trainingsbelastung in der Wettkampfperiode. In der Darstellung ist allerdings der zeitliche Aufwand für Wettkämpfe nicht enthalten.

Die dargestellten Umfänge gelten vorwiegend für Sportler, die neben dem Training auch noch berufliche und familiäre Verpflichtungen haben. Für Hochleistungssportler sind noch

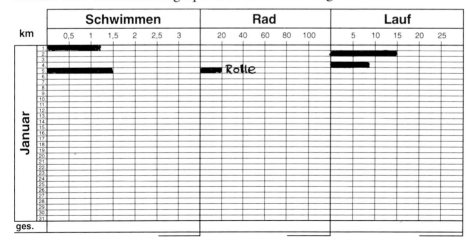

Abb.7
Trainingsprotokoll

Die Trainingsprotokollierung muß im einfachsten Fall mindestens den Trainingsumfang erfassen. Daraus lassen sich schon viele Schlüsse für den Erfolg oder Mißerfolg des Trainings ziehen, um den weiteren Ablauf des Trainings zu steuern. Das vorliegende Beispiel veranschaulicht, wie mit einfachen grafischen Mitteln der Trainingsumfang erfaßt werden kann (Abb. 7).

Wer allerdings noch aussagekräftigere Informationen haben möchte, der sollte auch Daten über Art und Intensität seines Trainings notieren. Für letzteres empfiehlt sich folgende Abstufung:

Maximale Intensität   = 100
90 % Intensität   = 90
80 % Intensität   = 80
70 % Intensität   = 70

Als wichtig erweist sich immer wieder, Angaben über die körperliche Verfassung während des Trainings festzuhalten. Folgende einfache Skalierung hat sich hierfür bewährt:

sehr gut   = 1
befriedigend   = 2
schlecht   = 3

Trainingsplanung und Trainingsdokumentation sind als Einheit zu betrachten, denn erst der Soll-Ist-Vergleich gibt verwertbare Auskünfte. Daraus geht hervor, daß die Trainingsauswertung auch von der Qualität der Trainingsplanung abhängig ist. Wenn z.B. im Zuge der Trainingsplanung nur mit Umfängen gearbeitet wird, ist es nicht nötig, im Trainingsprotokoll die Intensität zu erfassen.

> Wie im Geschäftsleben, so ist auch im Sport eine Buchführung notwendig. Trainingstagebücher geben genaue Auskunft über Guthaben und Defizite und können auch Erklärungshilfe bei einem sportlichen Bankrott leisten.

Wettkampfanalyse

Die Wettkampfanalyse ist ein Teil der Trainingsanalyse. Sie kann wesentlich zur Steuerung des Trainingsprozesses beitragen. Die Auswertung des Wettkampfes sollte deshalb nicht nur die Plazierung und die Endzeit erfassen, sondern wesentlich mehr Fakten. Folgende Kennziffern sind für eine Auswertung geeignet:

Tabelle 8   Wettkampfanalyse Triathlon

Allgemeine Angaben zum Wettkampf	Strecken-länge	Gesamt-Plazierung und Zeit	Plazierung/Teilzeiten			Bemerkungen zu		
			Schwimmen	Rad	Lauf	Wetter und Kleidung	konditionelle und technische Probleme	Taktik und Ernährung
Beispiel: Supersprint Leipzig 28.7.1992 Start 10.00 Uhr	1,4/40/10	4/1:45	3/15:22	7/58:07	3/34:16	sommerlich warm (Neopren) 22° Wasser 28° Luft	keine	Wasserstart (Außenposition)

- Zeiten und Plazierungen für die Teilstrecken
- Wechselzeiten
- taktisches Verhalten (z. B. Schwimmstart, Radstrecke, Lauf)
- konditionelle Probleme auf den Teilstrecken
- Verhältnis von Witterung und Kleidung
- Ernährung vor dem Wettkampf und danach.

Für die Analyse von Triathlonwettkämpfen hat sich das in Tabelle 8 wiedergegebene Schema bewährt.

Leistungsdiagnostik

Die Wirksamkeit des Trainings zeigt sich spätestens im Wettkampf. Doch dann kann es für „Kurskorrekturen" schon sehr spät sein. Der Triathlet muß rechtzeitig wissen, in welchen Disziplinen er Fortschritte gemacht hat und in welchen das Training zu forcieren bzw. zu verändern ist.

Triathlon verlangt eine komplexe Leistung. Sie ist nicht nur die Summe der Einzelleistungen, sondern ein integratives Ergebnis, das ebenfalls erfaßt werden muß. Natürlich wäre es am besten, einfach einen vollständigen Triathlon zu absolvieren und daraus Schlüsse zu ziehen. Das geht aber nicht, weil das Kontrollinstrument „Totaltest" sich nachteilig auf die folgenden Ergebnisse auswirkt. Es müssen also Verfahren gefunden werden, die mit trainingsverträglichen Mitteln Aussagen zur augenblicklichen Form des Triathleten liefern. Hierfür wurden in der Vergangenheit unterschiedlichste Verfahren entwickelt. Sie reichen von sehr einfachen Feldtests bis zu aufwendigen leistungsphysiologischen Untersuchungen. Welche Methoden bietet die moderne Trainingswissenschaft an?

Leistungsdiagnose mittels elektronischer Pulsmessung

Elektronische Pulsmeßgeräte auf EKG-Basis sind in den letzten Jahren immer praktikabler geworden. Sie geben dem Sportler lückenlos Auskunft über den inneren Anstrengungsgrad. Bei verbessertem Trainingszustand werden vergleichbare Leistungen bei geringerer Pulsfrequenz erbracht.

Von OSCHMANN wurde ein Verfahren entwickelt, das für die Laufstrecke sehr genaue Informationen zum aktuellen Trainingszustand gibt. Das Ergebnis läßt aber auch gewisse Rückschlüsse auf die Gesamtleistung des Triathleten zu. Hierfür wird folgender Weg vorgeschlagen:

1. Auswahl einer Standard-Trainingsstrecke von ca. 10 bis 15 km Länge, die ganzjährig als Kontrollstrecke genutzt werden kann.
2. Definition des Kontrollpulses. Der Kontrollpuls (Testpuls) errechnet sich aus Ruhepuls, Arbeitspuls und Lebensalter:

$$TP = \frac{AP \times 75}{100} + RP$$

TP = Testpuls- oder Kontrollpulsfrequenz
AP = Arbeitspuls (220 − Lebensalter − Ruhepuls)
RP = Ruhepuls (morgens im Bett gemessen)
Beispiel die Ermittlung des AP (30jährige Triathleten mit Ruhepuls 50 Schläge/min): 220 − 30 − 50 = 140
Testpulsfrequenz: $\frac{140 \times 75}{100} + 50 = 155$ Schläge/min

3. Ablaufen der Teststrecke möglichst genau im Test-Pulsbereich, Zeitmessung.
4. Häufiger Vergleich der Laufzeiten mit der Testzeit.

Der Sportler wird feststellen, daß die Ergebnisse sehr unterschiedlich ausfallen. Der bessere Trainingszustand kommt in einer besseren

Testzeit bei gleicher Testpulsfrequenz zum Ausdruck. Natürlich müssen bei der Einschätzung der Ergebnisse auch die äußeren Bedingungen beachtet werden (Wetter, Wind, Bodenverhältnisse, Temperatur).

Das gleiche Verfahren ist auch anzuwenden, um Aufschluß über die „Radform" zu gewinnen. Die Teststrecke sollte hier 25 bis 30 km lang sein. Der errechnete Testpuls wird um 10 Schläge reduziert, weil das Körpergewicht vom Rad getragen wird. Beim Radtest muß weiterhin beachtet werden, daß die jeweiligen Windverhältnisse das Ergebnis stark verfälschen können.

Zusammenfassend läßt sich feststellen: Der Gebrauch eines elektronischen Pulsmeßgerätes bringt erhebliche Vorteile. Das gilt vor allem deshalb, weil Leistungsdiagnosen häufig und ohne zusätzliche Belastung in den Trainingsprozeß eingebaut werden können. Das genannte Verfahren ist auf alle Fälle einer Kontrolle der Leistung über festgelegte Strecken im Maximaltempo vorzuziehen – ein Testverfahren, das eine längere Regeneration bedingt und deshalb das Folgetraining beeinträchtigt.

Laktatmessung als Grundlage der Leistungsdiagnostik

Der Laktatwert (Milchsäureanteil im Blut) ist für die Trainingsanalyse und -steuerung im Ausdauersport eine wichtige Methode geworden. Die Laktatwerte zeigen an, mit welcher Intensität trainiert wird und welche Stoffwechselsysteme für die Energiegewinnung herangezogen werden. Die Höhe des Laktatwertes gibt an, ob die Muskulatur im aeroben oder anaeroben Bereich gearbeitet hat. Die in

Tabelle 9   Laktatwerte in Abhängigkeit von der momentanen Belastung

Laktatwert (mmol/l)	Belastungshöhe
1– 3	Erholungstraining, leichtes Ausdauertraining
3– 4	Intensives Ausdauertraining
4– 6	Tempo-Ausdauertraining
6–12	Intensives Tempotraining

Tabelle 9 angegebenen Laktatwerte geben Aufschluß über die Belastungsintensität.

Der 4-mmol/l-Wert wird als die aerob/anaerobe Schwelle bezeichnet. Das Ausdauertraining findet in der Regel unter dieser Schwelle statt. Die Energiebereitstellung erfolgt dabei fast ausschließlich aus der aeroben Spaltung der Kohlehydrate und der Fettsäuren.

Die Wirkung des Ausdauertrainings ist vor allem daran zu erkennen, welches Dauerleistungstempo der Sportler mit niedrigem Laktatwert (2 bis 4 mmol/l) erreicht. Ein niedriger Laktatwert ist für den Triathleten sehr wichtig, weil er bei der langen Belastung auf eine optimale Energieausnutzung achten muß. Diese Tatsache ist die Grundlage für Leistungstests mit Laktatmessung. Diese Tests in den einzelnen Disziplinen des Dreikampfes vollziehen sich ähnlich wie die Tests mit Pulsfrequenzmessung.

Laktattests laufen in folgenden *Schritten* ab:
1. Für die entsprechende Sportart wird eine definierte Strecke ausgewählt. Bewährt haben sich
   - 800 m Schwimmen,
   - 5 oder 10 km Laufen,
   - 20 km Radfahren.

2. Die Strecke wird mit einer vorgegebenen Test-Pulsfrequenz absolviert. Sofort im Anschluß an den Test wird der Laktatwert ermittelt.
3. Bei späteren Tests kann bei gleicher Pulsfrequenz festgestellt werden, wie sich
   - einmal die Testzeit entwickelt und
   - zweitens der Laktatwert verhält.
   Schnellere Zeiten bei gleichem oder niedrigerem Laktatwert lassen auf einen Trainingsgewinn schließen.
4. Der Test kann auch als Maximaltest erfolgen. Der Sportler versucht, die Strecke in maximaler Geschwindigkeit zu bewältigen. Der Laktatwert gibt Aufschluß über die Mobilisierungsfähigkeit des Stoffwechselsystems. Die absolvierte Zeit informiert über den Trainingszustand.
   Maximaltests sind sehr kräfteraubend, sie sollten deshalb sparsam eingesetzt werden.

Laktatmessungen waren noch vor wenigen Jahren relativ aufwendig. Neuerdings wird durch transportable Biosensoren die Blutabnahme – es genügt ein Tropfen Blut – sehr erleichtert. Die Laktatwerte sind unmittelbar nach der Blutentnahme ablesbar.

> Leistungsdiagnosen mit modernen Methoden erlauben detaillierte Einblicke in die sportliche Form und objektivieren die Prognose bevorstehender Wettkampfleistungen.

Wettkampftest im Labor

Die dargestellten diagnostischen Verfahren erfassen meist nur eine Teilkomponente des Triathlons. Sie genügen deshalb nicht dem Anspruch einer komplexen Betrachtung der Triathlonleistung. PFÜTZNER vom Institut für angewandte Trainingswissenschaft in Leipzig entwickelte ein komplexes Testprogramm, das unter Laborbedingungen durchgeführt wird und dennoch der realen Belastung im Triathlon-Wettkampf sehr nahe kommt.

Dieser *Wettkampftest* läuft wie folgt ab:
- 800 m Schwimmen (50-m-Becken),
- 10 km Radfahren auf dem Laufband bei einem Anstellwinkel von 3 Grad für Männer und 2 Grad für Frauen,
- 5 km Lauf auf dem Laufband.

Folgende *gerätetechnischen Voraussetzungen* und Sportstätten sind dafür notwendig:
Schwimmbecken (50 m), unmittelbar anschließend Laufband (1,2 m breit und 4 m lang) sowie med.-techn. Labor.

Testablauf

Mit dem Wechseln vom Schwimmbecken auf das Laufband vergehen 3 bis 5 Minuten. Die Sportler benutzen ihre eigene Rennmaschine und fahren damit auf einem breiten Laufband ohne Risiko. Nach dem Radfahren erfolgt das Laufen auf demselben Band, das auf Flachlauf zurückgefahren wird. Die Geschwindigkeit steuert der Sportler selbst.

Registrierte *Meßgrößen*:
- Herzschlagfrequenz – fortlaufend mit einem wasserdichten Sporttester
- Laktat – nach dem Schwimmen, beim Radfahren und beim Lauf,
- Sauerstoffaufnahme – intermittierend beim Radfahren und Lauf.

Weiterhin können die methodischen Daten wie Geschwindigkeit, Bewegungsfrequenz, Zyklusweg sowie Technik fortlaufend oder zu vereinbarten Zeitpunkten bestimmt werden.

Die Aussagekraft dieses Verfahrens für den Trainer ist sehr hoch. Das trifft allerdings auch für den Testaufwand zu. Die Abbildung 8 vermittelt einen Einblick in den hohen Informationsgehalt des Triathlon-Simulationstests.

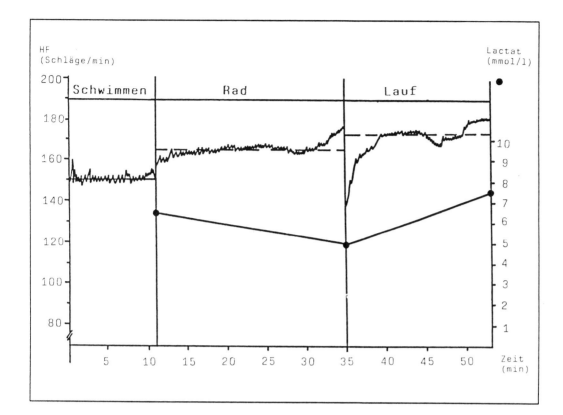

Abb. 8
Ergebnisse
des Triahlon-
Simulations-
tests (Herz-
frequenz
und
Lactat-
werte)

Wettkampf- und Streckenangebote

Neben dem klassischen Hawaii-Triathlon haben sich im Laufe der Zeit weitere Streckenvarianten und Kombinationsformen aus verschiedenen Sportarten eingebürgert. Unter den Triathlonkindern nimmt der Duathlon einen besonderen Platz ein. Ursprünglich war Run-bike-run eine Notlösung, wenn nämlich die Wassertemperatur kein Schwimmen zuließ. Kurzerhand wurde an Stelle des Schwimmens ein Lauf angesetzt. Inzwischen hat sich diese Mehrkampfvariante verselbständigt. Wenngleich das Salz in der Suppe – das Schwimmen – fehlt, wird diese Wettkampfvariante von den Triathleten im Frühjahr und Herbst gern angenommen. Erweitert sie doch die Wettkampfsaison um einige Wochen.
Welche Streckenvarianten haben sich in den letzten Jahren im Triathlon entwickelt?

Wettkampfformen im Triathlon

Das Maß aller Dinge im Triathlon ist seit eh und je der Ironman auf Hawaii, der alljährlich im Oktober stattfindet und von dem der erste Anschub zur Entwicklung der Sportart Triathlon in der Welt ausging. Hawaii setzt auch heute noch wesentliche Maßstäbe. Die Streckenlängen des Hawaiiwettkampfes waren von Anfang an Grundlage für die Streckenrelationen aller kürzeren oder auch längeren Wettbewerbe. Ausgangsgröße für alle Triathlonwettkämpfe sind demnach die Streckenlängen:

3,8 km Schwimmen,
180,0 km Radfahren und
42,195 km Laufen.

Langtriathlon

Diese Ironman-Distanz ist in die Sportordnung als Lang-Triathlon eingegangen. Davon abgeleitet, ist die Halb- und Vierteldistanz entstanden. Es hat sich jedoch gezeigt, daß die rein rechnerische Teilung dieser Streckenlängen vor allem die Schwimmer benachteiligt. Aufgrund dieser Erkenntnisse wurden die Schwimmstrecken verlängert und die Raddistanz etwas verkürzt. Die Sportordnung der DTU sieht schließlich folgende Distanzen neben dem Langtriathlon vor:

Mitteltriathlon

2,0 oder 2,5 km Schwimmen
80 (5 %) km Radfahren
20 (± 5 %) km Lauf.
Die Wettkampfangebote in diesem Bereich sind im Vergleich zum Kurztriathlon relativ gering; von 10 ausgeschriebenen Wettkämpfen führt nur einer über die Mitteldistanz. Diese Streckenlänge verliert an Bedeutung. Ab 1994 werden in der Mitteldistanz auch keine Meisterschaften mehr ausgetragen.

Kurztriathlon

1,0 oder 1,5 km Schwimmen
40 (± 10 %) km Radfahren
10 (± 5 %) km Laufen.
Die beiden Längenangaben zur Schwimmstrecke ergeben sich aus der Entscheidung, ob im Beckenschwimmbad oder Offenwasser geschwommen wird. Im ersten Fall empfiehlt sich aus organisatorischen Gründen die Streckenlänge von 1,0 km.
Der Kurztriathlon hat sich als die beliebteste Wettkampfdistanz herausgebildet. Die Gründe liegen im vertretbaren Organisationsaufwand für die Veranstalter und den gegenüber längeren Wettkämpfen geringen Trainingsanforderungen für den Sportler. Der Kurztriathlon ist wohl auch für die Zuschauer und Medien am interessantesten. Das mag ein Grund sein, weshalb diese Strecke für das olympische Programm vorgesehen ist.

Während am Anfang der Triathlonentwicklung die Hawaii-Distanz das Maß aller Dinge war, wird inzwischen der Kurztriathlon – die künftige olympische Distanz – stärker beachtet.

Sprinttriathlon

0,5 oder 0,7 km Schwimmen
20 (± 10 %) km Radfahren
5 (± 10 %) km Laufen.
Der Sprinttriathlon ist besonders für Schüler und Jugendliche geeignet. Sprinttriathlon-Distanzen haben sich jedoch auch als Auftaktveranstaltung im Frühjahr und als Teamwettkämpfe bewährt.

Jedermanntriathlon

ca. 0,5 km Schwimmen
ca. 20 km Radfahren
ca. 5 km Laufen.
Diese Streckenlängen ergeben eine Gesamtwettkampfdauer von ca. 80 Minuten für einen mäßig Trainierten. Das ist eine Beanspruchung, die jeder Ausdauersportler ohne Probleme bewältigen kann. Dem Jedermanntriathlon kommt deshalb große Bedeutung bei der Gewinnung neuer Anhänger zu.

Weitere Triathlonvarianten

Weitere Streckenvarianten sind selbstverständlich möglich. Sie sollten jedoch im Rahmen folgender Relationen bleiben, um für alle Teilnehmer gleichermaßen faire Bedingungen zu schaffen:
1 : 30 … 50 : 9 … 11

Crosstriathlon

Crosstriathlon ist das winterliche Wettkampfangebot für Triathleten. Die Streckenlängen sind noch sehr variabel. Die Radstrecken führen meist durch wenig radfreundliches Gelände und werden deshalb häufig mit Mountainbikes bestritten. Das Schwimmen findet in einem beheizten Bad statt, die Laufstrecke sollte ebenfalls Crosscharakter tragen und hohe Anforderungen an Kondition und Lauftechnik stellen.
Gegenüber dem klassischen Triathlon gibt es eine Besonderheit: Nach dem Schwimmen wird eine Pause eingelegt, um die Erkältungsgefahr für die Athleten herabzusetzen.

Der beliebteste Crosstriathlon hat folgende Streckenlängen:
1,0 km Schwimmen,
12 bis 20 km Radfahren,
 6 bis 10 km Laufen.

Überlange Triathlonwettkämpfe

Für die sportlichen Nimmersatte werden bisweilen auch Streckenlängen angeboten, die weit über die Hawaii-Distanz hinausgehen. So kennt man den „doppelten Ironman", und in Amerika soll es auch schon einen dreifachen gegeben haben. Es ist einleuchtend, daß die Teilnehmerresonanz bei solchen Veranstaltungen sehr gering ist und diese Wettkämpfe wohl auch mehr als Kuriosa in das Sportgeschehen eingehen.

Die Ironmen bringen das Meer vor Hawaii zum Brodeln

Weitere Ausdauermehrkampfangebote

Drei Sportarten nonstop sind noch kein Triathlon

Die Wettkampfordnung sieht vor, daß nur solche Veranstaltungen die Bezeichnung Triathlon tragen dürfen, deren Einzeldisziplinen aus Schwimmen, Radfahren und Laufen bestehen und auch in dieser Reihenfolge absolviert werden.

Andere Kombinationen, wie z.B. Skilauf – Laufen und Eislauf, sollten deshalb nicht als Triathlon bezeichnet werden. Sie können aber das Wettkampfangebot für Ausdauersportler wesentlich bereichern. Ähnliches gilt für die Einbeziehung von Wassersportarten oder Skirollern in einen Ausdauermehrkampf. Unter diesen Umständen können auch Mehrkämpfe aus vier und mehr Teildisziplinen zusammengestellt werden.
Weitere Möglichkeiten der Bereicherung von Ausdauermehrkämpfen bestehen in der Ausschreibung von **Staffeln** und **Mannschaftswettkämpfen.** Man sollte aber auch wissen, daß Triathlon immer Einzelwettkampf bedeutet und deshalb alle veränderten Wettkampfgestaltungen an der Grundidee des Triathlon – nämlich die drei Ausdauersportarten in Nonstopbelastung als Einzelwettkampf zu bestreiten – vorbeigehen.

Duathlon

Diese Wettkampfform eignet sich besonders in der Aufbauperiode und im Herbst als ein Mittel, Wettkampferfahrungen und allgemeine Kondition zu erreichen. Inzwischen hat sich aber schon ein Stamm von Duathleten herausgebildet, die vorwiegend diese Wettkämpfe betreiben, weil sie so das „leidige" Schwimmen umgehen können. Nachdem Deutsche Titelkämpfe und auch Europa- und Weltmeisterschaften ausgetragen werden, bietet Duathlon Wettkämpfe fast über die gesamte Saison an.

Das Charakteristische beim Duathlon ist, daß mit dem Laufen begonnen wird, um so die Starterfelder auseinanderzuziehen. Danach folgt das Radfahren, und zum Schluß wieder ein Laufabschnitt. Die Übergänge erfolgen wie bei Triathlon ohne Pause.

Es werden folgende Wettkampfstrecken angeboten:

Langduathlon:
10 km Laufen – 60 km Radfahren – 10 km Laufen

Kurzduathlon:
5 km Laufen – 30 km Radfahren – 5 km Laufen

Jedermann-Duathlon:
2,5 km Laufen – 15 km Radfahren – 2,5 km Laufen.

Bei anderen Streckenlängen sollte das Verhältnis 1 : 5 … 7 : 1 eingehalten werden.

> Duathlon hat sich in den letzten Jahren von der Schlechtwetterlösung für Triathlon zu einer eigenen Sportart gemausert. Der bekannteste Duathlon findet jedes Jahr Anfang Mai in Zofingen (Schweiz) statt. Zofingen wurde zum Hawaii der Duathleten.

Das Triathlonabzeichen

Dieses Abzeichen hat das Ziel, die Sportler zum mehrfachen Start anzuregen. Es wird von der DTU demjenigen verliehen, der eine bestimmte Streckenlänge bei Triathlon- oder Duathlon-Wettkämpfen zurücklegt.

Das *Abzeichen in Bronze* erhält, wer in einer Saison
  2 km schwimmt,
80 km radfährt und
20 km läuft.

Das *Triathlonabzeichen in Silber* verlangt die Hawaii-Distanz nonstop oder in Etappen, also
3,8 km Schwimmen,
180 km Radfahren,
42 km Laufen.

Ein *goldenes Triathlonabzeichen* kann beantragen, wer wettkampfmäßig in einem Jahr
  10 km schwimmt,
400 km radfährt und
100 km läuft.

Das Triathlonabzeichen muß gegen eine Gebühr beim Landesverband beantragt werden.

Triathlontouristik

Mit dieser Form wird die Eintrittsschwelle zum Triathlonsport ganz tief gelegt. Triathlontouristik ist deshalb besonders für Familien und Kinder geeignet.

Verlangt wird lediglich, daß der Sportler an einem Tag schwimmt, radelt und läuft oder auch wandert. Festgelegte Streckenlängen gibt es nicht. Diese Touren sollen von Vereinen organisiert und geführt werden.

Triathlontouristik kann dazu beitragen, unsere Sportart noch populärer zu machen und gleichzeitig neue Anhänger zu gewinnen.

Technik und Taktik in den Einzeldisziplinen

Triathlon ist eine Sportart, die sehr stark von den konditionellen Fähigkeiten entschieden wird. Technisches und taktisches Können bestimmen jedoch ebenfalls über Erfolg oder Niederlage. Während die Technik vor allem im Schwimmen dominiert, ist es beim Radfahren und Laufen die Taktik. Jeder Wettkämpfer sollte deshalb schon frühzeitig versuchen, ein hohes sporttechnisches Können zu erreichen. Die taktischen Kniffe kommen dann meist erst mit den Erfahrungen aus vielen Wettkämpfen. Dennoch ist es immer von Vorteil, wenn man aus der Literatur die Erkenntnisse anderer verwerten kann.

Schwimmen

Für so manchen Triathleten ist das Schwimmen die schwierigste Disziplin, weil er erst in relativ fortgeschrittenem Lebensalter mit einem Schwimmtraining begonnen hat. Andere haben mit dem Kaltwasser ihre Schwierigkeiten. Schließlich ist es nicht jedermanns Sache, sich bei Wind und Wetter in die kalten Fluten zu stürzen. Danach ist man mitten im See ziemlich allein auf sich angewiesen, und oftmals ist auch eine Furcht vor dem „unbekannten Darunter" vorhanden. Durch den Neoprenanzug und durch Sicherheitsmaßnahmen ist den Wettkämpfern viel vom Schrecken des Offenwassers genommen worden. Trotzdem ist es ein Unterschied, ob im wohltemperierten Schwimmbad mit Leinen, Orientierungslinie und gedämpftem Wellenschlag geschwommen wird oder im offenen Wasser. Der Triathlet sollte deshalb nicht nur unter diesen „domestizierten" Bedingungen trainieren, sondern auch immer wieder Erfahrungen mit dem Schwimmen in Seen oder im Meer sammeln. Aber auch das Schwimmen in Flüssen bedarf einer Anpassung der Technik und der Taktik, denn hier sind die Strömungsverhältnisse oft sehr unübersichtlich.

Technik

Beim Schwimmen gelten einige **Grundsätze**, die für alle Schwimmtechniken gleichermaßen gültig sind.
• Die günstigste Schwimmlage ist, so flach wie möglich im Bereich der Wasseroberfläche zu schwimmen, wobei in der Brustlage die Stirn in Höhe der Trennlinie Luft-Wasser sein sollte; diese Lage variiert leicht mit den Windverhältnissen: bei Gegen-und Seitenwind tiefer ins Wasser, bei Rückenwind kann man sogar den Kopf etwas weiter aus dem Wasser herausnehmen.
• Es muß stets versucht werden, in Schwimmrichtung eine minimale Widerstandsfläche zu bieten (Kopfanheben bewirkt Beinabsinken – die Widerstandsfläche vergrößert sich!).
• In die Schwimmrichtung sollten sich die Körperteile (Arme, Hände, Beine) langsam bewegen; sie müssen „klein" sein, weil sie sonst zu sehr bremsen.

• Gegen die Schwimmrichtung müssen sich die Körperteile, die den Vortrieb erzeugen, recht schnell bewegen und „groß" sein (gesamte Handinnenflächen mit geschlossenen oder nahezu geschlossenen Fingern, die Fußsohlen).

• Alle Vortriebsbewegungen müssen genau entgegengesetzt zur Schwimmrichtung erfolgen, weil sie sonst dem Körper falsche Impulse nach oben, unten oder zur Seite verleihen.

• Der Schwimmer sollte einen ausgewogenen Rhythmus zwischen Spannung und Entspannung der Vortriebsmuskulatur finden, d. h. bewußt ziehen, drücken, schlagen usw. und bewußt locker zurückbewegen.

• Die statisch arbeitende Muskulatur ist vor allem beim Schwimmanfänger bzw. beim Erlernen einer neuen Technik ein ernst zu nehmender Energieverbraucher. Nicht wenige Triathleten bemerken ebenfalls nach ein paar hundert Metern Verspannungen, vor allem in der Rücken- und Nackenmuskulatur. Dagegen kann helfen, die Atemtechnik zu verbessern – schnell und tief einatmen, langsam und kontinuierlich ins Wasser ausatmen – und die Beweglichkeit im Schultergürtel zu erweitern.

• Die Technik einer Schwimmart übt man am besten mit einem Partner; er sieht die Fehler, kann Bewegungen, die man selbst nicht optisch kontrollieren kann, führen und ist nicht zuletzt wichtig für die Sicherheit und das Anspornen.

Zweckmäßige Schwimmtechniken

Kraulschwimmen

Kraul ist die schnellste Schwimmart, weil kontinuierlich Vortrieb erzeugt wird und die in die Schwimmrichtung sich bewegenden bremsenden Köperflächen relativ „klein" sind. Deshalb sollte jeder Triathlet diese Technik (Abb. 9) erlernen. Wichtig ist folgendes:

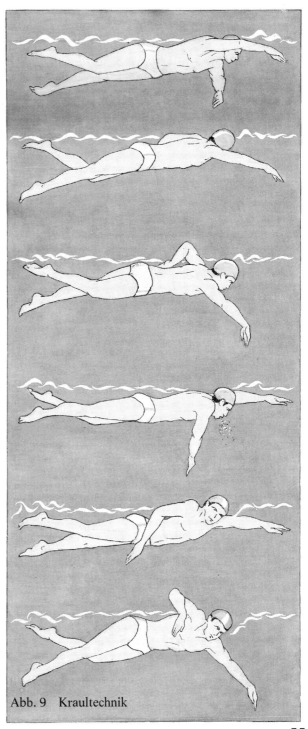

Abb. 9 Kraultechnik

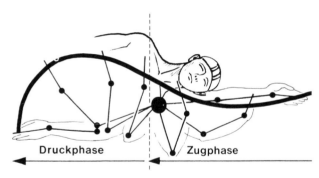

Druckphase   Zugphase

Abb. 10   Antriebsphase der Kraul-Armbewegung

● Arm weit vorn einsetzen und mit einer langen, leicht S-förmigen Bewegung zum Oberschenkel ziehen bzw. (ab Brusthöhe) drücken (Abb. 10); dabei ist die Handinnenfläche mit leicht gespreizten Fingern immer voll gegen die Schwimmrichtung gerichtet. Der Ellbogen wird ab Kopfhöhe etwas angewinkelt und ab Taillenhöhe wieder gestreckt; danach Arm vollständig über Wasser locker nach vorn bewegen bis zur völligen Streckung.

● Die Beinbewegung stabilisiert die Körperlage und dient nicht oder kaum dem Vortrieb, sie ist deshalb im Schongang zu betreiben; die Füße sollten locker gestreckt sein und nicht mehr als 30 cm nach oben und unten auseinanderschlagen, der obere Umkehrpunkt ist unmittelbar unter der Wasseroberfläche; die Bewegung erfolgt aus dem Hüftgelenk, die Unterschenkel „lassen sich" bewegen.

● Der Oberkörper muß ruhig und waagerecht an der Wasseroberfläche liegen. Zum Atmen wird nur der Kopf gedreht (bzw. angehoben, wenn man sich orientieren muß).

● Die Einatmung erfolgt in der Regel seitlich, weil dadurch die Gesamtbewegung am wenigsten gestört wird; der Kopf wird dann nach rechts gedreht, wenn der rechte Arm den Oberschenkel erreicht – schnell und tief einatmen –, der Kopf dreht sich wieder gerade, wenn der rechte Arm über Wasser nach vorn geführt wird – langsam und kontinuierlich ausatmen – Kopf gerade halten, die Stirn ist in Höhe Wasseroberfläche; das Einatmen zur linken Seite erfolgt entsprechend; der Atemrhythmus sollte rechts und links wechselnd alle drei (evtl. sechs) Armzüge erfolgen, weil man so die gesamte Konkurrenz im Auge behalten kann.

● Die Orientierung hinsichtlich Schwimmrichtung und Plazierung kann, ohne die Schwimmbewegungen zu unterbrechen, auch so erfolgen, daß der Kopf nach vorn-oben aus dem Wasser gehoben wird (vgl. Wasserball), dabei werden Mund und Nase zur Einatmung ebenfalls frei; diese Bewegung bedingt jedoch das Absinken des Körpers im Wasser, führt zu einer schlechten hydrodynamischen Lage und sollte deshalb nicht zu oft ausgeführt werden, zumal sie auch die Nackenmuskulatur strapaziert und der Gesamtbewegung die Rhythmik und Lockerheit nimmt.

> Kraulen ist die schnellste und eleganteste Schwimmart. Der junge Triathlet sollte versuchen, die Technik zu erlernen. Der Zeitgewinn gegenüber einem gleichguten Brustschwimmer beträgt beim Kurztriathlon ca. 2 bis 2½ Minuten.

Brustschwimmen

Brustschwimmen ist für jeden Triathleten wichtig. Für viele ist diese Schwimmart die gewohnteste, und Atmung sowie Orientierung sind sehr gut möglich. Unökonomisch ist Brustschwimmen wegen des unkontinuierlichen Vortriebs, der relativ großen Körperflächen, die gegen die Schwimmrichtung ge-

Abb. 11 Brustschwimmtechnik

richtet sind (vor allem Oberschenkel und Brust) und der Bremsbewegungen im Wasser (Anziehen der Beine, Strecken der Arme) sowie des notwendigen Einsatzes der Beine (große, viel Energie verbrauchende Muskelgruppen) für den Hauptvortrieb (schließlich erwarten den Triathleten noch viele Kilometer per Rad und Lauf!). Dies sind die Ursachen für einen relativ hohen Energieverbrauch je geschwommenen Meter bzw. für die niedrige Geschwindigkeit, die man mit dieser Technik erreicht. Demgegenüber stehen für den Triathleten jedoch genügend Gründe, die Brusttechnik einzusetzen. Man kann sich beim Brustschwimmen recht gut ausruhen, frei atmen, das Feld und die Strecke überblicken sowie Muskelgruppen einsetzen, die bei anderen Schwimmarten relativ wenig Arbeit leisten müssen.

• Bei der Brustschwimmbewegung (Abb. 11) ziehen die Hände aus der gestreckten Armhaltung bis etwa in Schulterbreite vor Kopfhöhe, danach werden die Ellbogen vor der Brust zusammengezogen und die Hände, sich fast berührend, wieder nach vorn gestreckt; beim Zug sind die Arme im Ellbogen angewinkelt und die Handinnenflächen mit leicht gespreizten Fingern voll gegen die Schwimmrichtung gerichtet; der Armzug muß sehr schnell, die Armstreckung (und Schulterstreckung) nach ganz vorn relativ langsam erfolgen; mit gestreckter Armhaltung kommt es zur Gleitphase.

• Die Beinbewegung ist günstig zu steuern, wenn man sich den Weg und die Stellung der Füße bewußtmacht; beide Füße „beschreiben" etwa 10 bis 20 cm unter der Wasseroberfläche eine Ellipse, wobei mit zum Schienbein angezogenen Füßen (Fußsohle voll gegen die Schwimmrichtung) entlang den langen gekrümmten Linien schnell nach hinten gestoßen wird, dann die Füße gestreckt werden und nach der Gleitphase mit gestreckten Armen beide Füße nebeneinander auf dem langen Durchmesser relativ langsam zum Gesäß zurückgezogen werden; bei dieser Bewegung dürfen die Knie nie bis unter das Gesäß oder gar den Bauch gelangen.

- Die Körperlage ist beim Brustschwimmen flach unter der Wasseroberfläche, der Kopf taucht bis zur Stirn ins Wasser; alle Bewegungen finden im Wasser statt, wobei die Hände und die Knie in den Vortriebsphasen am tiefsten eintauchen.

- Beim Brustschwimmen ist die Koordination von Arm- und Beinbewegungen für Geschwindigkeit und Ökonomie von großer Bedeutung. Zuerst leitet der Armzug die Bewegung ein; wenn die Ellbogen vor der Brust zusammengezogen werden, bewegen sich die Füße in Richtung Gesäß; die Armstreckung fällt zusammen mit dem Stoßen der Füße nach hinten; sind Arme und Füße gestreckt, kommt es zur Gleitphase, die vom neuen Armzug beendet wird, bevor die Geschwindigkeit zu weit absinkt.

- Das schnelle, tiefe Einatmen erfolgt jeweils in der zweiten Hälfte des Armzuges, die übrige Zeit der Gesamtbewegung steht dem langen Ausatmen (ins Wasser) zur Verfügung; der Kopf braucht zum Einatmen nicht besonders hochgehoben zu werden, weil die Armbewegung den Oberkörper sowieso anhebt und ein Wellental produziert (also flache Kopfhaltung schon im Training üben!).

> Als Brustschwimmer wird man wohl kaum als erster aus dem Wasser steigen. Es gibt aber den Vorteil der besseren Orientierung. Auf alle Fälle ist es rationeller, mit einer guten Brusttechnik zu schwimmen, als mit schlechtem Kraul das Wasser zu prügeln.

Rückenschwimmen

Rückenschwimmen (Abb. 12) sollte zum zusätzlichen Repertoire des Triathleten gehören, weil es eine schnelle Schwimmart mit einer ökonomischen (kontinuierlicher Vortrieb), leicht zu erlernenden Technik ist und das Gesicht dabei immer über Wasser bleibt. Freie Atmung, Orientierung nach hinten und zur Seite sowie relatives Ausruhen, alles ist möglich. Mit Rückenschwimmen kann man sich auch noch fortbewegen, wenn man einen Krampf (z. B. Fuß, Wade, Hand) lösen will bzw. das krampfbefallene Bein nicht mehr eingesetzt werden kann. Empfehlung: Wenn man spürt, daß ein Krampf kommt, gleich auf den Rücken drehen und schwimmen, indem man die sich verkrampfenden Muskeln dehnt, bis man die Lösung deutlich merkt, dann normal rückenschwimmen und später wieder die Schwimmart wechseln.

- Die Armbewegungen beim Rückenschwimmen ähneln dem Mühlkreisen rückwärts; Hand und Arm setzen völlig gestreckt in Verlängerung der Körperlängsachse mit dem kleinen Finger voran ins Wasser ein, die Handinnenfläche stellt sich voll gegen die Schwimmrichtung und zieht bzw. drückt (immer dem Arm voraus) mit sich zunehmend abwinkelndem und wieder streckendem Ellbogen bis zur Hüfte; dort geht die Bewegung mit dem Strecken der Hand gegen die Schwimmrichtung bis zum Oberschenkel weiter. Der gestreckte Arm wird danach locker über Wasser zurückgeführt in die Ausgangslage und sofort wieder eingesetzt (keine Pause!). Setzt der rechte Arm ein, ist der linke am Oberschenkel gerade gestreckt. Diese Armbewegungen werden durch leichtes Pendeln der Schultern um die Mittellängsachse unterstützt, wobei der Kopf jedoch ruhig liegen bleibt.

Abb. 12   Rückenkraultechnik

● Bei der Beinbewegung sollten die Füße weder aus dem Wasser (Zehen dürfen spritzen) noch allzu tief schlagen; die Amplitude der alternierenden Auf- und Abbewegung kann zwischen 30 und 50 cm betragen; die Beinbewegung kommt aus der Hüfte, wobei die Unterschenkel und Füße einen peitschenartigen Schlag nach oben ausführen und relativ langsam nach unten sinken; die Beinbewegung wird um so effektiver, je beweglicher man im Sprunggelenk ist (wer seine Zehen im Strecksitz auf den Boden bringt, verfügt über eine ausgezeichnete Beweglichkeit!).

● Die Körperlage läßt sich beim Rückenschwimmen an folgenden Stellen gut überprüfen: 1. das Kinn ist nahe der Brust, 2. Brust und Hüfte sind an der Wasseroberfläche, und 3. Knie bleiben unter Wasser, Zehen kommen nur knapp über Wasser.

● Die Atmung koppelt man günstigerweise mit der Armbewegung; z. B. beim lockeren Zurückführen des rechten Armes schnell und tief einatmen, dann zwei volle Armzüge langsam und kontinuierlich ausatmen.

Wer nach neuen Trainingsmitteln im Schwimmen sucht, sollte auch die Rückentechnik in den Übungsbetrieb einbeziehen. Im Wettkampf spielt „Rücken" zwar eine untergeordnete Rolle, es kann aber in kritischen Situationen gute Dienste leisten.

Schwimmartenkombinationen

Wer die Techniken des Kraul-, Brust- und Rückenschwimmens beherrscht, ist auch in der Lage, die jeweiligen Arm- und Beinbewegungen untereinander zu vertauschen und „neue Schwimmarten" zu praktizieren, z. B. Rückenarm- und Brustbeinbewegung in Rückenlage.

Am erholsamsten ist, wenn beide Arme in Rückenlage zugleich ziehen und die Brustbeinbewegung dazu ausgeführt wird (sog. Rückengleichschlag).

Schwimmkombinationen dienen vor allem dazu, sich weiterschwimmend teilweise zu entspannen und um Monotonie im Training vorzubeugen. Das Üben von Schwimmkombinationen im Training macht Spaß und schult sehr gut die koordinativen Fähigkeiten, vor allem das Wassergefühl.

Wendentechnik

Im Freiwasser ist die Wendentechnik nicht nötig, aber bei den immer häufiger organisierten Schwimmbad-Triathlons bringt eine gekonnte Wende schon allerhand Vorteile. 0,5 bis 0,8 Sekunden schneller, und das bei 19 Wenden im 50-Meter-Schwimmbecken, kann schon eine erheblich bessere Ausgangsposition gegenüber der Konkurrenz bedeuten. Es lohnt sich also, die Wende zu erlernen, zumal man damit Kraft sparen kann und sie beim Training sowieso braucht.

Für Triathleten kommt es darauf an, eine Kraul- und die Brustwende zu beherrschen. Beim Kraulschwimmen gibt es die hohe, die flache und die tiefe Wende.

Der Normaltriathlet wird sich auf die hohen Wenden beschränken, während Spitzenleute und Schwimmerfahrene die tiefe Wende bevorzugen. Sie ist die schnellste, aber auch schwierigste. Die Brustwende wird als hohe Wende ausgeführt. Bei allen Wenden muß folgende Wettkampfregel eingehalten werden: Die Wand muß mindestens von einem Körperteil berührt werden, dabei ist es gleich, ob es die Arme oder die Beine sind.

Nun zur Bewegungsausführung:

Kraulwenden

Die hohe Wende

Unmittelbar vor dem **Anschlag** dreht sich der Schwimmer leicht auf die Seite des Anschlagarmes. Die Hand berührt die Wand an der Wasseroberfläche. Der Körper bewegt sich weiter auf die Beckenwand zu, wobei sich der Anschlagarm im Ellbogengelenk beugt. Zugleich werden die Knie schnell an die Brust gezogen. Dadurch und durch die gleichzeitige Streckung des Anschlagarmes sowie eine schnelle Drehung des Kopfes von der Anschlagschulter weg wird die Richtungsänderung des Rumpfes um 180° eingeleitet. Die gebeugten Beine werden nebeneinander an die Beckenwand gesetzt. Kurz zuvor hat der Schwimmer die Anschlaghand von der Beckenwand gelöst und eingeatmet. Nachdem die Brustlage eingenommen wurde, taucht er unter die Wasseroberfläche. Danach erfolgt eine schnelle Vorwärtsstreckung der Arme und der **Abstoß** der Beine von der Beckenwand.

Nach dem **Gleiten** beginnen die Schwimmbewegungen, erst mit den Beinen und anschließend mit den Armen.

Die tiefe Wende („Saltowende") (Abb. 13)

Ungefähr eine Körperlänge vor der Beckenwand stellt sich der Schwimmer auf die Wende durch genaues Abschätzen der Armzüge ein. Es wird jedoch nicht mit der Hand angeschlagen, sondern sofort die Drehung („Salto") des Körpers eingeleitet und mit den Füßen die Wand berührt. Eine schnelle Bewegung des Kopfes und der Schultern nach unten leitet die **Drehung** ein. Die Arme unterstützen das. Es folgt das Anheben der Hüfte, und danach werden die Füße in Richtung Wand bewegt. Gleichzeitig beginnt die Drehung um die Kör-

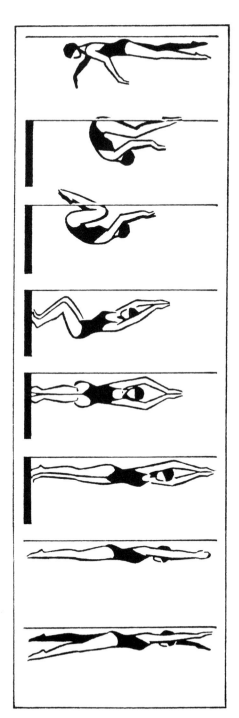

Abb. 13
Tiefe
Wende
im Brust-
kraul-
schwimmen

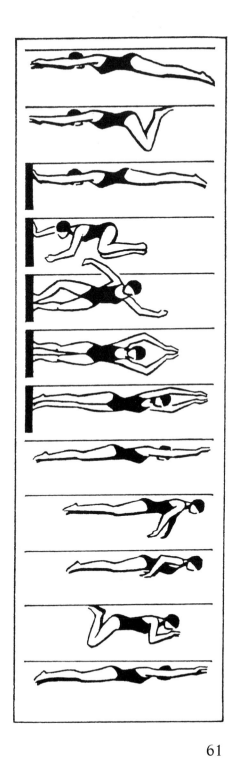

Abb. 14
Brust-
schwimm-
wende

perlängsachse. Die Füße schlagen in etwa 30 bis 40 cm Tiefe an.

Der **Abstoß** erfolgt sofort, auch wenn die Brustlage noch nicht völlig erreicht ist.

Der weitere Ablauf ist wie bei der hohen Wende.

Wende im Brustschwimmen (Abb. 14)

Der **Anschlag** erfolgt beim Brustschwimmen am Ende der Armstreckung etwas unter der Wasseroberfläche. Nach dem beidhändigen Anschlag werden die Arme leicht gebeugt, parallel dazu erfolgt die Beugung in der Hüfte und in den Kniegelenken. Die Knie werden schnell unter den Körper gezogen. Die **Drehung** – sie verläuft vorwiegend um die Tiefenachse – wird durch die Bewegungen der Arme bewirkt und durch die Drehung des Kopfes unterstützt. Beide Hände stoßen sich von der Beckenwand ab, die Beine werden in einer Wassertiefe von etwa 0,50 m an die Beckenwand gesetzt. Abstoß und Gleiten werden wie im Kraulschwimmen ausgeführt.

Da der **Übergang zu den Schwimmbewegungen** im Brustschwimmen mit einem Tauchzug vollzogen wird, ist die Gleittiefe etwas größer als bei der Kraulwende.

Taktik beim Schwimmen

Mitunter hört man die Meinung, daß Schwimmen und Taktik nichts miteinander zu tun haben. Es würden nur die Technik, eine gute Kondition und der Wille, das Ziel zu erreichen, zählen. Triathleten wissen aber, daß einer derartigen These nicht zuzustimmen ist. Denn taktisch kluges Verhalten schon beim Schwimmen sichert die optimale Ausschöpfung der eigenen Fähigkeiten.

Zur Taktik zählen auch die bewußte Anpassung der eigenen Einstellung auf die Wettkampfbedingungen, die Umstände der Nahrungsaufnahme, die zweckmäßige Bekleidung und dann vor allem das Verhalten in der Konkurrenz, die Einteilung der Kräfte und die Beeinflussung der Gegner.

Schon diese kleine Aufzählung läßt erahnen, welche Leistungsreserven in einer gut vorbereiteten, aber flexiblen Taktik liegen.

Essen und trinken vor dem Schwimmen

Die letzte Nahrung sollte etwa 1,5 Stunden vor dem Schwimmstart eingenommen werden. Diese allgemeine „Baderegel" erlangt bei Triathlon-Streckenlängen besondere Bedeutung, weil neben der horizontalen Körperlage, den veränderten Druckverhältnissen im Bauchbereich und möglichem Wasserverschluß des Mundes (bei Brechreiz) die Energievorräte des Körpers vorrangig zur Bewegung der Extremitäten und nicht für die Verdauung verwendet werden sollten. Gegen einen Schluck Saft und einen Bissen Obst oder Schokolade vor dem Start ist nichts einzuwenden.

Nach der Schwimmstrecke (1,5 km) hat man etwa 2000 bis 3000 kJ und damit in der Regel auch etwa 1 Grad Körperkernwärme im Wasser gelassen. Es empfiehlt sich daher immer (auch an heißen Tagen), warmen Tee zu trinken und zwei, drei Bissen zu essen, während man im Wechselraum aufs Rad steigt.

Einstellung auf den Schwimmwettkampf

So viele verschiedene Charaktere und individuelle Erfahrungen es gibt, so unterschiedlich werden auch die Nuancen der Einstellungen auf die Schwimmstrecke sein.

Die aktiven „Schwimmer", eine Minderheit unter den Triathleten, gehen relativ locker an den Start, sie wissen, daß es zunächst ihr Rennen ist. Sie haben nur ein Problem: nicht zu schnell zu schwimmen, weil die „Stunde der Wahrheit" für sie erst beim Radfahren und Laufen kommt.

Ausdauerdreikämpfer, die aus der Laufszene kommen, sind wie die Radsportler zwar lange Strecken gewöhnt, nicht aber das nasse Medium und die Fortbewegung mit Hilfe der Arme. Für sie gilt beim Schwimmen: „Achtbar ankommen!"

Ob aktiver Schwimmer oder Ausdauersportler, die lange Strecke in kaltem Wasser läßt sich mit folgender Einstellung besser bewältigen:

• Überzeugung von der eigenen Ausdauerfähigkeit, Widerstandsfähigkeit und Fitneß.

Wer von seiner eigenen Leistungsfähigkeit nicht überzeugt ist, geht unsicher ins Rennen. Das Selbstvertrauen holt man sich aber nirgendwo anders als im Training. Jeder, der am Triathlon teilnimmt, sollte sich absolut fit fühlen. Man muß seinen Körper kennen und auf ihn „hören". Wenn irgend etwas nicht in Ordnung ist, Gliederschmerzen, Schwächegefühl, Verdauungsstörungen usw., dann sollte auf eine Teilnahme unbedingt verzichtet werden.

• Toleranz hinsichtlich unvorhergesehener Störungen.

Wer sich über den schlechten Startplatz, die Rempelei im Starterpulk, einen versehentlichen Stoß eines Nachbarn, eine plötzliche Welle, Kaltwasserströmungen, einen leichten Krampf, dauernde Spritzer eines Vordermannes zu sehr ärgert, wird wohl Leistungseinbußen hinnehmen. Man muß sich darüber im klaren sein, daß solche Dinge auftreten werden und daß man sie wegstecken muß.

• Fester Wille, sein eigenes Rennen zu machen.

Man sollte sich durch andere, im Augenblick schnellere Athleten nicht hinreißen lassen, seinen eigenen, erprobten Fahrplan hinsichtlich Krafteinsatz und Schwimmgeschwindigkeit zu ändern. Der Wettkämpfer darf immer nur so schnell schwimmen, daß er in der Lage wäre, noch etwas zuzulegen.

• Allen, denen die Schwimmstrecke sehr schwer fällt, sei geraten, sich beim Schwimmen bewußt abzulenken.

Man kann z. B. intensiv auf eine Technikverbesserung achten, bewußt atmen oder die Gleitphase besonders üben. Man kann sich auch die Strecke in Abschnitte einteilen und freut sich über die erreichten Teilziele. Auf dem letzten Streckenabschnitt überlegt man sich dann bereits den Ablauf im Wechselgarten.

Aufwärmen

Erwärmungsübungen vor dem Start sind eine Selbstverständlichkeit. Mindestens 15 Minuten sollte man dafür einplanen. Davon können zwei Drittel zur allgemeinen Erwärmung durch Lauf oder leichte Konditionsgymnastik genutzt werden.

Die spezielle Erwärmung kurz vor dem Start sollte folgende für das Schwimmen wichtige Übungen enthalten:

• Lockerung der Muskulatur der Schultern und Arme sowie der Beine;

• Atemübungen (schnell und tief ein-, langsam und kontinuierlich ausatmen);

• Dehnung vor allem in den Bereichen der Schulter- und Sprunggelenke;

• submaximale, kurzzeitige Kraftübungen (Liegestützbeugen, Hockstrecksprung u. ä.).

Die Erwärmung sollte, solange es geht, in warmer Bekleidung erfolgen (Trainingsanzug, Socken, Schuhe). Zweifellos unvorteilhaft ist die nicht selten zu beobachtende Angewohnheit, schon mehr als 5 Minuten vor dem Start, nur mit Badehose oder Badeanzug bekleidet, im Wasser zu stehen und bestenfalls die Arme zu kreisen. Die wärmeregulierende Bekleidung sollte bis frühestens eine Minute vor dem Start getragen werden (wenn es die Organisation des Wettkampfes zuläßt), erst dann empfiehlt sich das Bespritzen und Eintauchen zur Wassergewöhnung.

Der Start

Hierfür haben sich zwei Varianten herauskristallisiert, nämlich
– der Wasserstart und
– der Landstart.
Beim ersteren ist der Sportler schon vor dem Startschuß im Wasser, kann sich etwas einschwimmen und an die Temperatur gewöhnen. Im zweiten Fall muß er einen kürzeren oder in Ausnahmefällen einen längeren Anlauf hinnehmen, um ins Wasser zu kommen. In diesem Fall sollte er sich ebenfalls vorher einige Minuten einschwimmen, um nicht einen „Kaltwasserschock" zu riskieren, der ihn in der Startphase in seiner Leistungsfähigkeit beeinträchtigt. Angesichts der Länge der Schwimmstrecke und der Risiken, die eine zentrale Schwimm-Massenstartposition mit sich bringt, sollte man sich einen Platz wählen, der vor allem nach vorn oder seitlich-vorn frei ist, auch wenn es sich um einen Randplatz handelt. Wer sich mitten im Starterfeld befindet, muß damit rechnen, von anderen unbeabsichtigt gestoßen oder getreten zu werden oder selbst einen anderen Sportler zu behindern.
Ein gelungener Versuch, dem Pulk nach vorn oder zur Seite auszuweichen, wird auch damit belohnt, daß man nicht hinter einer „Wand" spritzender Triathleten schwimmen muß, deren Geschwindigkeit möglicherweise langsamer ist als die eigene.

Verhalten auf der Schwimmstrecke

Der Triathlon fordert, wie auch andere Langstreckenschwimmveranstaltungen, nicht die Einhaltung der Sportschwimm-Wettkampfregeln. Die gebräuchlichen Schwimmarten können beliebig gewechselt werden. In brusthohem oder flacherem Wasser braucht man sich nicht schwimmend fortzubewegen. Fehlerhaft ausgeführte Sportschwimmarttechnik führt nicht zur Disqualifikation.
Wer am Anfang einen Sprint einlegt, um vorn zu schwimmen, muß das entweder oft trainiert haben oder riskiert einen Laktatüberschuß, der sich schwer abbauen läßt und der den für die lange Strecke notwendigen aeroben Stoffwechsel negativ beeinflußt.
Bewährt hat sich bei vielen Athleten des Mittelfeldes, die Strecke mit mittlerem Tempo anzugehen und nach etwa 100 bis 200 m die Intensität zu finden, die bei aerober Stoffwechsellage bis zum Schluß durchgehalten werden kann. Günstig ist das Tempo, bei dem man das Gefühl einer „konditionellen Reserve" spürt.
Es gibt Situationen, in denen es das beste ist, die Schwimmart zu wechseln.
Tabelle 10 gibt Auskunft darüber, wann welche Schwimmart gewählt werden sollte.

Tabelle 10   Wann welche Schwimmart?

Bezeichnung der Probleme	empfohlene Schwimmart
– Bei lokaler Muskelermüdung	siehe Tabelle
– Zur Orientierung	Brust
– Zum Lösen eines Krampfes	Rückengleichschlag
– Bei Hustenreiz	Brust
– Bei Gesamtermüdung	Brust

Tabelle 11   Schwimmartwechsel bei lokaler Ermüdung

Erste Schwimmart	Ermüdete Muskulatur	Neue Schwimmart
Kraul	Nacken/Hals	Rückenschwimmen oder Rückengleichschlag mit Brustbeinbewegung
	Schultergürtel	Rückenschwimmen
	Arme	Rücken- oder Brustschwimmen
	Hände	Brustschwimmen
	Beine/Füße	Rückengleichschlag mit Brustbeinbewegung oder Brustschwimmen
Brust	Nacken/Hals	Rücken oder Rückengleichschlag
	Schultergürtel/Brust	Rücken oder Rückengleichschlag
	Arme	Rückengleichschlag
	Hände	Rückengleichschlag oder Rücken
	Hüfte/Beine/Füße	Rücken oder Kraul
Rücken	Hals/Nacken	Brust oder Kraul
	Schultergürtel	Kraul oder Brust
	Arme/Hände	Brust
	Beine/Füße	Brust oder Kraul

Im Wasser ist „Windschattenfahren" erlaubt. Wer das ausnutzt, kann viel Kraft sparen.

Schwimmtaktik bei Wind und Wellen

Wind und Wellen behindern den Schwimmer besonders im Meer, aber auch auf Binnenseen. Trotzdem gibt es auch hier Möglichkeiten, die negativen Einflüsse zu mildern. Bei langandauernden Luftströmungen in einer Richtung kommt es unmittelbar unter der aufgewühlten Wasseroberfläche zu einer Gegenströmung. Also bei Gegenwind tief ins Wasser legen, um diese Strömung nutzen zu können, hohe Wellen eventuell mit Tauchzügen „unterschwimmen". Bei Rückenwind kann man versuchen, sich von den Wellen etwas „tragen" zu lassen. Also *auf* den Wellen bleiben und nicht abtauchen.

Dem Seitenwind ist nichts Gutes abzugewinnen, im Gegenteil, er verlängert die Schwimmstrecke, weil man entweder abdriftet oder permanent leicht zur Seite schwimmen muß, um das Ziel ohne einen Umweg einigermaßen geradlinig zu erreichen.

Selbstkontrolle unter Wettkampfbedingungen

Die Belastungskontrolle auf der Schwimmstrecke sollte jeder Triathlet im Training üben und im Wettkampf strikt einhalten. Die einfachste und im Wasser sinnvollste Kontrolle ist der gleichbleibende Atemrhythmus, wobei das schnelle, tiefe Einatmen und das lange, langsame Ausatmen an die Schwimmtechnik gekoppelt, in seiner Frequenz nicht verändert werden sollte. Wer merkt, daß er beim Kraulschwimmen statt nach drei Armzügen schon nach zwei wieder Luft holen muß, schwimmt zu schnell oder hat seine ökonomischste Technik verlassen. Dann hilft nur: entweder langsamer schwimmen oder die Technik korrigieren oder die Schwimmart wechseln.

Weit schwieriger und an langjährige Erfahrung geknüpft ist es, die Belastung durch bestimmte Empfindungen in der Muskulatur kontrollieren zu können. Wer jedoch die Grenze zwischen dem „harten Ermüdungsschmerz" (bei dem keine Reserven mehr vorhanden sind) und dem sich bei Dauerleistungen sehr oft einstellenden „physiologischen Prickeln" kennt, kann sich auch daran orientieren, und das noch genauer als an der Atmung.

Auf der Triathlon-Schwimmdistanz sollte man nie seine letzten Kräfte angreifen (müssen), sondern mit einer konditionellen Reserve schwimmen. Wer das schafft, kann getrost auch längere Schwimmstrecken als 1500 m in Angriff nehmen – eine Voraussetzung für den Langtriathlon.

Bei niedrigen Wassertemperaturen kommt es häufig zu Unterkühlungen. Wer merkt, daß er stark friert, Muskelschmerzen oder gar Krämpfe hat und nicht mehr alle Bewegungen ausführen kann, der sollte den Wettkampf abbrechen. Das Heben einer Hand verständigt die Helfer.

Es ist keine Schande, unter diesen Umständen einen Wettkampf aufzugeben. Gesundheit geht immer vor.

Radfahren

Die Raddisziplin verlangt viel Erfahrung. Mehr als mancher Anfänger vermutet. Nicht umsonst gilt Zeitfahren bei den Radsportlern als „Prüfung der Wahrheit"; denn zum guten Fahren gehören auch ein genaues Wissen um die Rennmaschine, Einschätzungsvermögen der eigenen Kraft und kluges, energiesparendes Pedalieren.

Hektik
im Wechselgarten

66

Die Pflicht zum Einzelzeitfahren – ein charakteristisches Merkmal des Triathlon – ist von Anfang an ein ernstes Problem des gesamten Triathlonsports. Wenngleich es für den Laien im Radsport keinen großen Unterschied ausmacht, ob im Pulk oder allein gefahren wird, der Spezialist weiß, daß Windschattenfahren riesige Vorteile mit sich bringt und deshalb unfair ist. So wurde im Windkanal festgestellt, daß bei einer Geschwindigkeit von 50 km/h der „Windfänger" gegenüber den folgenden Fahrern 45,3 Prozent mehr Energie aufwenden muß. Die sogenannten „Lutscher" können sich also ganz schön schonen. Deshalb kommt der Einzelfahrer hoffnungslos ins Hintertreffen, wenn er gegen eine Gruppe antritt, die sich in der Führungsarbeit auch noch gegenseitig ablöst.

Kampfrichter und Organisatoren sind bestrebt, dieser Unsitte entgegenzuwirken. Leider helfen oft nur scharfe Kontrollen und Disqualifikationen. Wer keinen Ärger haben will und ein fairer Sportler ist, sollte folgende Regel immer beachten:

- Abstand zum Vordermann: 10 m,
- Ständiges Nebeneinanderfahren ist verboten.

Weitere Besonderheiten des Triathlon-Radfahrens ergeben sich aus der vorangegangenen Belastung durch das Schwimmen und aus der Tatsache, daß der Sportler noch lange nicht im Ziel ist, wenn er den Radsport beendet. Obwohl diese spezifischen Eigenheiten auftreten, unterscheidet sich die Technik von der grundsätzlichen Radtechnik nicht. Alle Techniken des Straßenradsports muß auch der Triathlet beherrschen.

Physik für den Radsportler

Beim Radsport spielt die Biophysik eine große Rolle. Einige Kenntnisse aus der Aerodynamik und der Mechanik können dem Triathleten helfen, Kraft zu sparen und höhere Geschwindigkeiten zu erreichen. Der Rennfahrer muß gegen zwei Widerstände ankämpfen, den Luftwiderstand und die Rollreibung. Die Rollreibung bleibt im wesentlichen konstant und steigt auch bei höheren Geschwindigkeiten nicht an. Ganz anders ist es mit dem Luftwiderstand (Fahrtwind und Gegenwind). Einige Tatsachen:

- Der **Luftwiderstand** steigt mit dem Quadrat der Geschwindigkeit. Wenn z. B. die Geschwindigkeit verdoppelt wird, dann vervierfacht sich der Luftwiderstand. Oder: Eine Steigerung des Tempos von 10 km/h auf 30 km/h hat den neunfachen Widerstandszuwachs zur Folge. Hierfür noch zwei andere Zahlen: Während der Luftwiderstand bei 10 km/h 1,4 N beträgt, steigt er auf 40 N bei 50 km/h.
- Je größer der Luftwiderstand, um so größer ist auch der Energieverbrauch. Gegenwind und Kantenwind erhöhen den Widerstand weiter. Bei 20 km/h Geschwindigkeit und einem Gegenwind von 15 km/h bedeutet das einen Widerstand und Energieverbrauch, der einer Geschwindigkeit von 35 km/h entsprechen würde.
- Große Widerstandsbeiwerte kommen durch flatternde Kleidung und zusätzliche Anbauteile (z. B. Schutzblech, Dynamo und Lampe) zustande. Dies ist für das Training nicht problematisch, brächte aber im Wettkampf große Nachteile. Der Wettkämpfer sollte deshalb windschlüpfrige Kleidung tragen und sein Rad nach überflüssigen „Windfängern" absuchen (Trinkflasche, Speichenzahl, Rahmenbau).

• Richtig aufgepumpte Reifen (etwa 0,6 MPa) ergeben einen Rollwiderstand von 10 N. Dieser Reibungswiderstand steigt sofort erheblich an, wenn der Luftdruck im Reifen geringer ist.

• Die Bestimmungen des Einzelzeitfahrens zwangen die Triathleten von Anfang an, über günstige aerodynamische Bedingungen während des Rennens nachzudenken.

Die enganliegenden Anzüge und der windschnittige Helm konnten leicht von den Radsportlern übernommen werden. Anders war es mit der Verringerung weiterer Faktoren des Luftwiderstandes. Für die Größe des Stirnwiderstandes ist die Fläche verantwortlich, die der Radsportler der anströmenden Luft bietet. Je kleiner die Angriffsfläche und je aerodynamischer die Haltung, desto kleiner ist der Luftwiderstand (c_w) insgesamt und damit die geschwindigkeitshemmende Wirbelbildung.

Der c_w-Wert wurde jedoch mit der Erfindung des Triathlonlenkers entscheidend verbessert. Der Triathlon brachte damit eine Innovation, die allen Radsportlern zugute kam und mit dem Sieg von Greg LeMond bei der Tour de France 1989 erste Triumphe feierte.

Radtechnik

Pedalieren

Wie beim Schwimmen und Laufen, so gibt es auch beim Radfahren eine Grundtechnik. Beherrscht man diese, ist der Bewegungsablauf rationell, und die Leistung verbessert sich. Diese Grundtechnik beim Radfahren ist das Pedalieren oder der „runde Tritt". Das bedeutet, der Bewegungsablauf muß sich in allen Phasen gleichmäßig vollziehen. Rechtwinklig zur Tretkurbel ist immer ein Druck oder Zug auszuüben. Auf diese Weise geht am wenigsten Kraft verloren.

Für den Triathleten ist der runde Tritt besonders wichtig, da beim Einzelzeitfahren möglichst ein gleichmäßiges Tempo über einen langen Zeitraum durchzuhalten ist. Starke Schwankungen in der Trittfrequenz bedeuten unnötigen Energie- und Zeitverlust. Bei einer Kurbelumdrehung sind folgende vier Phasen zu beachten (s. Abb. 15):

– *Schub:* die Kraft ist nach vorn gerichtet;
– *Druck:* die Kraft wird nach unten ausgeübt (effektivster Teil des Tretvorganges);
– *Zug:* die Kraft wird nach hinten gerichtet;
– *Ruhe:* leichter Zug nach oben.

Jede Bewegungsphase wird vom anderen Bein in versetzter Reihenfolge unterstützt.

Je höher die Anzahl der Kurbelumdrehungen pro Minute, die man auf Dauer halten kann, um so besser beherrscht man den runden Tritt, desto besser sind Technik und Trainingszustand.

Der Triathlet sollte versuchen, mit einer Tretfrequenz von 90 bis 105 Umdrehungen/Minute im Training zu fahren. Das geht am besten mit kleinen Übersetzungen.

Die Körperhaltung

Die Körperhaltung ist immer ein Kompromiß zwischen Aerodynamik und effektivem Muskeleinsatz. Bei schneller Fahrt kommt es vor allem darauf an, den Luftwiderstand gering zu halten. Bei langsamer Fahrt bergauf ist die tiefe Haltung nicht günstig, weil dabei das gesamte Körpergewicht eingesetzt werden muß. Die Körperhaltung wird entsprechend dem Gelände und der Rennsituation gewechselt. Das bedeutet, der Triathlet muß mehrere Körperhaltungen und Radtechniken beherrschen.

Das Fahren mit dem Triathlonlenker

Die Umstellung auf den Triathlonlenker fällt nicht leicht. Auf den ersten Fahrten schaukelt der Neuling ganz schön hin und her. Deshalb müssen mehrere Trainingsfahrten absolviert sein, bevor der neue Lenker oder Aufsatz im Wettkampf genutzt wird.

Neben den aerodynamischen Vorteilen werden durch den abgestützten Oberkörper auch wichtige Muskeln im Rücken-/Gesäßbereich von der Haltearbeit entlastet.

Bereits beim Anbau des Lenkers muß darauf geachtet werden, daß die Unterarme bequem in den Stützschalen liegen. Nur so ist gesichert, daß der Oberkörper weitgehend entspannt ist. Die Hände umfassen locker das vordere Ende des Lenkers. Aus dieser Haltung kann leicht die Schaltung bedient werden.

Obwohl im Wettkampf fast nur noch mit dem Triathlonlenker gefahren wird, muß der Triathlet auch die Griffhaltungen mit dem klassischen Lenker beherrschen, denn im Training werden diese Griffhaltungen häufig gebraucht.

Untere Lenkergriffhaltung

Die Hände fassen im Bogen des Bügels. Der Oberkörper ist weit nach vorn gebeugt und damit sehr windschnittig. Da die Hände nahe an den Bremsgriffen sind, hat man mit dieser Haltung eine gute Kontrolle über das Rad.

Obergriffhaltung

Es ist die Haltung zum Ausruhen und für lange Anstiege. Der Oberkörper ist ziemlich aufrecht. Das entlastet die Rückenmuskeln, hat aber auch einen größeren Luftwiderstand zur Folge. Ein Nachteil ist der relativ weite Weg zu den Bremsgriffen und zur Schaltung.

Der Wiegetritt

Bei kurzen und steilen Passagen bergan wird der Wiegetritt angewandt. Der Sportler geht aus dem Sattel und verlagert bei gleichzeitigem Zug der Arme das Körpergewicht abwechselnd auf das linke und rechte Pedal. Die Hände fassen bei dieser Technik in Höhe der Bremsgriffe. Der Schwerpunkt des Körpers darf nicht zu weit nach vorn verlagert werden, da sonst das Hinterrad nicht mehr genug Bodenhaftung hat und durchdreht (Abb. 16).

Abb. 16   Wiegetritt

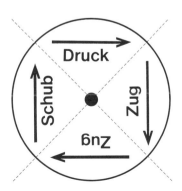

Abb. 15
Phasen einer
Kurbelumdrehung

Tour de France? –
Nein,
Hawaii-Triathlon

Bergabfahren

Beim Bergabfahren ist eine gute aerodynamische Haltung besonders angebracht. Also – Oberkörper weit nach vorn, Kopf möglichst runter, auf dem Sattel nach hinten rutschen, Ellbogen nach innen!
Die Knie drücken an den Rahmen und stabilisieren dadurch das Rad. Bei schnellen Abfahrten ist folgendes zu beachten:
• *Vor* der Kurve – nicht in der Kurve abbremsen!
• Das kurveninnere Pedal ist oben!
• Den Kurvenradius möglichst groß wählen – aber nur, wenn die Straße für das Rennen frei vom übrigen Verkehr ist!
• Die Schräglage durch Kniedruck zum Rahmen stabilisieren.

Schalten

Die Schaltung ermöglicht dem Sportler, die optimale Trittfrequenz zu finden und dadurch Kraftaufwand und Geschwindigkeit entsprechend den Anforderungen des Rennens zu optimieren.

Im Gegensatz zu den Radrennern sollte der Triathlet versuchen, den Vortrieb über eine relativ hohe Tretfrequenz zu erreichen.

Dadurch wird die Belastung der Arbeitsmuskulatur mehr in den Bereich der Ausdauer verschoben und weniger im Sinne hoher Kraftausdauer beansprucht. Das wiederum bringt Vorteile für den abschließenden Laufabschnitt. In der Ebene und bei leichten Anstiegen sollte der Sportler versuchen, die Tretfrequenz von 90 einzuhalten. Durch die Übersetzung ist das auch bei Gegenwind und unterschiedlichen Straßenverhältnissen leicht möglich. Am Berg wird diese ideale Tretfrequenz nicht einzuhalten sein. Dennoch muß versucht werden, den Tretrhythmus weitgehend zu halten. Das bedeutet: rechtzeitig hochschalten und möglichst mit kleinen Gängen fahren.

Radtaktik –
auch ohne Windschattenfahren

Die Raddistanz bietet viele Möglichkeiten, taktische Varianten anzuwenden. Unterschiedliche Streckenprofile, Wind, wechselnde Straßenbeläge und Kurven erfordern taktisches Können.
Zuerst die taktische Hauptregel:

> Der Triathlet als Einzelzeitfahrer muß immer bestrebt sein, eine kontinuierliche Geschwindigkeit zu fahren und den Gang aufzulegen und die Geschwindigkeit zu fahren, die mit einer vertretbaren Pulsfrequenz (ca. 160 Schläge/min) absolviert werden kann.

Ein Radcomputer mit Puls- und Tretfrequenzanzeige ist deshalb für den Triathleten eine lohnenswerte Anschaffung. Das gilt für den starken und auch für den schwächeren Triathleten. Letzterer sollte sich keinesfalls im Wettkampf an der Übersetzung des Spitzenathleten orientieren, denn wer mehr Trainingskilometer in den Beinen hat, kann sich eine höhere Übersetzung leisten.
Und gleich noch ein Hinweis für den weniger Erfahrenen: Wildes Rauf- und Runterschalten bringt nichts! Es ist besser, mit einem niedrigen Gang die optimale Umdrehungsfrequenz zu fahren, als durch vieles Schalten ständig aus dem Rhythmus zu kommen.

Vor dem Start
Selbstverständlich beginnt das taktisch kluge Verhalten schon vor dem Wettkampf. Der erfahrene Sportler informiert sich genau über den Streckenverlauf. Wenn möglich, fährt er die Rennstrecke einige Tage vorher ab, um während des Wettkampfes sicherer über Geschwindigkeit, zu wählende Übersetzung und weitere taktische Maßnahmen entscheiden zu können. Ein Blick auf die Starterliste gehört ebenfalls zur geistigen Vorbereitung auf einen Wettbewerb, denn aus diesem Protokoll kann man die Qualität der Konkurrenz erkennen.

Radstart
• Vor dem Abstellen des Rades in den Wechselgarten muß die Funktionstüchtigkeit der Maschine noch einmal geprüft werden. Schon oft haben sich durch den Transport wichtige Teile gelockert oder verstellt (Schaltung, Überwurf, Bremsgummis).
• An heißen Tagen besteht die Gefahr, daß sich die Reifen zu stark aufheizen und platzen. Die Reifen sollten deshalb im Wechselgarten abgedeckt werden.
• Beim Start aus dem Wechselraum hat es sich bewährt, erst mit kleineren Übersetzungen zu fahren, damit erleichtert man sich die Umstellung vom Schwimmen zum Radfahren. Fährt man jedoch zu lange mit dieser Übersetzung, dann kostet das wertvolle Sekunden.
• Der Radstart verläuft am glattesten, wenn man schon vorher den Gang eingelegt hat, mit dem man losfahren muß.
• Wichtig! Erst aufsitzen, wenn der Wechselraum verlassen ist. (Meist durch einen Querstrich gekennzeichnet!)

Taktik unterwegs
• Auf den schnellen Abschnitten sollte man sich bemühen, eine aerodynamische Haltung einzunehmen!
• Wenn das Tempo zu groß ist, stets vor der Kurve bremsen (Hinterradbremse zuerst, dann die vordere!)
• Vor Steigungen und scharfen Kurven rechtzeitig schalten!
• Nicht vor langen Steigungen essen!

Keine
„Windschattengefahr"

● Achtung: Windschattenfahren! Viele Sportler sind gerade bei diesem spezifischen Triathlonproblem recht leichtfertig und dann verbittert, wenn ihnen die „rote Karte" gezeigt wird. Deshalb:
– Zügig überholen (möglichst mit kleinem Gang).
– Wer überholt wird, muß sich sofort 10 m zurückfallen lassen.
– Belgische Kreisel und ähnliche Ablösemanöver sind höchst unsportlich und führen zur sofortigen Disqualifikation.
– Auch dichtes Nebeneinanderfahren bringt Vorteile und wird bestraft.
Noch einmal:
● Bei vielen Triathlon-Wettkämpfen ist die Radrennstrecke für den übrigen Verkehr nicht vollständig gesperrt. Beachte die Straßenverkehrsordnung! Sicherheit geht vor Zeitschinden!

Vor dem Ziel
● Auf dem letzten halben Kilometer wird auf einen leichten Gang geschaltet, das entspannt die Muskeln und schafft günstigere Voraussetzungen für den folgenden Lauf. Der Entspannung dient es auch, wenn einige Kurbelumdrehungen rückwärts getreten werden.

Essen und Trinken
Zur Taktik gehört es auch, daß zum richtigen Zeitpunkt gegessen und getrunken wird. Viele werden schon am eigenen Leibe verspürt haben, was es bedeutet, einen „Hungerast" zu bekommen. Verbunden mit einem hohen Energieumsatz ist der überdurchschnittliche Flüssigkeitsverlust beim Radfahren und Laufen. Beides muß kompensiert werden. Der Triathlet sollte sich deshalb nicht nur auf die offiziellen Büfetts verlassen, sondern selbst eine Reserve an Eßbarem und an Getränken

mitnehmen. Auch auf einer kurzen Strecke muß eine Trinkflasche mitgeführt werden. Das Getränk sollte einen hohen Kohlehydratgehalt haben und mit ausreichend Vitaminen und Mineralstoffen angereichert sein. Diese Forderungen werden am besten von verdünnten Obstsäften ohne Kohlensäuregehalt erfüllt. Die feste Nahrung enthält ebenfalls Kohlehydrate, wenn Schokolade, Rosinen oder Bananen als Verpflegung für den Radabschnitt gewählt werden. Auf besonders langen Strecken und im Training nimmt der Sportler auch eiweißhaltige Nahrungsmittel zu sich. Deshalb ist es nicht selten, daß Radsportler bereits unterwegs ein Steak verzehren.

Trotzdem sind hier die persönliche Erfahrung und der Appetit die besten Berater. Jeder Sportler muß also selbst entscheiden, was er

Letzter Wechsel

Mark Allen (USA), 4maliger Hawaii-Sieger

in seinen Taschen verstaut und was ihm am besten bekommt.

Laufen

Der abschließende Lauf beim Kurztriathlon kann am besten mit den letzten 10 km des Marathon verglichen werden. Bei beiden Läufen ist der Sportler von den vorhergehenden Anstrengungen geschwächt. Die Energiegewinnung vollzieht sich unter den Bedingungen des Fettstoffwechsels. Die Bewegungen sind nicht mehr explosiv, die Motorik wird fehlerhaft. Der Sportler hat Mühe, den Willen zur Höchstleistung aufrecht zu erhalten.

Beim Mittel- und Langtriathlon ist die Situation noch drastischer. Sportliche Vergleiche müssen hier schon aus den Anforderungen extremer alpiner Touren oder der strapaziösen Belastungen von Forschungsexpeditionen geholt werden. Unter diesen Bedingungen findet der Lauf beim Triathlon statt, und dabei soll eine Lauftechnik angestrebt werden, die noch ökonomisch ist und möglichst einen schnellen Vortrieb bringt.

Lauftechnik

Technisches Leitbild ist auch beim Triathlon-Endkampf die Lauftechnik des Mittel- und Langstreckers in der Leichtathletik (Abb. 17). *Es gibt* also *keine triathlonspezifische Lauftechnik.* Der schleichende Laufstil, den man so oft auch bei guten Wettkämpfern beobachten kann, deutet nicht auf eine „Triathlon-Lauftechnik" hin, sondern verrät lediglich den Erschöpfungsgrad des betreffenden Sportlers.
Welche technischen Elemente sind typisch für eine rationelle Lauftechnik des Langstreckenläufers?
• Das Aufsetzen des Fußes erfolgt nahe der Senkrechten zum Körperschwerpunkt.
• Der Fuß wird zuerst mit der Außenkante des Mittelfußes aufgesetzt und rollt dann ab.

• Nach dem vollen Bodenkontakt des Fußes folgen der kräftige Abdruck und das Vorführen des Beines mit deutlich angehobenem Knie. Kräftiger Fußabdruck und Anheben des Beines sind Voraussetzungen für eine optimale Schrittlänge und die Schrittfrequenz.
• Der Rumpf des Läufers ist nur wenig nach vorn geneigt.
• Die Arme sind gebeugt und unterstützen den Rhythmus der Laufbewegung.
Alle weiteren stilistischen Elemente sind individuell geprägt und haben wenig Einfluß auf die Laufgeschwindigkeit.

Der Lauf ist auch gleichzeitig der Endkampf. Wer hier noch in der Lage ist, die Technik eines 10 000-m-Läufers beizubehalten, kann gegenüber der Konkurrenz Minuten gewinnen.

Bei Triathlonwettkämpfen ist häufig zu beobachten, daß die Lauftechnik der Sportler nur unzureichend geschult ist. Man verläßt sich vorwiegend auf eine gute Kondition und unterschätzt die Vorteile einer ausgereiften Lauftechnik. Rückstände im Lauf sollten auch zum Nachdenken über eine Verbesserung der wichtigsten Laufbewegungen anregen. Eine drin-

Abb. 17   Lauftechnik

Tabelle 12   Die wichtigsten technischen Fehler beim Laufen und mögliche Korrekturen

Fehlerbild	Ursache	Korrektur
Bei einem Läufer können große vertikale Schwankungen auftreten, der sogenannte „Sprunglauf". In der vorderen Stützphase erfolgt bei jedem Fußaufsatz ein die Vorwärtsbewegung hinderndes „Zusammenfallen" des Körpers. Von weitem läßt sich ein Auf und Ab des Kopfes oder des Beckens des Läufers erkennen!	Der Abstoß der hinteren Stützpunkte wirkt zu stark in vertikaler Richtung und treibt den Läufer nach oben.	Läufe mit mäßiger Geschwindigkeit, Steigerungs- und Tempowechselläufe, Antritts- und Startübungen. Auf einen Abdruck nach vornoben achten.
Bei jedem Aufsetzen der Füße auf den Boden treten naturgemäß bestimmte Bremskräfte auf, die die Laufgeschwindigkeit mindern. Diese für die Vorwärtsbewegung negative Wirkung kann enorm erhöht werden durch falsches Aufsetzen des Fußes auf den Boden: – der Fuß wird zuerst mit der Ferse aufgesetzt, – der Fuß wird zuerst mit der Fußspitze aufgesetzt.	Das Verhältnis von Schrittlänge und -frequenz entspricht nicht der optimalen Gestaltung. Das Aufsetzen des Fußes in der vorderen Stützphase erfolgt nicht möglichst dicht unter dem Körperschwerpunkt, d. h., eine schnelle Verlagerung des Beckens über den Fuß (vordere Stützphase) wird vernachlässigt.	Laufen in leicht ansteigendem Gelände, Tempowechselläufe, Läufe mit mittlerer bis hoher Geschwindigkeit; Läufe mit mäßigem Tempo in ebenem Gelände mit bewußter Konzentration auf das Fußaufsetzen – Fußballen/Außenkante des Mittelfußes.
Ungenügende Beinstreckung beim Abdruck, der Läufer fällt nach vorn über; der Läufer „sitzt"; der Lauf nimmt „schleichenden" Charakter an.	In der vorderen Stützphase berührt der Läufer den Boden zuerst mit der Außenkante des Mittelfußes. Danach rollt der Fuß nicht ab, sondern wird platt auf den Boden gedrückt. Bei vielen Läufern kann man in diesem Augenblick eine zu starke Beugung im Kniegelenk und ein Abknicken der Hüfte beobachten. Die Folge ist der schwer zu korrigierende Hauptfehler: „Der Läufer fällt nach vorn über". Der Vortrieb ist angesichts der aufgewandten Energie gering, weil das Bein frühzeitig vom Boden gehoben wird und der Körperschwerpunkt nicht voll getroffen wird. Nur bei voller Streckung von Fuß-, Knie-, Hüftgelenk und eingezogenem Gesäß wird der optimale Vortrieb erreicht.	Fußgelenkarbeit, Sprungschrittlauf, Hopserlauf; Hopserläufe während der Trainingsläufe im Gelände; Sprungschrittläufe, bei denen vor allem auf vollständige Streckung beim Abdruck geachtet wird. Der Erfolg ist in den meisten Fällen nur dann gegeben, wenn der Läufer über ein ausgeprägtes Bewegungsgefühl und über ein bestimmtes Maß an koordinativen Fähigkeiten verfügt.

Fehlerbild	Ursache	Korrektur
Sichelartige, den Laufrhythmus nicht unterstützende Armbewegungen.	Beim Bewegen der Arme muß sich die rechte gegen die linke Schulter bewegen. Beim Aufsetzen des linken Fußes bewegt sich also die rechte Schulter leicht nach vorn. Das entspricht dem biomechanischen Prinzip einer pendelnden Gegenwirkung. Läufer, die diese Bewegung übertreiben, bewegen den ganzen Oberkörper hin und her, sie schaukeln, was zur Verwringung der Wirbelsäule führt. Eine Schrittverkürzung und seitlicher Kraftverlust sind häufig die Folge.	Die Arme sind betont parallel und an der Hüfte vorbeizuführen. Als Hinweis hat sich bewährt, die aufrecht stehenden Daumen nach außen zu führen. Die Armbewegung muß die Laufbewegung rhythmisch unterstützen. Dabei ist es gleichgültig, ob die Arme parallel zueinander oder etwas schräg vor dem Körper eingesetzt werden.
Starke Gegenbewegung des Schultergürtels, mehr oder minder starke seitliche Rumpfschwankungen (Schaukeln), Verwringung des Oberkörpers.	Fehlerhaftes Gehen, Übertragung dieser Angewohnheit aufgrund einer falschen Bewegungsvorstellung auf den Lauf. Mangelhafte Beweglichkeit des Schultergürtels ist oft Ursache für ein derartiges „Oberkörperrudern".	Im Training ist das bewußte Zurücknehmen der Schulter zu üben. Die richtige Arm- und Schulterführung sollte in leichter Schritt- oder Seitgrätschstellung und im Trab geübt werden. Lauf auf markierten Linien (Laufbahnmarkierungen); während der vorderen Schwungphase das Knie bewußt nach innen drücken.
Rücklage des Rumpfes	Der Oberschenkelstrecker und die Bauchmuskulatur sind im Vergleich zum Rückenstrecker nicht kräftig genug ausgebildet.	Kräftigung genannter Muskelgruppen durch entsprechende Zweckübungen: – Schrägstütz gegen eine Wand, Anreißen des Oberschenkels ohne und mit Belastung; – Kniehebelauf normal und unter erschwerten Bedingungen – tiefer Schnee, Seesand, bergauf; – Rumpfheben aus der Rückenlage bei angestellten Beinen – Fußsohlen berühren den Boden.

gende Notwendigkeit, technisch richtig zu laufen, ergibt sich aus der Verletzungsgefahr, die bei fehlerhafter Lauftechnik gegeben ist. Falscher Fußaufsatz zum Beispiel führt zu Fehlbelastungen des Kniegelenks, und das mit extremer Wiederholungszahl, die sich aus der hohen Anzahl an Laufkilometern allein während eines Jahres ergibt. Irreparable Schädigungen der Gelenke sind damit vorprogrammiert.

Es muß allerdings auch darauf hingewiesen werden, daß die Lauftechnik nur sehr schwer zu korrigieren ist, da sich von Kindesbeinen an sehr stabile Bewegungsmuster ausgeprägt haben. Verbesserung der Laufmotorik erfordert deshalb immer wieder aufmerksame Mitarbeit des Sportlers (Tab. 12) und eine optische Verdeutlichung der richtigen und individuell fehlerhaften Bewegungen durch Videotechnik.

„Dranbleiben!" – „Abschütteln!"

Taktik auf der Laufstrecke

Während beim Schwimmen und Radfahren alle taktischen Maßnahmen noch keinen endgültigen Vorteil bringen und vom Konkurrenten wieder egalisiert werden können, ist das beim Endkampf, dem Lauf, anders. Vorteile, die hier geschaffen werden, können auch meist bis ins Ziel gerettet werden!

Welche Taktik wird für den Laufabschnitt empfohlen?

Die wichtigste Voraussetzung für jegliche Taktik ist die Höhe der restlichen Leistungskraft und die reale Selbsteinschätzung der verbliebenen Möglichkeiten. Von beiden Fakten hängen alle aktuellen Wettkampfentscheidungen ab. Für die zahlreichen taktischen Verhaltensweisen sollen nur einige genannt werden:

• Die günstigsten physiologischen Bedingungen liegen vor, wenn im gleichmäßigen Tempo gelaufen wird, dennoch kann die Rennsituation Tempowechsel erfordern.

• „Windschattenlaufen" ist beim abschließenden Teilstück erlaubt. Der Triathlet muß entscheiden, ob er diese Variante bevorzugt oder schnell überholt.

• Wenn es der Athlet auf einen Endspurt ankommen läßt, muß er sich genau im klaren sein, welche Streckenlänge er auch wirklich durchhält.

• Auf der Strecke muß jede Gelegenheit genutzt werden, um „Zeit zu schinden" bzw. die optimale Lauflinie zu erreichen. Das bedeutet, die Kurven innen schneiden, keine Bodenerhebungen betreten, die zu vermeiden sind (z.B. Bordsteine) und nach leichtem Bergablauf den vollen Antrieb der Schwungkraft mitnehmen.

• Zur Taktik gehört auch, zum richtigen Zeitpunkt zu trinken und zu essen. Bei einem Kurztriathlon unter gemäßigten Klimabedingungen ist das kaum nötig, es wird aber zum

Keine Laufgruppe –
jeder kämpft für sich
allein

„Überlebensproblem" bei einem Mittel- und erst recht bei einem Langtriathlon.

• Taktik wird von manchen auch als Aufforderung zur Unsportlichkeit verstanden. Taktische Maßnahmen sollten nur so lange angewendet werden, so lange sie fair sind. Im Wettkampf heißt das: Behindern des Gegners, Nutzen von nicht erlaubten Vorteilen oder gar Abkürzen der Strecke kommen für Triathleten nicht in Frage.

Oberster Grundsatz muß bleiben: Fair geht vor!

Training

Komplexität des Triathlontrainings

Die Erarbeitung eines Trainingskonzepts für Triathleten wurde erst in den letzten Jahren in Angriff genommen. Es erwies sich deshalb als schwierig, weil es keine vergleichbare Sportart gibt, in der drei „Fortbewegungsarten" in einem Wettkampf ohne Stop absolviert werden müssen. Die klassischen Mehrkämpfe, wie z. B. der leichtathletische Zehnkampf oder der moderne Fünfkampf, weichen in ihrer Anforderungsstruktur und damit in den Trainingsansprüchen deutlich vom Triathlon ab. Sind doch zwischen den einzelnen Disziplinen lange Pausen. Im Zehnkampf werden für den Wettbewerb zwei Tage benötigt. Das ist beim Biathlon nicht der Fall, aber hier werden nicht zwei Ausdauerdisziplinen miteinander kombiniert. Zum Skilanglauf kommt das Schießen, eine Sportart mit vorwiegend koordinativen Anforderungen.

Dem Triathlon am nächsten kommt noch das Querfeldeinfahren. Bei diesem Wettkampf ist allerdings das Laufen dem Radsport völlig untergeordnet, und dementsprechend ist die Wertigkeit dieser Teildisziplin im Training.

Triathlon kann also von anderen Mehrkampfsportarten kaum profitieren. Kein Wunder, daß sich die Trainingsmethodik für den Triathlon erst langsam entwickelt hat. Bis in die letzte Zeit wurden die Leistungen aus der Einzelbetrachtung der drei Sportarten zusammengestellt. Man ging davon aus, in jeder Sportart möglichst gute Einzelergebnisse zu erzielen, ihre Addition brachte dann auch ein gutes Gesamtergebnis. Diese Trainingsauffassung schöpft nicht alle Möglichkeiten der körperlichen Anpassung in den drei Disziplinen aus. Mit diesen Vorbemerkungen soll keinesfalls gegen das spezielle Training in einer Sportart angegangen werden. Die Verbesserung der Technik ist z. B. gar nicht anders möglich, und auch konditionelle Fähigkeiten in den einzelnen Sportarten müssen auf diese Weise erarbeitet werden.

Dennoch ist modernes Triathlontraining – egal auf welcher Leistungsebene – so zu gestalten, daß die drei Sportarten mehr integriert als addiert werden. Spätestens seit die semispezifische Wirkung des Ausdauertrainings bekannt ist, sind auch wichtige wissenschaftliche Voraussetzungen für eine neue Trainingsauffassung verfügbar. Unter semispezifischem Training versteht man die Auswirkungen des Ausdauertrainings in einer Sportart auf die Leistungen in einer anderen Ausdauersportart. Im konkreten Fall heißt das: Wer speziell auf dem Rad Ausdauer trainiert, wird zum Beispiel auch seine Leistungen im Laufen verbessern. Diese Erkenntnis, die ursprünglich in der Trainingspraxis für Rekonvaleszenten im Leistungssport angewendet wurde, um die Athleten schneller wieder an ihre Ausgangsleistung heranzuführen, hat jetzt im Ausdauertraining Allgemeingültigkeit.

Welche Konsequenzen hat diese integrative Betrachtungsweise für das Triathlontraining? Hierzu einige Beispiele:

• Die Langzeitausdauer für einen Triathlon über zwei Stunden und mehr und vor allem die hierfür notwendige Energiegewinnung (Fettstoffwechsel) kann vorwiegend über das Radtraining mit Überdistanzstrecken erreicht werden.

• Die leistungsbestimmenden Fähigkeiten Kraftausdauer und Schnelligkeit sollten nicht ausschließlich mit triathlonunspezifischen Mitteln erreicht werden, sondern können für die Muskelgruppen des Oberkörpers durch Sprints im Schwimmen sowie den Einsatz von Paddles und durch Radsprints und Bergfahrten für die Beinmuskulatur verbessert werden.

• Die Erhöhung der maximalen Sauerstoffaufnahme kann relativ leicht durch das Trainingsmittel „Mitteldistanz" im Schwimmen (400–600 m) erreicht werden.

• Die originale Wettkampfübung (unter Umständen auch verkürzt) gilt nach wie vor als das wirkungsvollste Trainingsmittel im Ausdauersport. Dieses komplex wirkende Trainingsmittel wird im Triathlon zu wenig angewendet.

• Techniktraining wird mit dem Ausdauertraining verknüpft. Das kann besonders im Schwimmen und Radfahren erfolgen.

> Die Trainingslehre des Triathlons ist noch im Aufbau. Neue Ideen, veränderte Trainingsmittel und revolutionäre Konzeptionen können dazu beitragen, die Leistungen weiter zu verbessern. Trainer und Athleten sollten deshalb nicht nur am Hergebrachten hängen, sondern auch Neues im Training riskieren.

Trainingsaufbau

Die körperliche Beanspruchung, wie sie ein Triathlon fordert, kann nicht von heute auf morgen dem Organismus abverlangt werden. Sie bedarf einer längeren Vorbereitung. Das gilt für Einsteiger und noch mehr für die Vorbereitung von Spitzenleistungen.

Jedem Triathloninteressenten wird deshalb geraten – auch wenn er nur einen Jedermanntriathlon absolvieren will – sich darauf speziell vorzubereiten. Das gilt auch für aktive Sportler mit Wettkampferfahrung in anderen Sportarten. Die drei Disziplinen werden nämlich erst dann ohne Probleme absolviert, wenn der Sportler sich nicht auf seine allgemeine Kondition verläßt, sondern in jeder Teildisziplin Erfahrungen sammelt.

Trainingsaufbau für Kurzentschlossene

Die Erfahrung lehrt, daß die wenigsten Einsteiger eine lange Aufbauphase zur Verfügung haben, sondern sich meist am Anfang eines Jahres entschließen, bei einem oder mehreren Triathlon-Wettkämpfen zu starten. In dieser relativ kurzen Zeit müssen sie ihr Training darauf einrichten. Worauf kommt es für diesen Personenkreis an?

• Es sollten Trainingserfahrungen in allen drei Disziplinen geschaffen werden. Gleichzeitig müssen die sporttechnischen Hauptelemente der drei Disziplinen beherrscht werden.

• Auch eine kurzfristige Anlaufphase zur Triathlonsaison bedarf einer gewissen Planung. Das hilft bei der Gewöhnung an die neuartige Belastung und erleichtert die Festlegung der Zielstellung.

• Der Trainingsaufbau sollte immer im Einklang mit der beruflichen, schulischen und familiären Belastung gebracht werden. Wer z.B. für die kurze Vorbereitungzeit wöchentlich weniger als drei Stunden aufbringen kann, sollte in der Saison nicht am Kurztriathlon, sondern besser an einem Jedermannwettbewerb teilnehmen. Diese Distanzen kann man auch ohne diese Vorbereitung problemlos durchstehen.

• Für die kurzentschlossenen Triathloneinsteiger kommt es vor allem darauf an, die Grundlagenausdauer zu verbessern. Das geschieht am sichersten durch Trainingseinheiten mit dem Rad über $2^{1}/_{2}$ Stunden oder Läufe über 20 km.

• Als Minimum für den Trainingsumfang und für die Anzahl der Trainingseinheiten pro Woche gilt die Grundregel: Jede Sportart wird wöchentlich einmal trainiert.

Die Abbildung 18 vermittelt einen Vorschlag, wie die kurzfristige Vorbereitung auf einen Kurztriathlon aussehen könnte. Das Ziel des Sportlers heißt „Durchkommen" mit einer Plazierung im Mittelfeld bei regionalen Wettkämpfen.

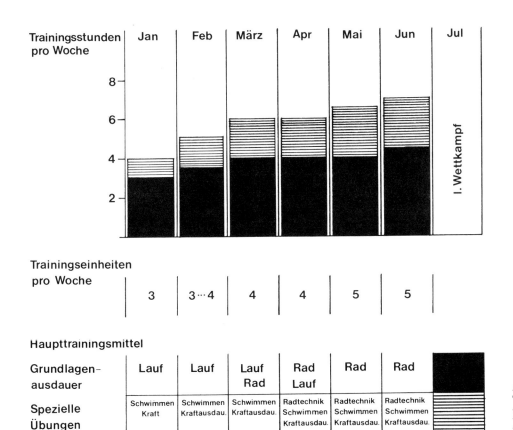

Abb. 18
Trainingsaufbau für kurzentschlossene Einsteiger (Kurztriathlon)

81

Langfristiger Trainingsaufbau

Während der eben vorgestellte Trainingsaufbau vorwiegend die Voraussetzungen für eine Teilnahme am Kurztriathlon schafft, dient der langfristige Trainingsaufbau der Planung von Erfolgen und gleichzeitig der Teilnahme an Mittel- und Langtriathlons.

Triathlontraining bedeutet zumindest im Erwachsenenbereich, individuelle Konzepte zu schaffen. Gruppentrainingspläne sind vorwiegend im Kinder- und Jugendbereich üblich.

Bei der Festlegung der einzelnen Aufgaben eines langfristigen Trainingsaufbaus sollte der Sportler oder Trainer sich über folgende Grundpositionen im klaren sein:

• Welchen zeitlichen Trainingsumfang kann der Athlet für das Training im Jahresverlauf aufbringen?

• Welche Ausbildungsbereiche werden in welcher Relation trainiert? Diese Entscheidung ist abhängig von den vorhandenen Fähigkeiten und Fertigkeiten, den Stärken und Defiziten und der jährlichen Gesamt- und Teilzielstellung. In diese Entscheidungen fallen folgende Positionen:
Schwimmtraining
Radtraining
Lauftraining
Kraftausdauer
Entspannungsübungen
Weitere Fähigkeitsausbildung und Übungsformen.

• Wie werden die Trainingsaufgaben umgesetzt?
Dazu gehören Entscheidungen zu
– Auswahl der Körperübungen
– Einsatz der Trainingsmethoden
– Trainingsverlauf über kürzere und längere Abschnitte
– Belastungsdynamik.

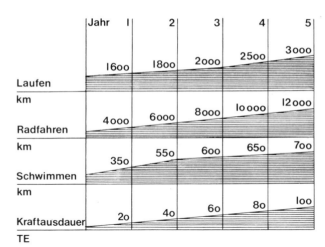

Abb. 19 Trainingsaufbau eines Spitzenathleten (Umfang des Trainings im Laufe eines Jahres)

• Bei der eigentlichen Ausarbeitung des Trainingsaufbaus sind folgende weitere Positionen zu berücksichtigen:
– Alter des Athleten
– Trainingsalter im Triathlon und anderen Sportarten
– Stärken und Schwächen des Athleten
– Wettkampfleistungen
– bisherige Spezialisierung
– Persönlichkeitsmerkmale.

Die Grafik (Abb. 19) verdeutlicht an einem Beispiel, über welche Trainingsumfänge ein zwanzigjähriger vielseitiger Sportler systematisch an Spitzenleistungen im Triathlon herangeführt wird.

Schwimmtraining

Beim Schwimmtraining kommt es darauf an, dem Sportler die technisch einwandfreie Kraultechnik zu vermitteln und ihn gleichzeitig an die Langstrecke von 1500 m und mehr heranzuführen. In der zweiten Position (Wettkampfdistanz) unterscheidet sich das Triathlontraining vom normalen Training der Schwimmer, denn wo das Programm bei den Schwimmern aufhört – nämlich bei einer Streckenlänge von 1 500 m – beginnt es bei den Triathleten erst richtig. Das Triathlontraining kann deshalb in dieser Hinsicht bestenfalls bei den Langstreckenschwimmern Anleihen aufnehmen.

Techniktraining

Für den wenig schwimmerfahrenen Triathleten ist eine Grundausbildung im Schwimmen nötig, die folgende Aufgaben hat:
1. Erlernen von mindestens zwei Sportschwimmarten. Bevorzugt ist Brustkraul und für ältere Einsteiger das Brustschwimmen.
2. Beherrschen der Grobform der Wendetechnik in diesen beiden Schwimmarten.
3. Erfahrungen und Kenntnisse in der Selbstrettung.

Diese in der Tabelle 13 (Seite 84 ff.) dargestellten Lernschritte ermöglichen das Erlernen der beiden wichtigen Schwimmtechniken von der Grobform bis zur Perfektion.
In der Trainingspraxis werden nur selten alle Einzelschritte notwendig sein, da die meisten Triathleten diese Techniken weitgehend beherrschen. Die Lernschritte können jedoch auch zur Verbesserung bestimmter fehlerhafter technischer Elemente erfolgreich eingesetzt werden.
Bei der Korrektur von Fehlern kommt es darauf an, ihre Ursachen zu erkennen. Folgende **Hauptfehler** können **beim Schwimmen** auftreten:

Hauptfehler beim Vortrieb
– Unzweckmäßiger Krafteinsatz während der Abdruckbewegungen
– physikalisch falscher Einsatz der Abdruckflächen
– unzureichende Nutzung der Länge des Abdruckweges
– fehlerhafte Koordination der Abdruckbewegung und der anderen Teilbewegungen

Fehler, die den Wasserwiderstand des Schwimmers erhöhen
– Zu großer Anstellwinkel des Körpers
– unnötige Drehungen des Körpers
– zu hohe Kopfhaltung

Atemfehler
– Ungenügende Ein- und Ausatmung
– falscher Zeitpunkt der Ein- oder Ausatmung.

Das Erkennen der Fehler ist meist sehr schwierig, es erfordert viel Erfahrung. Den Triathlonvereinen wird deshalb empfohlen, mit dieser Aufgabe Schwimmtrainer zu beauftragen.
Besonders bewährt haben sich Unterwasser-Videoaufnahmen mit beweglichen Kameras. Ähnliche Möglichkeiten bieten auch Videoaufnahmen im Schwimmkanal. Beide Verfahren der Technikkontrolle sind im Institut für angewandte Trainingswissenschaft in Leipzig möglich. Bei rechtzeitiger Anmeldung werden diese Untersuchungen auch für Vereine und Einzelpersonen vorgenommen.

Vervollkommnung der Ausdauer

Eine perfekte Schwimmtechnik, Langzeitausdauer und eine bestimmte Portion Intensitätsausdauer sind die Garanten für eine gute Schwimmleistung im Triathlon. Die Vervoll-

Tabelle 13   Übungen zum Erlernen und Verbessern der Schwimmtechnik

Technische Schwerpunkte	Allgemeine Übungen	Spezielle Übungen
Lernschritte für das Kraulschwimmen		
Beinbewegung		
– gestreckte Körperhaltung in Brustlage – Wechselschlag der Beine aus der Hüfte (Kopf zwischen den gestreckten Armen, Augen dicht über Wasseroberfläche) – ununterbrochener und kräftiger Wechselschlag der Beine – Schlagbewegung der Beine aus der Hüfte, Bewegungsübertragung von der Hüfte bis zum Fuß – aktiver Abwärtsschlag der Unterschenkel, lockere Fußgelenke – Koordination der Beinbewegung mit der Atmung: bewußte Ausatmung ins Wasser, Einatmung ohne starkes Anheben des Kopfes	– Gleiten in Brustlage (Kopf zwischen den gestreckten Armen) – Wechselschlagbewegung der Beine im knietiefen Wasser im Liegestütz – Wechselschlagbewegung d. Beine in hüft- bis brusthohem Wasser mit Partnerunterstützung – Übungen mit extremen Abweichungen vom Leitbild (räumlich-zeitlich, dynamisch-zeitlich) – Atemübungen Beachte: lange bewußte Ausatmung ins Wasser	– Abstoß – kurzes Gleiten – Beinbewegung mit Brett über kurze Strecken; Kopf zwischen gestreckten Armen, Augen in Höhe Wasseroberfläche (ohne Beachtung der Einatmung); Beachte: · schnellkräftige Beinbewegung aus der Hüfte · Bewegungsübertragung von der Hüfte bis zum Fuß · zunehmende Streckenlänge (entsprechend Beherrschungsgrad) – Abstoß – kurzes Gleiten – Kraulbeinbewegung mit Brett; Beachte: lange bewußte Ausatmung ins Wasser und kurze kräftige Einatmung ohne starkes Anheben des Kopfes
Armbewegung		
– Ununterbrochene wechselseitige Armbewegung – aus der Armstreckung vor dem Körper sofort „Wasserfassen" mit der Hand (Handflächen anstellen) – Der Armzug erfolgt nicht gerade, sondern auf einer S-förmigen Bahn, die Hand wird bis zum Oberschenkel geführt (erst Zug-, dann Druckphase)	– im Knie- oder Schrittstand wechselseitige Armbewegungen – wechselseitige Armbewegung mit Partnerunterstützung im flachen Wasser – sensibilisierende Übungen mit extremen Abweichungen vom Leitbild (räumlich-zeitlich, dynamisch-zeitlich)	– Abstoß – kurzes Gleiten – Armbewegung über kurze Teilstrecken · mit kleinem Brett zwischen den Beinen · ohne Brett (bis zum deutlichen Absinken der Beine) · mit leichter, unbeachteter Kraulbeinbewegung (zur Stabilisierung der Körperlage) · schnelles Wasserfassen vor dem Kopf · langer horizontaler Abdruckweg der Hände

Technische Schwerpunkte	Allgemeine Übungen	Spezielle Übungen
Koordination Armbewegung – Atmung – Lange, kräftige Ausatmung ins Wasser – Zeitpunkt der Einatmung – ununterbrochene Aufeinanderfolge der Armbewegungen einschl. einer regelmäßigen Atmung	Atemübungen – Armbewegung mit Atmung im Schrittstand bzw. mit Partnerunterstützung im flachen Wasser	– Abstoß – kurzes Gleiten – Kraularmbewegung (mit unbeachteter Beinbewegung oder mit Brett) und Atmung; Beachte: · vollständige Ausatmung ins Wasser; · schnelle Einatmung am Ende der Abdruckbewegung der linken bzw. der rechten Hand; · pausenlose Armbewegungen und regelmäßige Atmung; – zunehmende Streckenlänge bis 25 m
Gesamtkoordination – Koordination von 6 Beinschlägen mit einer vollständigen Armbewegung – ununterbrochene Arm- und Beinbewegung in der Gesamtbewegung	– einarmig Kraul mit Brett (linke bzw. rechte Hand liegt auf dem Brett, nicht in wechselseitiger Aufeinanderfolge – sensibilisierende Übungen mit unterschiedlichen Varianten der Koordination von Arm- und Beinbewegungen – Übungen zur Schulung der Kopplungsfähigkeit	– Wechsel zwischen Kraul-Beinbewegung und Gesamtbewegung auf einer Teilstrecke; Beachte: · ununterbrochene Beinbewegung – Kraul-Gesamtbewegung über kurze Strecken ohne Atmung;
Atmung – Gesamtbewegung mit bewußter, langer Ausatmung ins Wasser – Gesamtbewegung mit Einatmung rechts und links – Gesamtbewegung mit Zweierzugatmung – Gesamtbewegung mit Viererzugatmung	– einarmig Kraul (links und rechts) mit bewußter Atmung – Atemübungen; Beachte: · lange Ausatmung ins Wasser · kurze Einatmung – einarmig Kraul mit Brett, dabei Einatmung · am Ende des Abdruckes der linken bzw. rechten Hand	– Kraul-Gesamtbewegung Beachte: · lange Ausatmung ins Wasser vor der kurzen Einatmung (ohne bestimmten Atemrhythmus) · Einatmung (ohne bestimmten Rhythmus) bei einer Teilstrecke stets auf der gleichen Seite (links oder rechts) · dito abwechselnd links und rechts

Technische Schwerpunkte	Allgemeine Übungen	Spezielle Übungen
– Gesamtbewegung mit Dreier-zugatmung – annähernd horizontale ruhige Körperlage	· während der jeweils zweiten rech-ten oder linken Abdruckbewegung	– Kraul-Gesamtbewegung Beachte: · Zweierzugatmung, aber Ein-atmung links und rechts · Viererzugatmung, aber links und rechts · Dreierzugatmung (ganz bewußt) · ruhiges Verhalten der Schultern und rhythmische Atmung

Lernschritte für das Brustschwimmen

Beinbewegung

– Gestreckte Körperhaltung in Brustlage; – symmetrisches und simultanes Anziehen der Füße zum Gesäß, Abdruck mit den Füßen leicht bogenförmig nach hinten – Anziehen der Füße zum Gesäß und Anstellen der Füße nach außen – explosive Abdruckbewegung der Füße bogenförmig nach hinten bis zur Streckung der Beine – zügiges Anziehen der Füße mit gering geöffneten Knien	– Beinbewegung im Liegestütz bzw. mit Partnerunterstützung im flachen Wasser; Beachte: · gleichzeitiges Anziehen beider Füße zum Gesäß – Abdrücken nach hinten · bewußtes Anstellen der Füße für den Abdruck	– Abstoß – kurzes Gleiten – Bein-bewegung mit und ohne Brett über kurze Teilstrecken; Beachte: · symmetrische und simultane Bewe-gung beider Beine · bewußtes Anstellen der Füße nach außen für den Abdruck · schnellkräftiger Abdruck der ange-stellten Füße nach hinten · zügiges Anziehen der Füße bei enger Knieführung; – zunehmende Streckenlänge, abhängig vom Beherrschungsgrad – in Wettkampfform über kurze Strecken – mit Vorgabe und Veränderung der Anzahl der Beinbewegungen über eine bestimmte Strecke

Technische Schwerpunkte	Allgemeine Übungen	Spezielle Übungen
Armbewegung		
– Gestreckte Körperlage, symmetrische, simultane Bewegung beider Hände (und Arme) bis zur erneuten Streckung – aus der Streckung beider Arme schnelles Wasserfassen und Anstellen beider Hände, beginnender Abdruck nach außen und unten-hinten bis etwa doppelte Schulterbreite – halbkreisförmige Abdruckbewegung der Hände und Unterarme, bei deutlicher Ellbogen-vorn-Haltung	– Armbewegung im Stand im flachen Wasser mit vorgebeugtem Oberkörper zur Erfassung des groben räumlichen Verlaufs (kein Üben) – Sitz oder Kniestand bzw. mit Partnerunterstützung: aus der Streckung der Arme schnellkräftige Abdruckbewegung von Hand und Unterarm im Halbkreis bis unter das Kinn	– Abstoß – kurzes Gleiten – Armbewegung mit stabilisierender leichter Kraulbeinbewegung bzw. mit kleinem Brett über kurze Strecken; Beachte: · Streckung der Arme (Kopf leicht gesenkt ohne Untertauchen) · schnelles Wasserfassen und beginnender Abdruck der Hände zunächst nach außen und unten-hinten bis über Schulterbreite · Ellbogen-vorn-Haltung während der anschließenden halbkreisförmigen Abdruckbewegung bis unter das Kinn · hoher Krafteinsatz in der Hauptphase · Übergang von der Hauptphase zur vorbereitenden Phase · bewußte Körperstreckung · Zeitpunkt der Einatmung · Zeitpunkt der Ausatmung
Gesamtkoordination		
– Koordination der Arm- und Beinbewegung einschließlich Atmung (dabei Beachtung einer relativ hohen Bewegungsintensität)	– Gesamtbewegung mit langem Gleiten zwischen den Zyklen – Tauchzüge – Wechsel Armbewegung/Beinbewegung – sensibilisierende Übungen mit unterschiedlichen Varianten der Arm- mit den Beinbewegungen – Übungen zur Schulung der Kopplungsfähigkeit	– Abstoß – kurzes Gleiten – Gesamtbewegung über kurze Strecken; Beachte: · völlige Streckung von Wasserfassen der Hände ohne Untertauchen des Kopfes · Zeitpunkt des Anziehens der Füße · Herausheben von Kopf und Schulter aus dem Wasser gegen Ende der Abdruckbewegung der Arme

kommnung der beiden letztgenannten Fähigkeiten nimmt die meiste Zeit im Triathlontraining ein. Welche **Methoden und Übungsformen** sind für diese Aufgaben geeignet?

Langzeitausdauer

Die Langzeitausdauer wird sowohl mit extensiven auch mit intensiven Belastungsformen entwickelt. Während im ersten Fall mit langdauernden Belastungen gearbeitet wird, dominieren im zweiten Fall kürzere Strecken mit höheren Geschwindigkeiten. Das hat zur Folge, daß einmal die aerobe Energiegewinnung und zum anderen vorwiegend die anaerobe Energiemobilisation trainiert wird. Die wichtigsten Methoden für die Entwicklung der Langzeitausdauer sind im Triathlon die Dauermethode und die extensive Intervallmethode.

Dauermethode

Bei dieser Methode wird mit einer Zeit- oder einer Streckenvorgabe gearbeitet. Für die Vorbereitung auf den Kurztriathlon ist die Dauerleistung von 30 bis 40 Minuten angebracht. Werden Streckenlängen bevorzugt, dann schwanken sie zwischen 1200 m und 2000 m. Für die Kontrolle des Trainings ist diese Vorgabe günstiger. Die Geschwindigkeit soll bei 90 Prozent der aktuellen Bestzeit liegen. Als Bezugsgröße für die Trainingsgeschwindigkeit eignet sich die Bestzeit über 800 m. Diese Streckenlänge ist bei Leistungstests leicht zu bestimmen. Die 800-m-Distanz empfiehlt sich auch für den Vergleich mit anderen Sportlern. Im Verlaufe des Trainingsjahres kann die Streckenlänge variiert werden. Die Wirkung des Dauertrainings wird auch dann noch erreicht, wenn die Strecke in mehrere 800-m-

Abschnitte aufgeteilt ist und durch kurze Pausen (1 bis 2 Minuten) unterbrochen wird. Entscheidend ist, daß eine kontinuierliche Schwimmgeschwindigkeit eingehalten wird.

Extensive Intervallmethode

Die physiologische Wirkung dieser Methode geht stärker in Richtung anaerobe Leistungsfähigkeit. Der Triathlet bevorzugt Strecken zwischen 200 und 800 m. Diese kürzeren Strecken bedingen eine höhere Wiederholungszahl, also z. B. 4 × 200 m / 2 × 400 m / 2 × 800 m. Die Schwimmgeschwindigkeit beträgt ca. 85 Prozent der aktuellen Bestleistung auf diesen Strecken. Die Pausen sind relativ kurz und liegen bei 30 Sekunden.

Belastungssteigerung im Laufe der Saison erfolgt hauptsächlich durch die Umfangserhöhung und nicht durch Geschwindigkeitssteigerung. Die Belastung wird bis an die aerob/anaerobe Schwelle geführt. Das bedeutet einen Laktatspiegel von 3 bis 4 mmol/l und eine Pulsfrequenz von ungefähr 165 Schlägen in der Minute. Belastungen darunter sind nur wenig trainingswirksam.

Die Tabelle 14 auf Seite 89 gibt Hinweise, mit welchen Übungsformen und Streckenlängen bei Triathleten trainiert werden kann.

Intensitätsausdauer

Diese spezielle Form der Ausdauer ist für den Triathleten ebenfalls wichtig. Er braucht sie, um sich im Startgedränge schnell von anderen Schwimmern zu lösen, und wendet sie als taktisches Mittel beim Überholen an. Intensitätsausdauer baut jedoch auf der Fähigkeit auf, lange Strecken zu beherrschen. Langzeitausdauer muß also schon vorhanden sein, bevor

Tabelle 14   Übungsformen und Belastungsfaktoren zur Entwicklung von Langzeitausdauer im Schwimmen (Kraultechnik)

Trainingsmethode	Übungsform	Belastungsfaktoren		Geschwindigkeit	Pause
		Teil-strecke	Anzahl der Teilstrecken		
Dauermethode	Kraul-Gesamt-Bewegung	30–40 Minuten	1–2	90% der aktuellen Bestzeit	1–2 Minuten
	Schwimmarten-wechsel (Kraul – Rücken oder Kraul – Brust)	800 m	3–4	90 % der aktuellen Bestzeit	1–2 Minuten
	Gesamtbewegung (Einlagen Einzel-bewegung)	800 m	2–3	90 % der aktuellen Bestzeit	1–2 Minuten
	Schwimmartenkombi-nation (Kraul – . Rücken – Brust)	400m	6–10	90 % der aktuellen Bestzeit	1 Minute
Extensive Intervallmethode	Gesamt- und Einzelbewegung	200 m 400 m	4–15 4–10	85 % der aktuellen Bestzeit	30 Sekunden
	Schwimmartenkombi-nation (Kraul – Rücken – Brust)	600 m	3–6	85 % der aktuellen Bestzeit	30 Sekunden
	Flossenschwimmen	800 m	2–5	–	–

die Fähigkeit Intensitätsausdauer akzentuiert geschult wird.
Welche Trainingsmethoden können eingesetzt werden, um diese Fähigkeit zu schulen?

Teilintensive Dauermethoden
Hier handelt es sich um den Wechsel der Geschwindigkeit innerhalb des Dauertrainings. Eine bewährte Form ist das *Kombinationsschwimmen.* Dabei werden zum Beispiel folgende Belastungen gefordert:
800 m extensives Dauerschwimmen, dann sofort

50 m intensiv (95 %)
50 m extensiv (80 %)
100 m intensiv (95 %)
100 m extensiv (80 %)
150 m intensiv (95 %)
150 m extensiv (80 %)
danach werden die Streckenlängen wieder abgebaut.

Teilintensive Intervallmethode
Hier werden im wesentlichen zwei Varianten unterschieden:

Wechselschwimmen

Intensivstrecken von 25 m bis 100 m werden in die Teilstrecken von 200 m bis 800 m eingebunden. Entsprechend den Teilstreckenlängen wird eine Wiederholungszahl von 2 bis 10 angestrebt. Die extensiven Abschnitte werden mit 85 Prozent, die Intensivstrecken mit 95 Prozent der aktuellen Bestzeit auf der Gesamtstrecke geschwommen.

Steigerungsschwimmen

Steigerungsschwimmen beginnt mit einer geringen Schwimmgeschwindigkeit (80 Prozent) über die Teilstrecken. Mit jeder Wiederholung wird die Geschwindigkeit gesteigert (85–90 Prozent), bis schließlich die maximale Geschwindigkeit erreicht wird. Zwischen den Serien liegen Pausen bis zu drei Minuten. Sie dienen der unvollständigen Erholung, also nicht der völligen Beruhigung des Pulses.

Intensive Intervallmethode

Hier wird vorwiegend mit wechselnder Geschwindigkeit geschwommen. Die Teilstrecken sind 25 m bis 200 m lang. Das bedeutet bis zu zwanzigmalige Wiederholung. Die Intensität beträgt 85 bis 95 Prozent der aktuellen Bestzeit, die Pausen sind zwischen 10 und 60 Sekunden lang. Diese Methode kann auch für das Techniktraining verwendet werden.

Beim intensiven Intervalltraining werden Herzfrequenzen bis zu 190 Schlägen pro Minute als Spitzenwert erreicht. Für den Triathleten sind Streckenlängen von 50 m bis 200 m zu bevorzugen.

Weitere Trainingshinweise

- Alle Trainingsbelastungen, die dem Bereich Intensitätsausdauer zuzuordnen sind, müssen durch längere Strecken im extensiven Belastungsbereich vorbereitet werden. Das gilt auch für die einzelne Trainingseinheit. Am Ende des Trainings sollten auch wieder extensive Formen stehen.
- Die Entwicklung der Schnelligkeit und der Schnelligkeitsausdauer ist für den Triathleten weniger entscheidend. Trotzdem können in der Vorbereitunsperiode einzelne Trainingseinheiten diese Zielstellung haben, um Abwechslung zu schaffen und die Grundschnelligkeit des Sportlers zu verbessern. Als günstigste Verfahren eignen sich Wettkämpfe über kurze Strecken (50 m und kürzer), aber auch das sogenannte Kampftraining gegen gleichstarke Gegner.
- Für das Triathlontraining sollten im Bereich der konditionellen Ausbildung etwa 60 Prozent des Gesamtaufwandes der Langzeitausdauer, 30 Prozent der Intensitätsausdauer und 10 Prozent der Schnelligkeit gewidmet werden.

Kraftausdauer erhöht das Schwimmtempo

Die Kraftausdauer hat für den Schwimmpart beim Triathlon deshalb erhebliche Bedeutung, weil für die erste Teildisziplin eine langwährende Kraftleistung benötigt wird. In keiner anderen Fortbewegungsart des Triathlon ist die Kraftausdauer so leistungsbestimmend wie im Schwimmen. Beim Radfahren wird Kraftausdauer nur zeitweilig gebraucht, beim Schwimmen ununterbrochen, vom Start bis zum ersten Wechsel.

Kraftausdauer wird speziell für die Schwimmmuskulatur benötigt, also für die Armrota-

Tabelle 15 Beispiel für eine Trainingswoche mit drei Schwimmeinheiten

1. Trainingseinheit

Ziel: Verbesserung der Langzeitausdauer

Hauptteil I	2×800 m	Hauptschwimmart (90%) Pausenlänge: 60 Sekunden
Hauptteil II	8×200 m	Gesamt- u. Einzelbewegung (Hauptschwimmart und eine zweite Schwimmart) 85% Pausenlänge: 10 Sekunden
Gesamt:	3200 m	

2. Trainingseinheit

Ziel: Verbesserung der Intensitätsausdauer

Einleitung	800 m	Hauptschwimmart (85%)
Hauptteil		Hauptschwimmart 50 m (e) – 50 m (i) – 100 m (e)
Kombinations-schwimmen	2000 m	100 m (i) – 150 m (e) – 150 m (i) – 200 m (e) – 200 m (i) und zurück e = extensiv, i = intensiv
Ausklang	400 m	Nebenschwimmart (85%)
Gesamt:	3200 m	

3. Trainingseinheit

Ziel: Techniktraining in Verbindung mit Schnelligkeitsentwicklung

Einleitung	800 m	Lagenschwimmen (Kraul – Rücken – Brust), Gesamt- und Einzelbewegung im Wechsel
Hauptteil	8×50 m	Hauptschwimmart, Arm- und Beinbewegung im Wechsel (95%)
	6×50 m	Hauptschwimmart, Gesamtbewegung (95%)
	800 m	Nebenschwimmart (85%)
Gesamt:	2300 m	

tatoren, die Ellbogenbeuger und -strecker sowie die Bein- und Fußgelenkstrecker. Die Fähigkeit Kraftausdauer für diese Muskeln kann zu Wasser und zu Lande entwickelt werden.

Für das Wasser bieten sich Geräte wie Flossen und Paddles an. Die günstigsten Trainingsstrecken bei Verwendung dieser Geräte liegen zwischen 200 und 400 m Länge. Geschwommen wird mit submaximaler Intensität von ungefähr 85%. So ist es gerade noch möglich, diese Strecke durchzuhalten und nach Pausen mehrmals zu wiederholen.

Beim Kraftausdauertraining an Land sind folgende methodische Grundsätze zu beachten:

• Allgemeine Kraftübungen entsprechen nicht der Struktur der Schwimmbewegung. Sie sind bis zu einem gewissen Umfang dennoch wichtig, weil sie die Grundlage für spezifische Kraftübungen schaffen.

• Ausgesuchte Spezialübungen entsprechen der Wettkampfbewegung und im Kraft-Zeit-Verlauf ebenfalls den Bedingungen des Schwimmens. Für diese Übungen sind meist Geräte mit isokinetischem Widerstand nötig. Sie kommen den Bedingungen im Wasser am nächsten. Einfachere Lösungen sind aber auch mit Expandern und Gummiseilen zu schaffen.

• Bei allen Übungen ist es wichtig, daß ein höherer Widerstand als bei der Wettkampfübung erreicht wird. Die Erhöhung des Widerstandes darf allerdings nur so weit geführt werden, daß die Wettkampfbewegung unverfälscht erhalten bleibt.

• Der Widerstand soll so hoch eingestellt werden, daß der Sportler nur zwischen 20 und 30% der im Wettkampf erforderlichen Bewegungswiederholungen erreichen kann. Für den Kurztriathlon bedeutet das z. B. 220 bis 350 Kraul-Armzüge. Die meisten modernen Krafttrainingsgeräte lassen die abgestufte Widerstandseinstellung problemlos zu.

Spezielles Kraftausdauertraining an Land

Es ist schon wichtig, daß der Triathlet seine Schwimmleistung auch durch ausgewählte Kraftübungen an Land verbessert. Die Kraftausdauer der Schwimmuskulatur wird durch Zugseiltraining oder mit speziell entwickelten Zugschlitten geschult. Diese Geräte imitieren die Bedingungen im Wasser am besten, weil sie nach isokinetischem Prinzip Widerstand erzeugen, das heißt, der Bewegungswiderstand steigt proportional zur Geschwindigkeit der Bewegung. Außerdem ist mit diesen Geräten der Kraft-Zeit-Verlauf der Schwimmbewegung am besten nachzuahmen.

Die nachfolgend wiedergegebene Trainingseinheit vermittelt, wie der Athlet an Land seine schwimmerische Kraftausdauer verbessern kann.

Trainingseinheit „Spezielles Kraftausdauertraining Schwimmen"

Einleitung (15 min)
Spezielle Gymnastik zur leichten Erwärmung

Hauptteil (25 min)
Kreistraining mit 9 Stationen
Belastungsdosierung: 90 s Belastung, 60 s Pause

1. „Min.Gym": Kraul Arme
2. Zugschlitten: Beinestrecken
3. spez. Armzuggerät: 70 % max. Kraft
4. Gummiseilarbeit in Rückenlage
5. Beinstoßen an der Handelschwinge in Rückenlage
6. Zugschlitten: Delphin Arme
7. „Mini-Gym": Kraul Arme
8. „Mini-Gym": Kraul Arme im Sitzen
9. „Mini-Gym": Brust Arme im Liegen

Schlußteil (10 min)
Dehnungs- und Entspannungsübungen (vorwiegend permanente und postisometrische Dehnung)

Schwimmen ist eine Sportart, die viel Kraftausdauer verlangt. Diese Fähigkeit kann an Land und im Wasser trainiert werden.

Selbstrettung im Wasser

Zum Schwimmtraining gehören auch Hinweise und Verhaltensregeln für Notsituationen im Wasser. Diese können bei Wettkämpfen vorkommen oder auch beim Training im Offenwasser. Verletzungen oder Krämpfe führen nicht selten zu lebensbedrohlichen Situationen. Retter sind meist nicht sofort zur Stelle, deshalb muß der Triathlet wissen, wie er sich verhalten soll.
Welche Techniken der Selbstrettung gibt es?

Schweben an der Wasseroberfläche

Es handelt sich um eine kraftsparende Technik, die angewendet werden kann, bis Rettung kommt. Sie ist besonders günstig, wenn der Sportler einen Neoprenanzug trägt. Besserer Auftrieb und Schutz vor Kälte erleichtern das Warten auf Rettung oder die Selbsthilfe. Folgendes ist dabei zu beachten:

- Der Sportler nimmt die Rückenlage ein.
- Die Arme sind vom Körper abgespreizt, die Beine werden leicht gegrätscht.
- Der Kopf liegt im Wasser.
- Kontrollierte Atmung. Damit der Körper viel Auftrieb erhält, wird die eingeatmete Luft länger behalten und die Zeitdauer der Ausatmung möglichst kurz gehalten.

Krampfbeseitigung

Während des Schwimmens treten häufig Muskelkrämpfe auf. Sie können zu einer ernsthaften Gefahr für den Schwimmer werden. Hauptsächlich betroffen sein können die Fuß-, die Waden- und die Oberschenkelmuskulatur. Folgende Schritte führen zum Lösen des Muskelkrampfes:

1. Einatmen, Kopf liegt im Wasser und schweben. Atemvorgang danach kontrolliert ausführen.
2. Den verkrampften Muskel passiv dehnen, also in die Länge ziehen; z. B. beim Wadenkrampf die Fußspitze mit beiden Händen fassen und zum Schienbein ziehen.
   Beim Krampf auf der Vorderseite des Oberschenkels den Unterschenkel an das Gesäß ziehen und dabei das Hüftgelenk strecken.
3. Wenn der Krampf gelöst werden konnte, nur mit leichten Bewegungen die betroffene Muskulatur belasten.

Bei allen Notsituationen im Wasser macht der Athlet durch Heben der Hand Retter und andere Schwimmer auf seine Probleme aufmerksam.

> Bei Gefahrensituationen im Wasser gilt es, vor allem Ruhe zu bewahren. Die Entscheidungen über die nächsten Handlungen fallen dann überlegter aus.

Radtraining

Während eine gute Schwimmleistung die Ausgangsposition für die weiteren Teildisziplinen sichert, kommt es beim Radfahren darauf an, diese Position zu halten und auszubauen. Der Radsport beansprucht die längste Teilzeit im Triathlon. Wer sich im Training gute Voraussetzungen für diese Teilstrecke schafft, hat große Chancen, ein achtbares Gesamtergebnis zu erzielen.

Vervollkommnung der Radtechnik

Radeln ist eine Fertigkeit, die inzwischen jeder vom Kindesalter an beherrscht. Es besteht aber ein großer Unterschied zwischen der Brauchform Radfahren und dem Radsport mit einem Rennrad in hohen Geschwindigkeitsbereichen. Für den Triathlon bedeutet das, auch die Bewegungstechnik immer wieder zu kontrollieren und zu verbessern.

Schwerpunkte beim Techniktraining sind
– „der runde Tritt",
– schnelle Abfahrten und
– die verschiedenen Techniken beim Bergauffahren.

Das Techniktraining kann beim Radsport ideal mit der Verbesserung der konditionellen Fähigkeiten verbunden werden. Ein gesondertes Techniktraining wie bei anderen Sportarten oder beim Schwimmen ist daher nicht nötig.

Der Athlet sollte aber ständig daran arbeiten, seine Tretbewegung zu ökonomisieren und die Grundtechniken zu verbessern.

Das geschieht durch Selbstbeobachtung, theoretische Beschäftigung mit der Radtechnik, der Aerodynamik und der Biomechanik des Radfahrens sowie durch gegenseitige Beobachtung und Korrektur beim Training.

Leistungsverbesserung im Radfahren

Hohe Leistungen im Radfahren sind das Ergebnis von vielen Kilometern Training im Jahresverlauf. Der Trainingsumfang pro Jahr ist die wichigste Voraussetzung für Leistungssteigerung und Spitzenleistungen. Im Spitzensport bedeutet das zur Zeit 12 000 km im Jahr Radtraining. In welcher Stückelung dieses Radtraining erfolgt, ist eine andere Sache. Wichtig hierfür ist natürlich die Wettkampfabsicht des Athleten. Es ist schon ein Unterschied, ob der Sportler sich für den Kurztriathlon oder für Langtriathlons vorbereitet.

Eine Regel gilt aber für jeden:

> **Mehr Trainingseinheiten und weniger überlange Distanzen.**

Überlange Distanzen haben lange Erholungspausen zur Folge und erschweren dadurch die Anpassungsvorgänge. Überlange Distanzen liegen immer dann vor, wenn der Sportler nach einer Trainingseinheit noch am nächsten Tag Ermüdungserscheinungen hat (starken Muskelkater, erhöhte Pulsfrequenz).
Natürlich müssen auch überlange Distanzen trainiert werden – das ist schon nötig zur Verbesserung des Fettstoffwechsels – der Einbau in das Gesamttraining muß jedoch maßvoll erfolgen.
Die *zweite Regel:*

> **Große Übersetzungen bedeuten Substanzverlust. Reduzierte Übersetzungen und schnelleres Kurbeln bringen mehr Trainingsgewinn.**

Diese Regel gilt besonders für den Anfang der Saison, wenn es darauf ankommt, das Pedalieren zu ökonomisieren.

„Schweres Treten" wird dem speziellen Krafttraining der Beinmuskulatur zugeordnet. Hierfür werden spezielle Trainingseinheiten geplant (z.B. Training auf der Rolle, Bergauffahrten).
Dritte Regel:

> **Hoher Leistungszuwachs entsteht durch abwechslungsreiches und variantenreiches Training.**

Das bedeutet Wechsel von Belastung und Erholung sowie von Umfangs-, Kraft- und Schnelligkeitstraining.

Verbesserung der aeroben Kapazität

Diese vorrangige Aufgabenstellung des Radtrainings wird vorwiegend mit Formen aus dem Bereich des Dauertrainings und des extensiven Intervalltrainings erreicht.
Straßentraining wird in der Praxis bevorzugt. Gleichbleibendes, zügiges und nicht zu intensiv gefahrenes Tempo sorgt für die notwendige Anpassung. Die Trainingsbelastung liegt bei

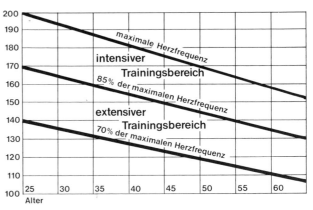

Abb. Herzfrequenz in Abhängigkeit vom Alter

94

ungefähr 80 Prozent der maximalen Leistungsfähigkeit.

Wer die Höhe der Trainingsbelastung über die Herzfrequenz steuern will, sollte seine maximale Herzfrequenz kennen. Diese ist vom Alter abhängig. Die Grafik (Abb. 20) verdeutlicht den wirksamen Trainingsbereich beim Radtraining, der zwischen 70 Prozent und 85 Prozent der maximalen Herzfrequenz liegen sollte. Die Herzfrequenz ist mit einer „Pulsuhr" sehr leicht zu messen. Der *Umfang* des Dauertrainings kann wie beim Schwimmen zeit- oder streckenorientiert sein. Trainingswirkungen im Sinne der Langzeitausdauer stellen sich ein, wenn das Training über 1,5 Stunden oder mindestens 50 km ausgedehnt wird. Verbesserungen der aeroben Kapazität sind beim wenig Trainierten jedoch schon bei wesentlich kürzeren Strecken zu erwarten.

Stunde um Stunde auf dem Bike

Kraft und Schnelligkeit auf dem Rad

Ausdauer und Kraft bedingen einander, denn Kraft hat nur der Muskel, der ordentlich ausgeprägt ist, und diese Muskulatur ist auch Voraussetzung für Dauerleistungen. Den sehr vordergründig aufgebauten Muskeln der Bodybuilder soll damit nicht das Wort geredet werden, ideal ist ein trainierter Muskel, der nur leicht hypertrophiert ist, dessen Funktion aber ökonomisiert ist.

Für den Erfolg auf der Raddistanz ist deshalb auch ein bestimmtes Maß an Kraft und Kraftausdauertraining mitverantwortlich.

Das Training der Bahnradsportler ist hierfür Vorbild.

Als **Methoden** eignen sich die Wechselmethode und das Fahrtspiel aus der Gruppe der Dauermethoden (Tabelle 16).

Tabelle 16 Beispiel für den Einsatz der Wechselmethode und des Fahrtspiels im Radtraining

Methode	1. Beispiel	2. Beispiel
Fahrtspiel (Belastungsphase: 80%)	Gesamtstrecke: 50 km. Das Tempo wird entsprechend dem Befinden auf 95% der max. Leistung gesteigert und dann wieder zurückgenommen. Wechsel erfolgt 15- bis 20mal.	Im bergigen Gelände werden die Steigungen mit einem deutlich höheren Anstrengungsgrad genommen (höhere Belastungszeit, mindestens 3–5 Minuten pro Steigung).
Wechselmethode (Belastungsphase: 85%)	– 20 min Einfahren, geringe Anstrengung – 10× Wechsel der Belastung auf flacher Strecke. 10× 800 m (1-2 min.) schnell 10× 800 m (2 min.) Regeneration – 15 min. langsames Ausfahren.	– 20 min Einfahren – 5× schnell bergauf treten mit kleinem Kettenblatt ca. 4 min. = 1,5 km, danach 5× Abfahrt ohne Belastung; 20 min. Ausfahren

95

Im Unterschied zur Dauermethode ist der Anstrengungsgrad in der Belastungsphase wesentlich höher (90 bis 95%). Dafür sinkt der Anstrengungsgrad in der Pause gegen Null, so daß innerhalb von 1 bis 2 Minuten fast der Ausgangspuls (unvollständige Erholung) erreicht ist.

Für den Triathleten werden Mittelzeit- und Langzeitintervalle empfohlen, also z.B.

Mittelzeitintervalle:
8 × 10 min; HF: 175 Schläge/min, dazwischen 2 min locker dahinrollen

Langzeitintervalle:
4 × 15 min; HF: 170 Schläge/min, dazwischen 3–4 min rollen

Ideale Möglichkeiten für diese Formen des Trainings bietet das Training mit dem Mountainbike. Im Gelände sind die natürlichen Voraussetzungen für einen häufigen und auch planmäßigen Wechsel von Anstiegen und Abfahrten besser gegeben als beim Straßentraining. Straßen sind eben für Autos gebaut und genügen nur zufällig Trainingsbedürfnissen von Triathleten.

Wintertraining

Eine gute Leistung im Radfahren verlangt ganzjähriges Training. In den Wintermonaten ist das wohl nur auf dem Hometrainer oder der Rolle möglich. Auf beiden Geräten sind Kraft-, Schnelligkeit- und auch Ausdauerserien relativ einfach zu trainieren. Hierfür einige Beispiele:

Beispiel 1 (Dauertraining):
10 min Einfahren (leichter Gang)
5 × 3 min mit mittlerem Gang
3 × 2 min mit schwerem Gang
2 × 6 min mit leichtem Gang
5 min Ausfahren (leichter Gang)
(Zwischen den Belastungsphasen 1 min rollen)

Beispiel 2 (Intervalltraining):
10 min Einfahren
1. Serie: 8 × 1 min schwerer Gang, dazwischen jeweils 30 s Pause
2. Serie: 4 × 2 min mittlerer Gang, aber hohe Frequenz (dazwischen jeweils 30 s Pause)
3. Serie: 2 × 5 min mittlerer Gang, dazwischen rollen
10 min Ausfahren.

Andere Zusammenstellungen sind entsprechend der Zielstellung vorzunehmen. Schwierig sind allerdings lange Dauerbelastungen, weil sie bei den Athleten meist Abneigung wegen der Monotonie hervorrufen.

Lauftraining

Laufen im Triathlon bedeutet Finalkampf unter Ausnutzung der restlichen Kondition. Lauftraining für Triathleten heißt jedoch nicht nur: Anpassung an die Belastungsanforderungen dieser letzten Strecke, sondern auch Erschließung von Leistungsreserven im aeroben und auch anaeroben Bereich. Damit werden durch Lauftraining Trainingsziele erfüllt, die auch für die anderen Disziplinen von Vorteil sind. Lauftraining hat für den Triathleten eine übergreifende Funktion.

Vervollkommnung der Lauftechnik

Es wäre falsch, sich im Lauftraining ausschließlich auf die Verbesserung konditioneller Fähigkeiten zu orientieren. Bei vielen Triathleten ist die Lauftechnik mit Mängeln behaftet. In der Leichtathletik hat sich das Lauf-Abc zur Erarbeitung eines technisch richtigen Laufs bewährt. Die Übungen des Lauf-Abc konzentrieren sich auf einzelne Phasen der Lauftechnik. Entsprechend der Fehlerstruktur können bestimmte Übungen aus der Reihe der Grundübungen im Lauftraining eingesetzt werden.

Grundübungen

1. Traben (Erfassen der Gesamtbewegung)
Beginnen aus der Ballendruckstellung, Lauf auf dem Fußballen und elastisches Abfangen des Körpers, Bodenfreiheit der Ferse.

2. Anfersen (Schulung der hinteren Schwungphase, Unterschenkel pendelt hoch bis zum Gesäß)
Bewußtes lockeres Hochschlagen des Unterschenkels, Ferse an das Gesäß. Nach dem Anfersen fällt der Unterschenkel entspannt nach unten.

3. Steigerungslauf aus dem Anfersen mit Übergang zur betonten Kniehubphase (Entwicklung des Schwunglaufs)
Allmählich Kniehub vergrößern, Entwickeln des Vorpendelns des Unterschenkels, greifender Fußaufsatz.

4. Tempolauf aus dem Anfersen (mittleres Tempo)
(Entwicklung der technischen Elemente in der Gesamtbewegung)
Betontes Anfersen und anschließender Kniehub, schneller Vorschwung des stark gebeugten Beines, greifender Fußaufsatz, Bodenfreiheit der Ferse beachten.

5. Steigerungslauf bis zur höchstmöglichen Geschwindigkeit (Entwicklung der Lauftechnik bei erhöhter Geschwindigkeit)
Auf Lockerheit auch bei großer Kraftanstrengung achten. Tempo bis zur Höchstgeschwindigkeit steigern, danach auslaufen. Treten durch den hohen Krafteinsatz Fehler auf, wird das Tempo vermindert.

6. Fußgelenkarbeit (Schulung des Koordinationsvermögens, Kräftigung der Fuß- und Wadenmuskulatur)
Bei der Fußgelenkarbeit rollt zunächst der Fuß vom Ballen zur Ferse hin ab, woran sich eine gegenläufige Fußbewegung bis zur Streckung des Fußgelenks anschließt, die einen Schritt einleitet mit sehr wenig Raumgewinn und geringem Kniehub. Der Fuß wird unmittelbar nach der Fußstreckung wieder aufgesetzt, wobei das Absenken der Ferse erneut zur Streckung des Kniegelenks führt.

7. Kniehebelauf
Lauf mit kräftigem Kniehub (Schwungbein bis zur Waagerechten), mittlerer Bewegungsfrequenz und normaler Schrittlänge bei leichter Körpervorlage.

8. Skipping (besondere Ausführung des Kniehebelaufs mit mittlerem Kniehub und hoher Frequenz)
Betontes Kniehebèn mit wenig Raumgewinn und hoher Schrittfrequenz. Wichtig sind die völlige Streckung des Abdruckbeines und eine leichte Körpervorlage sowie Unterstützung der Arme.

9. Hopserlauf
Sprungfolge, bei der Abdruck und Landung auf demselben Bein erfolgen. Der Schwungbeineinsatz erfolgt bis zur waagerechten Haltung des Oberschenkels. Die Arme unterstützen dabei.

Dauerlauftraining – aerob und anaerob

Trainingsgrundsätze

• Im Grundlagentraining herrscht das vielseitige konditionelle und koordinative Training vor (Waldläufe, Orientierungsläufe, Crossläufe, Spiele, technische Disziplinen).
• Die Lauftechnik sollte in allen Phasen des

Trainingsaufbaus eine Rolle spielen (Fußarbeit, Verbesserung der Körperhaltung, Armarbeit).

• Bei den Athleten muß erst ein gutes Niveau der aeroben Leistungsfähigkeit bestehen, bevor mit entsprechenden Trainingsmethoden (Intervallmethode, Wiederholungsmethode) die anaerobe Leistungsfähigkeit geschult wird.

• Neben der Schulung der Ausdauerfähigkeit müssen durch Lockerungs-, Dehnungs- und Kräftigungsübungen die Beweglichkeit und die Kraftausdauer entwickelt werden.

• Insbesondere für den Kurztriathlon sollte durch entsprechende Übungen (Sprints, Steigerungsläufe, Spiele) die Schnelligkeit erhalten und gefördert werden.

Trainingsmittel zur Vervollkommnung der aeroben Ausdauer

Dauerlauf. Jede Belastung sollte mindestens 30 Minuten anhalten. Die Dauer des Lauftrainings kann bis zu zwei Stunden ausgedehnt werden. Die Belastung liegt im mittleren Bereich (Pulsfrequenz: 140 bis 160 Schläge/min). Das Tempo ist gleichmäßig.
Fahrtspiel. Typisch für diese Form des Dauerlaufs ist der Wechsel des Lauftempos. Der Läufer „spielt" mit dem Tempo (der „Fahrt"). Er entscheidet selbst, wann er das Tempo beschleunigt. Kurzzeitig gelangt er in Phasen der anaeroben Energiegewinnung.
Crosslauf. Die unterschiedlichen Schwierigkeiten des Geländes (Belag der Strecke, Steigungen und Gefälle, Hindernisse) bringen einen häufigen Wechsel der Belastung mit sich.
All diese Läufe werden mit mittlerer Intensität, also 80 bis 90 Prozent, absolviert. Die Länge richtet sich nach der Wettkampflänge. Während „Kurztriathleten" häufig „Überdi-

stanzen" laufen sollen, ist bei der Vorbereitung auf die Langdistanz nur in Ausnahmefällen eine Streckenlänge über 30 km zu empfehlen. Diese Trainingsformen aus dem Dauerleistungsbereich werden in der Übergangsperiode, in der ersten Etappe der Vorbereitungsperiode und nach Wettkämpfen angewendet. Aerobes Dauerlauftraining, betont langsam ausgeführt, ist auch eine Form der Regeneration nach intensiven Trainingsabschnitten oder besonders anstrengenden Wettkämpfen.

Trainingsformen zur Vervollkommnung der anaeroben Leistungsfähigkeit

Die Belastung erfolgt nach den Methoden der extensiven Intervallarbeit. Dem entsprechen Serien von kurzen und mittleren Tempoläufen. Dabei sind folgende *Belastungsmerkmale* gültig:
• Die Läufe werden mit 70 bis 85 Prozent der Maximalleistung auf der entsprechenden Tempolaufstrecke durchgeführt.
• Nur mehrere Wiederholungen bringen eine Anpassung im anaeroben Leistungsbereich (> 4 mmol/l).
• Die Pausen zwischen den Tempoläufen werden mit langsamem Traben ausgefüllt. Ihre Länge richtet sich nach der Leistungsfähigkeit des Athleten und nach der Länge des Tempolaufes. Im Mittel wird mit einer Pause von 30 Sekunden gerechnet.
Als Trainingsmittel haben sich für Triathleten folgende Streckenlängen und Wiederholungen bewährt:

Beispiel 1:
20 Minuten langsames Einlaufen
9×800 m mit ansteigendem Tempo bis zur 5. Wiederholung, danach wieder fallend

(80% – 85% – 90% – 95% – 100% – 95% – 90% – 85% – 80%)
Pausen: 60 bis 120 Sekunden traben und gehen
15 Minuten Auslaufen

Beispiel 2:
20 Minuten Einlaufen und Lauf-Abc
Serie: 200 m – 400 m – 800 m (3×)
Tempo: 95%
Pausenlänge: 30 Sekunden
20 Minuten langsamer Geländelauf

Beispiel 3:
15 Minuten Einlaufen
10- bis 15× Berganlauf (ca. 400 m bei 30 m Höhenunterschied), dazwischen langsames Bergablaufen
20 Minuten Dauerlauf

Trainingsformen zur Verbesserung der anaeroben Leistungsfähigkeit werden weit weniger häufig eingesetzt als Dauertrainingsmethoden. Für die Vorbereitung auf den Langtriathlon entfallen sie vollständig. Ihr Einsatz sollte mit Vorsicht geschehen und nur mit ausreichend erwärmter Muskulatur, denn Kurz- und Mittelstreckenbelastungen nahe an der maximalen Leistung können leicht Verletzungen (Zerrungen, Muskelfaserrisse) zur Folge haben. Spezielle Dehnprogramme für Läufer helfen, diese Gefahren zu verringern.

Dehnübungen

Laufgymnastik ist auch für den Triathleten wichtig, sie verhindert Muskelverkürzungen und hilft damit, die volle Beweglichkeit der Gelenke zu erhalten. Als Dehnungstechnik wird die Dauerdehnung empfohlen. Die uns aus der Vergangenheit wohlvertraute federnde Dehnung ist weniger wirksam, denn die relativ starken Zugbewegungen lösen eine Gegenreaktion der Muskulatur aus, die ihre dauerhafte Dehnung verhindert.

Dehnübungen während des Lauftrainings erfolgen am besten nach einer kurzen Erwärmung und am Ende der Trainingseinheit. Weil das Dehnprogramm meist im Freien ausgeführt wird, empfehlen sich einfache Übungen, die im Stehen und ohne Geräte durchgeführt werden können. Es werden vor allem solche Übungen vorgeschlagen, die geeignet sind, typische Muskelverkürzungen bei Läufern auszuschließen.

1. Rumpftiefbeugen
Den Oberkörper einfach nach vorn beugen. Die Arme hängen herunter. In der tiefsten Stellung einige Sekunden verharren. 2- bis 3× wiederholen (Abb. 21).

Abb. 21

2. Knie zur Brust

Rechtes und linkes Knie im Wechsel an den Oberkörper heranziehen – im Stand, im Sitz (Abb. 22), oder im Liegen, Rücken dabei runden (jedes Bein 2- bis 3×).

Beide Übungen dehnen die langen Rückenstrecker, die hintere Oberschenkelmuskulatur und auch die Wadenmuskeln, die durch das häufige Sitzen zur Verkürzung neigen und auch beim Laufen nie gedehnt werden. Athleten mit Bandscheibenschäden sollten auf diese Übung verzichten.

Abb. 23

Abb. 22

3. Rumpfseitbeugen

Der Arm der gedehnten Seite ist locker über den Kopf geführt. Rumpfseitbeugen, bis eine angenehme Spannung in der seitlichen Hüft- und schrägen Bauchmuskulatur verspürt wird.

Der Körper darf dabei nicht verdreht werden (Abb. 23).

Mit dieser Übung wird die seitliche Rumpf- und schräge Bauchmuskulatur gedehnt.

4. Ferse ans Gesäß

Der Übende umfaßt den Fuß und zieht ihn an das Gesäß. Bei Übungsausführung im Stand mit der freien Hand zum Gleichgewichtserhalt abstützen (Abb. 24). Übung mehrfach wiederholen.

Die vordere Oberschenkelmuskulatur ist beim Laufen besonders beansprucht und neigt deshalb zur Verkürzung. Ihre anschließende Dehnung ist notwendig.

Abb. 24

5. Ausfallschritt seitwärts

Die Übung beginnt im weiten Seitgrätschstand. Dabei steht der Fuß auf der gedehnten Seite in Längsrichtung, auf der anderen Seite wird der Fuß nach außen gedreht. Nun wird das Knie so weit gebeugt, bis es über den nach außen gestreckten Zehen steht. In dieser Stellung merkt man den Dehneffekt, wenn beide Fußsohlen voll auf dem Boden stehen. Wiederholung nach der anderen Seite (Abb. 25).

Mit dieser Übung werden die Adduktoren gedehnt. Diese Muskeln sind wesentlich für die Lauftechnik verantwortlich.

Abb. 25

6. Wadenstretch

Der Übende stützt sich im Schrägstand an einem Baum (einer Wand) ab. Der Körper bildet von Kopf bis Fuß eine Gerade. Nun wird versucht, die Fersen abwechselnd oder gleichzeitig so weit wie möglich nach unten zu

Abb. 26

101

drücken. Damit entsteht eine Spannung, die deutlich in der Wade und in der Kniekehle zu verspüren ist. Jede Wade wird sehr langsam 5- bis 8× gedehnt (Abb. 26).

Die Wadenmuskulatur ist durch modernes Schuhwerk häufig verkürzt. Das kann zu Problemen vor allem im Achillessehnenbereich führen. Dehnung ist hier besonders wichtig.

Das Übungsprogramm ist in 5 Minuten erledigt. Der Sportler sollte sich diese Zeit nehmen, denn er verbessert damit seine Lauftechnik und schützt sich vor Verletzungen.

Krafttraining für Triathleten

Triathlon gilt als eine Ausdauersportart, und dennoch reicht diese Charakterisierung nicht aus, denn die Fähigkeit Ausdauer allein genügt nicht, um im Triathlon Erfolg zu haben. Auch der häufig gebrauchte Vergleich mit dem Marathonlauf ist nur bedingt richtig. Beide Sportarten gleichen sich nur im Hinblick auf die Belastungsdauer; in vielen Belangen ist die Leistungsstruktur jedoch unterschiedlich. Das ergibt sich aus der Kombination von drei Sportarten. Die „Armsportart" Schwimmen verlangt auch im Langstreckenbereich eine viel stärkere Ausprägung der Kraftanteile der Muskulatur als der Marathon, während es dem Marathonläufer genügt, wenn die Muskulatur des Oberkörpers die Halte- und Stützfunktion erfüllt. Eine stark entwickelte Oberkörpermuskulatur bringt ihm sogar Nachteile, muß er diese Zusatzlast doch 42 km mitschleppen. Auch das Radfahren erfordert für die Beine eine kraftorientierte Ausprägung der Muskulatur, um für den Wettkampf Reserven zu haben, die besonders bei Anstiegen oder Überholmanövern gebraucht werden.

Beim Triathlon kommt es also auch darauf an, bestimmte Muskelgruppen entsprechend den Wettkampfanforderungen im Sinne der Kraftentwicklung auszubilden. Diese spezielle Leistungsfähigkeit der Triathlon-Arbeitsmuskulatur bedarf des gezielten Krafttrainings. Kraft- und Ausdauertraining müssen sich ergänzen. Die Kunst des Trainings besteht darin, beide Fähigkeiten entsprechend den Wettkampfanforderungen zu optimieren.

Das Krafttraining muß sich deshalb bei der Auswahl der Trainingsmethoden und der einzelnen Übungen streng an den Wettkampfanforderungen und selbstverständlich an gesundheitlichen Aspekten orientieren.

Übungsvorschläge und Programme

Für den Triathleten hat das Krafttraining zwei Hauptaufgaben, nämlich

1. das gesamte Muskelkorsett des Sportlers zu verbessern und zu straffen und
2. die triathlonspezifische Muskulatur so auszubilden, daß sie zu optimalen Leistungen im Wettkampf fähig ist.

Welche Muskeln das sind, geht aus Tabelle 17 hervor.

Die in der Tabelle 18 zusammengestellten Übungen sind so ausgewählt, daß sie bereits mit einem minimalen Aufwand an Geräten ausgeführt werden können. Empfohlen werden
- eine Kraftbank,
- eine Langhantel und
- zwei Kurzhanteln.

Diese Geräte können ohne viel Platzaufwand in der Wohnung oder im Keller untergebracht und genutzt werden.

102

Tabelle 17   Die für die Triathlonleistung wesentlichsten Muskeln

Muskel	Tätigkeit	Sportliche Bewegung	Muskel	Tätigkeit	Sportliche Bewegung
1. Rumpfmuskeln			**4. Schulter- und Armmuskulatur**		
Großer und kleiner Brustmuskel	Beide Muskeln ziehen den Arm an die Brust und nach vorn	Armbewegung beim Schwimmen	Deltamuskel	Hebt den Arm	Vorführen der Arme zum Armzug
Seitlicher Sägemuskel	Bewegt die Schulter nach vorn, wirkt beim Heben des Armes über die Waagerechte mit	Vorbringen der Arme beim Schwimmen	Zweiköpfiger Armbeuger (Bizeps)	Beugen des Armes im Ellbogengelenk	Bei allen sportlichen Armbewegungen
			Dreiköpfiger Armbeuger (Triceps)	Strecken des Armes im Ellbogengelenk	Bei allen sportlichen Armbewegungen; Gegenspieler zum Bizeps
2. Bauchmuskeln			**5. Hüft- und Beinmuskulatur**		
Gerader Bauchmuskel	Beugt den Oberkörper nach vorn; Bauchpresse	Widerlager für die Bein- und Hüftmuskeln bei Radkurbeln oder Schwimm-Beinschlag	Lenden-Darmbeinmuskel (Iliopsoas)	Beugen im Hüftgelenk	Radkurbeln, Beinbewegung beim Brustschwimmen, Beinhub beim Laufen
Schräger Bauchmuskel Querer Bauchmuskel	Rumpfbeugen, Rumpfstreckungen, Bauchpresse	wie oben	Großer Gesäßmuskel	Streckung im Hüftgelenk	Radkurbeln, Beinbewegung beim Schwimmen (Gegenspieler zum Iliopsoas)
Zwerchfell	Atemmuskel	tiefe Atmung bei allen Sportarten			
Rückenmuskeln			Oberschenkelanzieher (Adduktoren)	Zieht den Oberschenkel nach innen	Brustschwimmen (Grätsche); Ausgleich beim Laufen
Kapuzenmuskel	Heben der Schulter und des Armes, Senken und Zurückziehen der Schulter	Unterstützung des Armzuges beim Schwimmen; Stützen der Arme auf dem Radlenker	Vierköpfiger Oberschenkelmuskel (Quadrizeps)	Streckt das Knie	Unterstützung beim Radkurbeln, Laufbewegung, Kraul-Beinschlag
Breiter Rückenmuskel	Zieht den erhobenen Arm nach unten	Armzug beim Schwimmen	Kniebeuger (mehrere Muskeln)	Beugen das Knie	wie oben, Gegenspieler zum Quadrizeps
Rückenstrecker	Halten die Wirbelsäulen aufrecht und stabilisieren sie	Widerlager für viele Muskeln, die am Rumpf angreifen. Wichtig für alle Sportarten	Vorderer Schienbein-Muskel	Anziehen des Fußes	Beinbewegung beim Brustschwimmen, Unterstützung beim Radkurbeln
			Wadenmuskeln (mehrere Muskeln)	Strecken des Fußes	Abdruck beim Laufen, Radkurbeln, Fußarbeit beim Kraulschwimmen

Tabelle 18   Übungen für das Krafttraining

Übungsbeschreibung	Programm
1. Funktionsgruppe Brustmuskulatur	
In Rückenlage auf einer Bank oder einem Kasten die senkrecht gestreckten Arme nach hinten über den Kopf führen bis zur waagerechten Position und wieder zurück	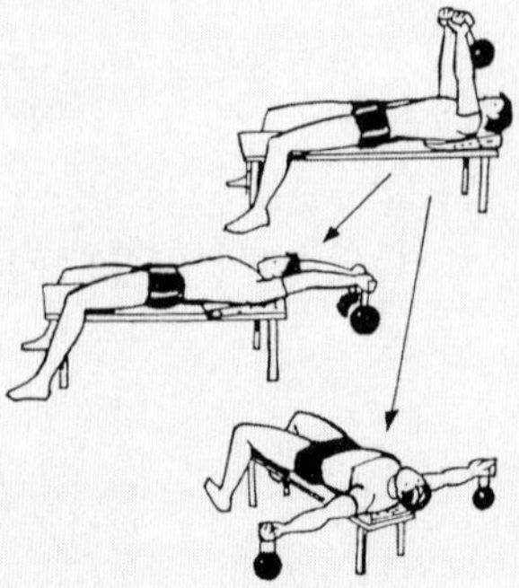 A

Abb. 27

Gleichzeitiges Seitführen der Arme von der senkrechten bis zur waagerechten Armhaltung und zurück	C
2. Funktionsgruppe Bauchmuskulatur	
Rumpfaufrichten aus der Rückenlage	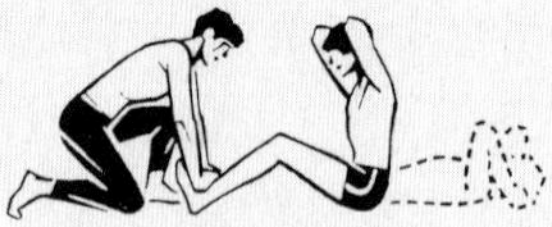 A

Abb. 28

Heben der gestreckten Beine im Schwebesitz; 10 Sekunden halten	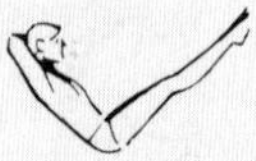 B

Abb. 29

Beinkreisen im Hang an der Sprossenwand	 C

Abb. 30

3. Funktionsgruppe Rückenmuskeln	
Rumpfaufrichten mit Zusatzlast Die Hantel wird allein durch die Arbeit der Rückenstrecker angehoben	 A

Abb. 31

Übungsbeschreibung	Programm

Rückenstrecker
Bauchlage auf einem Turnkasten oder einer Kraftbank (Variante: Barrenholm); Aufrichten bis zur Waagerechten

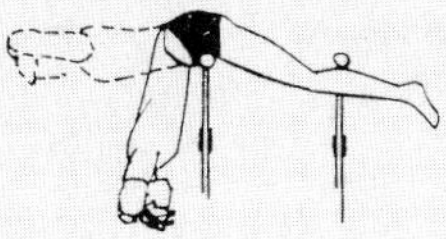
Abb. 32

B

Rumpfkreisen aus der Bauchlage. Die Füße sind fixiert. Kopf und Oberkörper werden leicht angehoben und führen kreisende Bewegungen aus

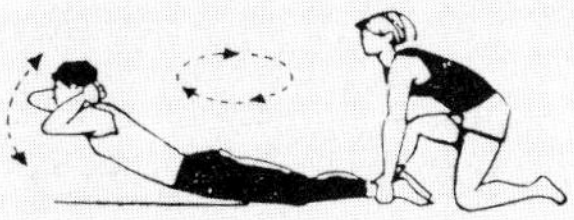
Abb. 33

C

4. Übungen für die Schulter- und Armmuskulatur

4.1 Funktionsgruppe Schultermuskeln

Hochführen und Senken der gestreckten Arme

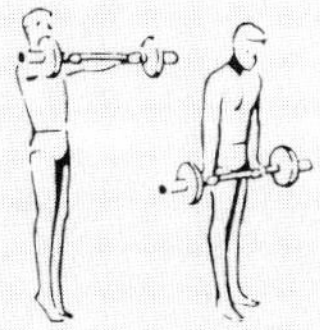
Abb. 34

A

Gestreckte Arme im Winkelstand seitlich bis zur Senkrechten hochheben und wieder senken

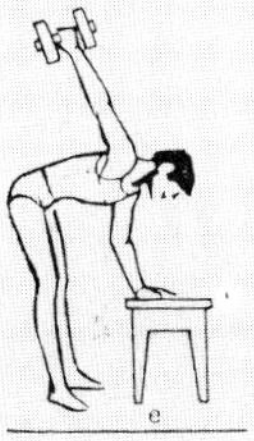
Bild 35

B

4.2 Funktionsgruppe Bizeps

Beidarmiges Armbeugen (Curl) vor dem Körper (Hantel im Kammgriff)

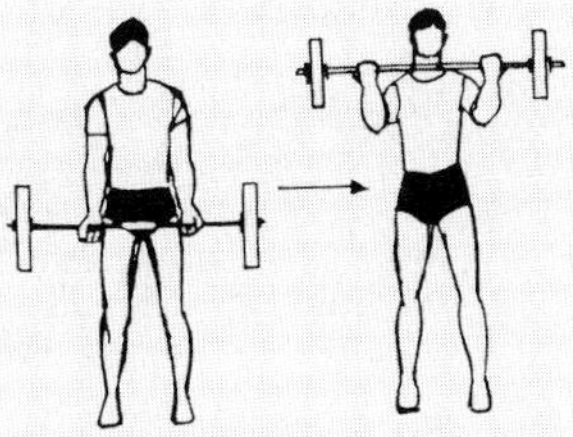
Abb. 36

B

Bankdrücken

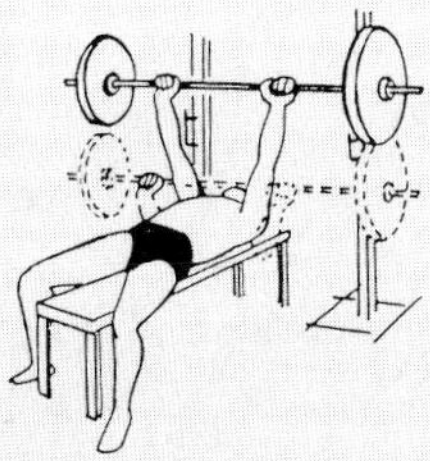
Abb. 37

C

4.3 Funktionsgruppe Trizeps

Hantel aus der Hochstrecke
hinter dem Kopf ablassen und
wieder nach oben führen

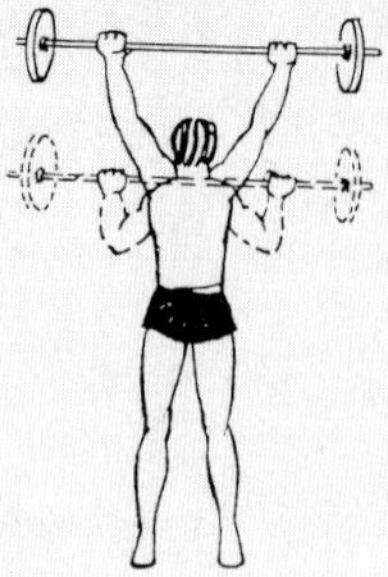

A

Abb. 38

In Rückenlage auf einer Bank
wird eine Übungshantel im
schulterbreiten Griff über den
Kopf nach hinten-unten geführt
und wieder in Richtung Schlüssel-
bein zurückgebracht

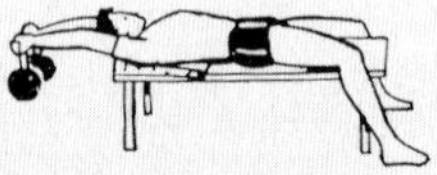

B

Abb. 39

Treppensteigen mit den Händen.
Ein Hocker wird mit den
Händen abwechselnd bestiegen

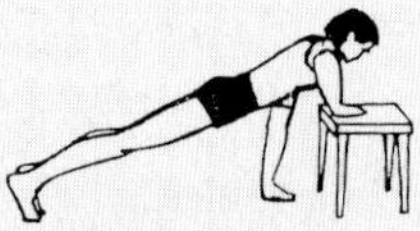

C

Abb. 40

5. Funktionsgruppe Hüftmuskulatur und die Adduktoren

Im Schwebesitz „radfahren" –
zuerst vorwärts, dann rückwärts

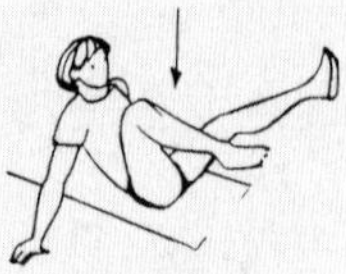

A

Abb. 41

Im Hang (an der Sprossen-
wand) abwechselndes Hoch-
führen des annähernd
gestreckten Beines in die
Waagerechte

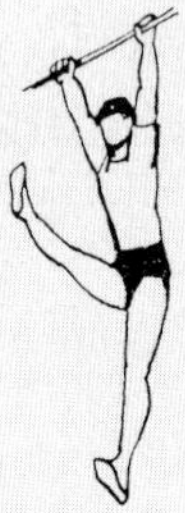

B

Abb. 42

Seitabspreizen eines Beines
und Zurückführen. Danach
Beinwechsel (Zusatzgewichte
möglich)

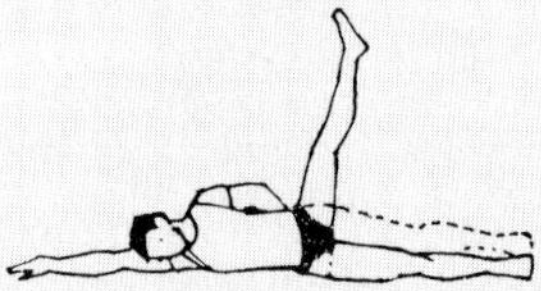

C

Abb. 43

Übungsbeschreibung			Programm
6. Funktionsgruppe Gesäßmuskulatur			
In der Bauchlage Rückhochführen der gestreckten Beine mit gleichzeitigem Anheben eines Armes	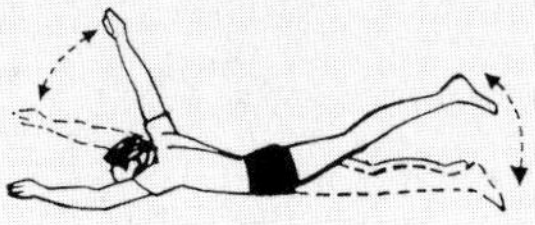	Abb. 44	A
Anheben beider Beine in Bauchlage auf dem Kasten	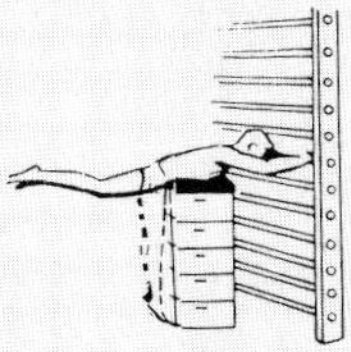	Abb. 46	B
7. Funktionsgruppe Beinmuskulatur			
Beugen und Strecken der Knie. Hantel wird dabei hinter dem Körper gehalten (schulterbreiter Griff, flacher Rücken)	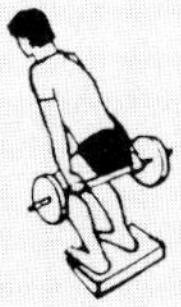	Abb. 46	A
„Halbe“ Kniebeugen mit Übungshantel im Nacken	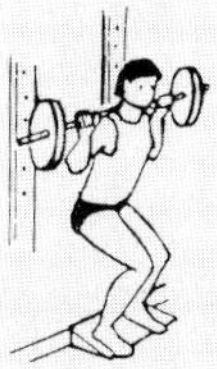	Abb. 47	B
Ausgangsposition: Mit den Zehenspitzen auf eine erhöhte Unterlage stellen; Fersen so weit wie möglich senken. Danach in maximalen Zehenstand gehen (mit Zusatzgewicht möglich).	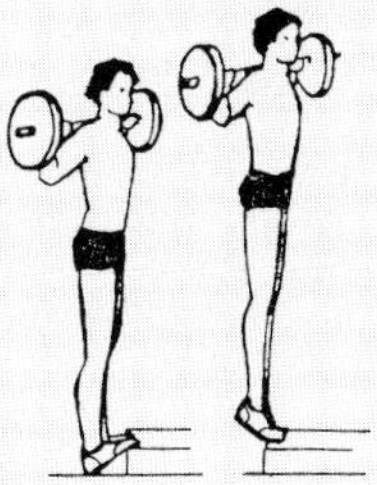	Abb. 48	C

Von der Übungssammlung zum Übungsprogramm

Die Kraftprogramme für Triathleten sind nach den Regeln der extensiven Intervallmethode zu organisieren. Das bedeutet:

- Jede Übung wird so oft wiederholt, bis sich leichte Muskelschmerzen einstellen. Das ist meist bei 50 Prozent der maximal möglichen Wiederholungszahl der Fall.
- Aus jeder Funktionsgruppe wird eine Übung ausgewählt. Die Übungen in der Gruppe haben unterschiedliche Schwierigkeitsgrade: Die A-Übungen sind am leichtesten, C-Übungen am schwersten.
- Alle Übungen werden ohne Hast, aber zügig ausgeführt.
- Die einzelnen Übungen werden ohne Pause aneinandergereiht (eine Serie).

- Am Anfang des Trainingsjahres wird eine Serie absolviert. Im Verlauf der Vorbereitungsperiode erhöht sich die Serienzahl auf 3 bis 5.
- Die Pause zwischen zwei Serien beträgt 60 bis 90 Sekunden.
- Nach etwa 10 bis 15 Übungseinheiten wird die Serie neu zusammengestellt. Zuerst werden die A-Übungen ausgewählt. Es folgen die B- und die C-Übungen aus den Funktionsgruppen.
- Kraftprogramme werden während des gesamten Jahres absolviert, allerdings besonders akzentuiert in der ersten Etappe der Vorbereitungsperiode. Die Anpassungsreize sind dann am sätrksten, wenn das Krafttraining wöchentlich drei- bis viermal stattfindet. Es kann davon ausgegangen werden, daß ein- bis zweimaliges Training pro Woche das Kraftniveau erhält und nur bei häufigerem Training ein Kraftzuwachs zu erwarten ist.

Rahmentrainingsplan für Hochleistungssportler (olympische Distanz)

Der folgende Rahmentrainingsplan sowie die Ausarbeitung der einzelnen Trainingsetappen wurde unter Mitarbeit des Sportwartes der DTU, Dr. Arndt Pfützner, und des DTU-Schwimmtrainers, Dr. Günter Ahlemann, gestaltet. Die Pläne sind Grundlage der Vorbereitung der deutschen Triathleten auf die Weltmeisterschaften 1993.

Ausgangspunkt aller Planungen ist die *internationale Leistungsentwicklung,* die durch folgende Fakten charakterisiert werden kann:

- Spezialisierung auf die olympische Distanz (1,5 km Schwimmen, 40 km Rad, 10 km Laufen),
- Zunahme der Leistungsdichte bei internationalen Wettkämpfen und Meisterschaften,
- professionelles Training unter Einbeziehung eines ganzjährigen Klima- und Höhentrainings,
- Erhöhung des Schwierigkeitsgrades der Wettkampfstrecken,
- Innovationen in der Wettkampfausrüstung, bei Trainingsmethoden und der Leistungsdiagnose sowie Trainingssteuerung.

Diese Entwicklung hat Auswirkungen auf das Nachwuchstraining, aber besonders auf die Spitzenathleten des Verbandes. Im einzelnen bedeutet das:

• Systematische Belastungssteigerung und damit Angleichung der Belastungsumfänge an andere Ausdauersportarten, die bereits seit langem im olympischen Programm enthalten

sind und professionelle, wissenschaftlich abgesicherte Trainingskonzepte haben (Tab. 19).

Tabelle 19 Belastungsumfänge in Ausdauersportarten (Männer)

Sportart	Jahres-umfang (km)	Geschwin-digkeit (km/h)	zeitliche Belastung (h)
Schwimmen	3 000	4	750
Radsport (Straße)	43 000	28	1 540
Lauf (Langstrecke)	8 000	14	570
Skilanglauf	11 000	14	790
Biathlon	9 000	14	640

Für Spitzenleistungen im Triathlon sind daraus die in Tabelle 20 genannten Belastungsgrößen abzuleiten.

Tabelle 20 Trainingsbelastungen im Triathlon (Prognose)

Disziplin	Trainings-umfang (km)	Geschwin-digkeit (km/h)	zeitliche Belastung (h)
Schwimmen	800	3	266
Rad	16 000	28	571
Lauf	4 000	13,5	296
Gesamt			1 133

- Verstärkte Ausnutzung triathlonspezifischer Trainingsmittel und stärkere Anpassung der Trainingsmethoden an die Besonderheiten der Sportart.
- Zielgerichtete akzentuierte Jahresperiodisierung, die auf die internationalen Meisterschaften ausgerichtet ist.
- Effektive Trainingssteuerung auf der Grundlage einer einheitlichen Leistungsdiagnostik.

Jahresaufbau des Hochleistungstrainings

Das Training gliedert sich in *drei Vorbereitungsperioden,* die jeweils in mehrere Etappen eingeteilt sind. Die *Wettkampfperiode* beginnt im Juni und endet mit den Weltmeisterschaften, die meist Ende August oder Anfang September stattfinden. Die *Übergangsperiode* mit ihren regenerativen Aufgaben liegt für Triathleten im Oktober und Anfang November.

Die Übersicht 2 hat prinzipiellen Charakter, sie soll einen Überblick über die Hauptaufgaben und die Systematik der Leistungsentwicklung geben.

Die Trainingskennziffern geben einen genaueren Überblick über die quantitative Verteilung des Trainings in den drei Sportarten auf die einzelnen Monate. Im folgenden Plan wird davon ausgegangen, daß der gesamte zeitliche

Übersicht 2   Jahresaufbau des Triathlontrainings (nach Pfützner)

Inhalt	Steigerung der psycho-physischen Belastungsforderungen →												
	Erhöhung der grundlegenden Leistungsvoraussetzungen		Erhöhung der speziellen Leistungsvoraussetzungen						Ausprägung der komplexen Wettkampfleistung			Stab.	
									Stabilisierung →				
			Stabilisierung →						DC DM EM				
Periode	VP I			VP II			VP III		Wettkampfperiode				ÜP
Etappe	1	2	3	4	5	6	7	8	9	10	11	12	13
Schwerpunkte	allgemeine			Schwimmen	Lauf	Rad	unspezif. Koppeltraining spezif.		WK Serie	UWV I	UWV II		
	Kraft Techn.	Motorik	Ausdauer										
Monat	Nov.	Dez.	Jan.	Febr.	März	April	Mai		Juni	Juli	Aug.	Sept.	Okt.

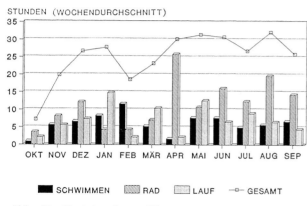

STUNDEN (WOCHENDURCHSCHNITT)

■ SCHWIMMEN ▨ RAD □ LAUF —□— GESAMT

Abb. 49 Trainingskennziffern
(Kader Kurztriathlon, Männer)

Trainingsaufwand bei knapp 1200 Stunden jährlich liegt. Diese Belastung ist nur dann zu schaffen, wenn der Athlet unter günstigen Förderbedingungen trainiert.
Die Sportarten-Säulen in der Abbildung 49 verraten allerdings nichts über die Gestaltung des Trainings. Diese Informationen können den detaillierten Planunterlagen entnommen werden.

Schwimmtraining (Hochleistungssport)

TRAININGSHÄUFIGKEIT
Normaler Wochenzyklus: 3- bis 4mal 60 bis 120 Minuten pro Woche
Schwerpunktwochen Schwimmen: 6- bis 10mal 90 bis 120 Minuten pro Woche

TRAININGSINHALTE
Vorbereitungsperiode I (VP I)

Gute Schwimmer: Verbesserung der Ausdauerleistungsfähigkeit mit Akzentuierung der Kraftausdauer (Trainingsmittel an Land und im Wasser). Aktivierung der Beweglichkeit im Schulterbereich und in den Fußgelenken.
Schwächere Schwimmer: Stabilisierung der Kraultechnik, Verbesserung der Ausdauerleistungsfähigkeit mit verschiedenen Trainingsmitteln. Erhöhung der allgemeinen Beweglichkeit.

Vorbereitungsperiode II (VP II)

Gute Schwimmer: Weitere Verbesserung der aeroben Kapazität bei Einbeziehung intensiver Trainingsmethoden aus dem Grundlagenausdauerbereich 2 (GA 2).
Schwächere Schwimmer: Beibehaltung des Techniktrainings im Kraulschwimmen. Mit verbesserter Technik Verlängerung der Teilstrecken und Erhöhung des Anteils des Grundlagenausdauertrainings. Akzentuierung des speziellen Beweglichkeitstrainings für Schwimmer.

Vorbereitungsperiode III (VP III)

Gute Schwimmer: Weitere Ausprägung der aeroben und anaeroben Kapazitäten. Neben überlangen Trainingsstrecken sollte die Wettkampfstreckenlänge mehr in das extensive Intervalltraining einbezogen werden. Gleichzeitig muß die Schnelligkeit mit Hilfe des intensiven Intervalltrainings und der Wiederholungsmethode erhöht werden. Beim Landtraining steht die Verbesserung der Beweglichkeit im Vordergrund. Das Kraftausdauertraining dient nur der Formerhaltung.

111

Schwächere Schwimmer: Mit weiterer Vervollkommnung der Kraultechnik kann das Grundlagenausdauertraining forciert werden (GA 1 und GA 2). Die Teilstreckenlängen im Grundlagen- und extensiven Intervalltraining werden der Wettkampfstrecke angenähert.

An Land kann das Techniktraining durch schwimmsportspezifische Kraftgeräte ergänzt werden. Das Beweglichkeitstraining bleibt Schwerpunkt.

Wettkampfperiode

Gute Schwimmer: In dieser Periode steht das Wettkampftraining mit langen und eventuell auch überlangen Strecken im Mittelpunkt. Der Anteil des Offenwasserschwimmens sollte erhöht werden. Auf ein regelmäßiges Schwimmtraining zwischen den Wettkämpfen darf nicht verzichtet werden. Der Schwerpunkt liegt dabei auf Stabilisierung der Leistung.

Beweglichkeitstraining und verkürzte Kraftausdauerserien an Land gehören zur Leistungsstabilisierung (insbesondere ist auf Erhalt der schnellkräftigen Zugbewegung Wert zu legen).

Schwächere Schwimmer: Das Techniktraining darf auch zwischen den Wettkämpfen nicht vernachlässigt werden. Es bleibt das Ziel, die Wettkampfstrecke in ihrer Gesamtheit mit sauberer Kraultechnik zu absolvieren.

Zur Unterstützung des Techniktrainings gehören Beweglichkeitsübungen und Techniktraining mit Zugapparaten an Land.

Übergangsperiode

Gute Schwimmer: Ausschließlich Kompensationsschwimmen zur physischen und psychischen Regeneration. Eventuell Spiele im Wasser.

Schwächere Schwimmer: wie oben. Es können aber auch technische Elemente in das Wassertraining aufgenommen werden.

Trainingswochen mit Schwerpunkt Schwimmen

- In jeder Vorbereitungsperiode (VP I, VP II, VP III) sollte ein Mikrozyklus mit Schwerpunkt Schwimmen enthalten sein (Abb. 50 und 51 sowie Tab. 21).

- Im Mikrozyklus „Schwerpunkt Schwimmen" müssen auch Rad- und Laufeinheiten enthalten sein.

- Bei den in Grafik-Form präsentierten Trainingsbeispielen werden die allgemeinen und sportartspezifischen Aufwärmprogramme und das Ausschwimmen in die Detailpläne nicht einbezogen. Die Pläne enthalten also nur die Hauptinhalte der Trainingseinheiten. Deshalb ergeben sich Differenzen zu den Angaben in den tabellarischen Wochenübersichten, die mit den Grafiken korrespondieren. So enthalten diese Tabellen ausschließlich die Trainingsmittel in der jeweiligen Schwerpunktdisziplin. Mit GA 1 (Grundlagenausdauer 1) ist die Vervollkommnung der Grundlagenausdauer im aeroben Bereich gemeint, bei GA 2 liegt die Ausdauerbelastung im anaeroben Bereich. Das Kürzel „Start" in den Tabellen besagt, daß zwischen dem Start zur Belastung A und dem nachfolgenden Start zur Belastung B das angegebene Zeitintervall vergeht, es umfaßt die Zeit für die Bewältigung der Belastung (z. B. 400 m F) und die sich anschließende Pause.

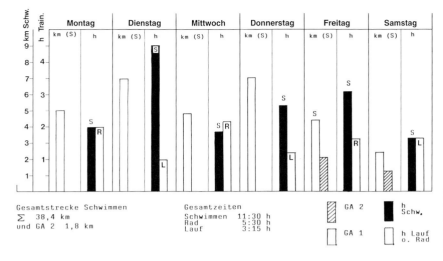

Gesamtstrecke Schwimmen
Σ 38,4 km
und GA 2 1,8 km

Gesamtzeiten
Schwimmen 11:30 h
Rad   5:30 h
Lauf   3:15 h

GA 2   h Schw.
GA 1   h Lauf o. Rad

Abb. 50
Beispiel für einen Mikrozyklus
mit dem Schwerpunkt Schwimmen
(VP I, 2. Etappe) – Übersichts-
planung

Tabelle 21   Inhalte des Mikrozyklus Schwimmen (1) (vgl. Abb. 50)

	Mo	Di	Mi	Do	Fr	Sa
Vorm.	90 min / 4,8 km – 1500 m F (200 m Beine, 300 m Arme i. W.) – 1500 F, davon 100 m GA II, 400 m GA I i. W. – 1500 F	90 min / 5,0 km – 1000 F Armbew. (P: 1–2 min) – 1000 F (P: 1–2 min) – 1000 F Handbrett (P: 1–2 min) – 1000 F (P: 1–2 min)	90–120 min / 6,0 km – 5 Durchgänge 800 m F GA I im Wechsel mit 200 m bzw. NS max. mit Sprung (P nach jeder Wiederholung: 1 min)	90 min / 4,8 km – 1200 F + NS i. W., Armbew., P: 1–2 min – 5 × 400 F Start: 6–7 bzw. P: 2 min – 1000 NS	90–120 min / 4,4 bis 7,0 km – 1000 m F, davon 50 m Beinbew. / 50 m Gesamtbew. / 50 m Armbeweg., 50 m Gesamtbeweg. i. W., – Test: 3000 m F bzw. 5000 m F	90 min / 6,0 km – Stufentest: – 3 × 400 m F (GA I) Start – 2 × 400 m F (GA II) Start – 1 × 400 m (max.)
Nachm.	90 min / 4,4 km – 4 × 400 F (P: 1 min) – 8 × 100 F (Handbrett) (Start 2:30 bzw. P: 1:30 min) – 4 × 400 F (P: 1 min)	90 min / 4,5 km – 1500 m F (davon 50 m Beinbew. + 100 m Armbew. i. W.) – 10 × 100 F Handbrett (Start 1:45 – 2 min bzw. P: 30 s) – 800 m Lg oder NS – 5 × 200 F (St. 3–3:30 bzw. P: 1 min)		90 min / 4,0 km – 800 F (P: 1 min) – 4 × 100 F Armbeweg. (P: 2 min) – 800 m Lg oder NS (P: 1 min) – 4 × 100 F – Beinbeweg. (P: 2 min) – 800 m F (P: 1 min)	90 min / 4,4 km – 800 m Lg (50 m Schwimmartwechsel) – 4 × 100 F Armbeweg. (P: 1:30–2 min) – 800 m Lg – 4 × 200 F Handbrett (P: 1:30–2 min) – 800 m beliebig	

113

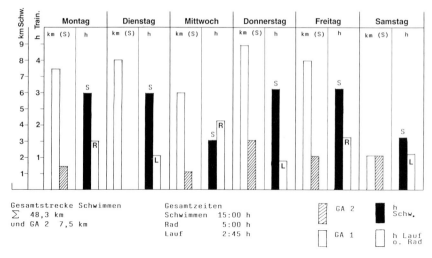

Gesamtstrecke Schwimmen
Σ 48,3 km
und GA 2 7,5 km

Gesamtzeiten
Schwimmen   15:00 h
Rad   5:00 h
Lauf   2:45 h

GA 2   h Schw.
GA 1   h Lauf o. Rad

Abb. 51
Beispiel für einen Mikrozyklus
mit dem Schwerpunkt Schwimmen
(VP II, 4. Etappe) – Übersichts-
planung

Tabelle 22   Inhalte des Mikrozyklus Schwimmen (2) (vgl. Abb. 51)

	Mo	Di	Mi	Do	Fr	Sa
Vorm.	60 min / 2,6 km – 1000 m F (P: 2 min) – 1000 m F (P: 2 min)	90 min / 4,4 km – 900 m F, 50 m Bein-bew. 150 m Armbeweg. im Wechsel (P: 2 min) – Test: 3000 m F	90 min / 5,0 km 10 × 50 m (Einzel-bewegung) F im Wechsel mit NS, P 15–30 s) – 5 × 800 m F + Lg. im Wechsel (P: 1–2 min) bzw. Start: F 12 min / Lg. 14–15 min)	90 min / 4,8 km – 1500 F (100 m Bein-beweg., 200 m Ge-samtbeweg. i. W., P: 1–2 min) – 1500 m F (200 m Armbeweg., 300 m Gesamtbeweg., P: 1–2 min) –1500 m F	90 min / 4,8 km – 1600 m F + NS i. W. (100 m Beinbeweg., 300 m Armbeweg., 400 m Gesamtbeweg., i. W., P: 2 min) – 2000 m F (davon 400 m GA II, 600 m GA I, i. W.)	90 min / 4,6 km 5 Durchgänge: 400 F GA I im Wechsel 100 F bzw. NS max. mit Sprung
Nachm.	60 min / 2,2 km – 5 × 400 m F (P: 1–2 min)	90 min / 4,0 km – 10 × 1200 m F Arm-beweg. (Start 2 min bzw. P: 30 s) – 10 × 200 m F (Start 3 min – 3:30 bzw. P: 1)		60 min / 2,4 km – 800 m F (50 m Bein-beweg. – 150 m Arm-beweg. i. W., P: 1–2 min) – 15 × 100 F (Start 1:45 – 2 min bzw. P: 30 s)	90 min (3,0) Stufentest: 4 x 200 F GA I (P: 30 s) 3 × 200 F GA I (P: 1 min) 2x 200 F GA II (P: 2 min) 1 × 200 F max.	

Grundregeln
für ein effektives Schwimmtraining
im Triathlon

Dauer der Belastung
- Die TE sollte 60 min überschreiten.
- Der Gesamtumfang der Ausdauerserie sollte nicht geringer ausfallen als die zweifache Wettkampfstreckenlänge (3 km).
- Beim GA-1-Training sollte die Einzelstrecke möglichst lang gewählt werden.
- Die Gesamtbelastung des Trainings in den intensiven Bereichen GA 2 und SA sollte in einer 90-min-TE nicht länger als 30 Minuten dauern.

Inhalt der Trainingseinheiten
- Beim GA-Training mit kürzeren Teilstrecken müssen die Wiederholungszahlen groß, die Pausen sehr kurz und die Schwimmgeschwindigkeiten bzw. -frequenzen höher als das Renntempo bzw. die Wettkampffrequenzen sein.
- Von den Einzelbewegungen hat die Armbewegung die größte Bedeutung. Beinbewegungen sollten nur zur Technikschulung oder zur Erholung der Arme verwendet werden.
- Je nach Körpergröße und Kraftausdauervermögen sind Frequenzen von 40 bis 48 Schläge/Minute anzustreben.
- Wenn mit Handbrett geschwommen wird, müssen die Schwimmgeschwindigkeiten in allen Intensitätsbereichen höher als die normale Schwimmgeschwindigkeit sein.
- Nach einer langen GA-1-Serie sollten zur Aktivierung der Rennfrequenz 2 bis 4 Sprints über 25 bis 50 m angeschlossen werden.

Zyklisierung im Jahresverlauf
- Unmittelbar vor dem Wettkampf darf das GA-1-Training nicht zu stark reduziert werden. Intensive Strecken sollten nur noch sparsam verwendet werden.
- Als effektivste Form der Wettkampfvorbereitung hat sich das Wechseltraining erwiesen (Intensivstrecken kurz / Ausdauerstrecken lang).

Steuerung der Belastung
- Steuerparameter für das Schwimmtraining im GA-1-Bereich

Belastungsdauer:	50 bis 120 Minuten
Intensität:	85 bis 92 % der Bestzeit auf der jeweiligen Strecke
Herzfrequenz:	130 Schläge/Minute (individuelle Unterschiede beachten!)
Laktat:	2 bis 4 mmol/l

- Steuerparameter für das Schwimmtraining im GA-2-Bereich

Belastungsdauer:	20 bis 45 Minuten
Intensität:	85 bis 90 % der aktuellen Bestzeit auf der jeweiligen Strecke
Herzfrequenz:	150 bis 190 Schläge/Minute
Laktat:	4 bis 7 mmol/l

Radtraining (Hochleistungssport)
TRAININGSHÄUFIGKEIT

Normaler Wochenzyklus:
- März bis Oktober: 3- bis 4mal 60 bis 240 Minuten (in Ausnahmen bis 360 Minuten) pro Woche
- November bis März: 2- bis 3mal 50 bis 120 Minuten pro Woche (teilweise mit Mountainbike und auf der Rolle)

Schwerpunktwochen Radfahren:
5- bis 8mal 90 bis 300 Minuten/Woche

TRAININGSINHALTE

Vorbereitungsperiode I (VP I)

Aufbau der Ausdauerleistungsfähigkeit mit Dauerleistungsmethoden. Witterungsbedingte Abwandlung (Rolle, Mountainbike oder Skilangläufe). Schwerpunktwochen Rad möglichst in wärmeren Regionen. Verbesserung der Kraftausdauer und der Schnellkraftfähigkeit durch spezielle Kraftübungen, auf dem Rad durch kurze Teilstrecken mit hoher Belastung (großer Krafteinsatz bei niedriger Tretfrequenz).

Vorbereitungsperiode II (VP II)

Unter Beibehaltung der Trainingsmittel aus dem GA-1-Bereich werden vermehrt Übungsformen eingesetzt, die die Grundlagenausdauer 2 (GA 2) schulen. Kraftausdauerorientiertes GA-2-Training verlangt relativ kurze Teilstrecken (5 bis 10 km) und hohe Pedalkräfte bei einer Tretfrequenz von 60 bis 80 Umdrehungen pro Minute. Einzeltraining bevorzugen. Die Technikschulung wird mit dem Grundlagenausdauertraining gekoppelt. Das bedeutet Tretfrequenzen von 100 bis 120 Umdrehungen/Minute mit niedrigen Pedalkräften (Verbesserung des „runden Tritts").

Vorbereitungsperiode III (VP III)

In dieser Periode hat das Radtraining die größte Bedeutung. Formen des GA-1- und GA-2-Trainings wechseln sich ab und ergänzen sich. Die längsten Trainingseinheiten liegen in dieser Periode, um die Langzeitausdauer für den gesamten Wettkampf zu verbessern. Die wettkampfspezifische Ausdauer für den Triathlon wird vor allem durch Radtraining erreicht. Dauerleistungsmethoden und extensives Intervalltraining dominieren deshalb. Die Belastungssteigerung erfolgt durch Erhöhung der Anzahl der belastenden Teilstrecken, aber auch durch deren Verlängerung.

Wettkampfperiode

Die erreichte Form wird mit Mitteln des GA-1-Trainings stabilisiert. Das Radtraining hat vor allem ökonomisierende und konservierende Aufgaben.

Übergangsperiode

Das Radtraining dient der Regeneration des Organismus. Die Radtouren haben Ausflugscharakter. Gelegentliche Belastungsphasen sind jedoch einzubauen. Die Trainingsmittel hierfür sind dem GA-2- und Kraftausdauertraining zu entnehmen.

Trainingszyklus mit Schwerpunkt Radfahren

- In der Vorbereitungsperiode III sollte ein 14tägiger Zyklus mit dem Schwerpunkt Rad eingelegt werden. Der Radzyklus kann bei günstigen äußeren Bedingungen auch in die VP II vorverlegt werden. Ist das der Fall, sollte in der dritten Vorbereitungsperiode eine weitere Trainingswoche Rad eingefügt werden.
- Im Mikrozyklus Rad sind auch Schwimm- und Laufeinheiten enthalten.
- Spezielle Dehnungsübungen und Kräftigung beachten!
- Die wiedergegebenen Pläne (Abb. 52 und Tabelle 23) müssen den örtlichen Gegebenheiten angepaßt werden. Der Radzyklus sollte in bergigem Gelände stattfinden. Das erlaubt die Anwendung intensiver Trainingsmittel.

1. Woche

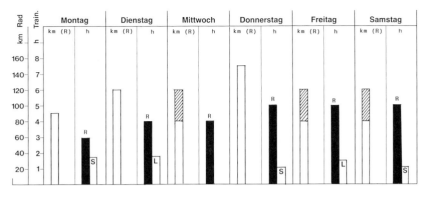

2. Woche

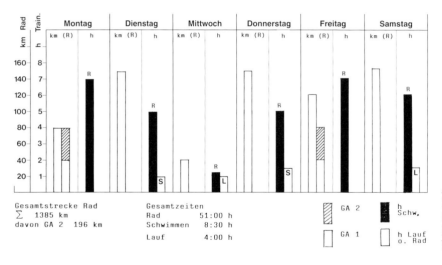

Gesamtstrecke Rad
Σ   1385 km
davon GA 2 196 km

Gesamtzeiten
Rad   51:00 h
Schwimmen   8:30 h
Lauf   4:00 h

GA 2   h Schw.

GA 1   h Lauf o. Rad

Abb. 52
Beispiel für einen Mikrozyklus
(14 Tage) mit dem Schwerpunkt
Rad (VP III, 7. Etappe) –
Übersichtsplan

117

Tabelle 23   Inhalte eines 14tägigen Mikrozyklus Rad (vgl. Abb. 52)

1. Woche

	Montag	Dienstag	Mittwoch	Donnerstag	Freitag	Samstag	Sonntag
Vorm.	80 km Dauerm. GA 1	100 km Dauerm. GA 1	30 km GA 1 10 km GA 2 5 km GA 1 10 km GA 2 5 km GA 1 10 km GA 2 30 km GA 1	130 km Dauerm. GA 1	30 km GA 1 10 km GA 2 5 km GA 1 10 km GA 2 5 km GA 1 10 km GA 2 5 km GA 1 10 km GA 2 20 km GA 1	30 km GA 1 10 × 3 km GA 2 (bzw. Kraft- ausdauer) 30 km GA 1	15 km Lauf (1:15 Std.)
Nachm.	1:30 h Schwimmen	15 km Lauf (1:15 h)	–	1:00 h Schwimmen	10 km Lauf (0:45 h)	1:30 h Schwimmen	–

1. Woche	Gesamtumfang Rad:	605 km	Gesamtzeit Rad:	ca. 23	Std.
	davon GA 2:	100 km	Gesamtzeit Schwimmen:	4	Std.
			Gesamtzeit Lauf:	3:15	Std.

2. Woche

	Montag	Dienstag	Mittwoch	Donnerstag	Freitag	Samstag	Sonntag
Vorm.	80 km Dauerm. GA 1	140 km ext. Interv. GA 1	Test 40 km Rad 10 km Lauf	140 km ext. Interv. GA 1	90 km Dauerm. GA 1	140 km Dauerm. GA 1 30 km GA 1	–
Nachm.	20 km GA 1 5 km GA 2 3 km GA 1 5 km GA 2 3 km GA 1 5 km GA 2 3 km GA 1 5 km GA 2 20 km GA 1	1:30 h Schwimmen	–	1:30 h Schwimmen	20 km GA 1 12 × 3 km GA 2 (Kraftaus- dauer) 20 km GA 1	1:30 h Schwimmen	–

2. Woche	Gesamtumfang Rad:	780 km	Gesamtzeit Rad:	ca. 28	Std.
	davon GA 2:	96 km	Gesamtzeit Schwimmen:	4:30	Std.
			Gesamtzeit Lauf:	0:45	Std.

Grundregeln für ein effektives Radtraining im Triathlon

Dauer der Belastung
• Bewährt haben sich im Grundlagentraining Kombinationen von Trainingseinheiten lang/überlang an zwei oder drei aufeinanderfolgenden Tagen mit anschließender Entlastungsphase.
• Das Kraftausdauertraining kann im Block an zwei aufeinanderfolgenden Tagen mit einer Gesamtbelastung von 80 bis 100 km je Trainingseinheit erfolgen.

Inhalt der Trainingseinheiten
• Es sollte ein Wechsel der Schwerpunkte Tretfrequenz und Krafteinsatz innerhalb einer Trainingseinheit erfolgen, um die motorische Variabilität (Durchbrechen des sogenannten „monotonen Trittes") zu erhalten. Einlagern von Antrittsübungen mit maximalem Krafteinsatz (d. h. Wahl der größtmöglichen Übersetzung, Anfahrtsübungen fast aus dem Stand) über sechs bis zehn Sekunden. Die Wiederholungszahl sollte bei 15 bis 20 liegen, wobei aktive Pausen von mindestens sieben bis zehn Minuten dazwischen liegen sollten.
• Das kraftorientierte Training kann als Einzeltraining absolviert werden (hoher Krafteinsatz, niedrige Tretfrequenz).
• Das wettkampfspezifische Training muß eindeutig geschwindigkeitsorientiert sein. Im Unterdistanzbereich müssen Geschwindigkeitsüberhöhungen, die das mittlere Renntempo übertreffen, realisiert werden.
• Die Geschwindigkeit hat im wettkampfspezifischen Training das Primat gegenüber Umfang und Wiederholungsanzahl.

Zyklisierung im Jahresverlauf
• Der Einsatz des GA-1-Trainings erfolgt ganzjährig. Es wird unterschieden in
a) ausdauerentwickelndes GA-1-Training, vor allem in Vorbereitungsphasen, und
b) ökonomisierendes/stabilisierendes GA-1-Training, vor allem in intensiven Wettkampfphasen.
• Einsatz des GA-1-Trainings (20 bis 40 km) zur Vor- und Nachbereitung intensiver Trainingseinheiten sowie vor Wettkämpfen.
• In der methodischen Reihenfolge sollte zuerst kraftorientiert und danach frequenzorientiert trainiert werden.
• Im Jahresverlauf muß die Belastung gesteigert werden
a) durch Erhöhung der Wiederholungen in einer Trainingseinheit
b) durch Erhöhung der Teilstreckenlängen in einer Trainingseinheit.

Steuerung der Belastung
• Steuerparameter für das Radtraining im GA-1-Bereich
Belastungsdauer: 2 bis 8 Stunden
Intensität: 75 bis 85 Prozent
Herzfrequenz: 100 bis 130 (individuell nach aktueller Leistungsdiagnose festlegen)
Laktat: bis 3 mmol/l
Tretfrequenz: 85 bis 110 U/min (Einzeltraining 85 bis 95 U/min, Gruppentraining 90 bis 110 U/min)
Übersetzung: Anhaltspunkt sollten die Tf-Vorgaben sein.
Durchschnittliche Übersetzung:
Vorbereitungsperiode 1: 58 bis 64 Zoll
Vorbereitungsperiode 2: 64 bis 68 Zoll
Vorbereitungsperiode 3: 64 bis 70 Zoll

Stets sind hierbei äußere Bedingungen zu berücksichtigen.

Streckenlängen: – lang = 120 bis 160 km
– überlang = 160 bis 200 km
Geschwindigkeit: regelt sich durch die Einhaltung der Steuerparameter.

• Steuerparameter für das Radtraining im GA-2-Bereich
Belastungsdauer: 7 bis 10 Minuten
Intensität: 85 bis 95 Prozent
Herzfrequenz: 150 bis 185 Schläge/Minute (individuell nach aktueller Leistungsdiagnose festlegen)
Laktat: 3 bis 6 mmol/l
Streckenlängen: 5, 10, 20 km
Wiederholungen: 8 bis 4

• Steuerparameter für Kraftausdauertraining im Radfahren
Belastungsdauer: 5 bis 20 Minuten
Laktat: 3 bis 5 mmol/l
Herzfrequenz: 160 bis 170 Schläge/Minute
Tretfrequenz: 45 bis 60
Übersetzung: richtet sich nach Tretfrequenz und Herzfrequenz
Streckenlängen: 1 bis 5 km
Wiederholungen: 20 bis 6
Pausengestaltung: entsprechend den natürlichen Gegebenheiten, jedoch stets aktiv gestalten.

• Steuerparameter für Schnellkrafttraining im Radfahren
Belastungsdauer: 6 bis 8 Sekunden, anfahren nahezu aus dem Stand
Intensität: maximal; wenn ein Anstieg von 3 bis 8 Prozent besteht, kann die Wirksamkeit erhöht werden.
Herzfrequenz: 150 bis maximal
Laktat: keine Laktatbildung
Tretfrequenz: maximal
Übersetzung: 96 bis 90 Zoll

Wiederholungen: 10 bis 15 pro Trainingseinheit
Pausenlänge: ca. 5 bis 8 Minuten aktive Pausengestaltung (weiterfahren im GA-1-Bereich)

Lauftraining (Hochleistungssport)

TRAININGSHÄUFIGKEIT

Normaler Wochenzyklus: 3- oder 4mal 45 bis 120 Minuten
Schwerpunktwoche Lauf: 5- oder 6mal 45 bis 120 Minuten

TRAININGSINHALTE

Vorbereitungsperiode I (VP I)

In dieser Periode wird vor allem an der Grundlagenausdauer gearbeitet. Lange Dauerläufe dominieren. Die Pulsfrequenzen liegen bei 140 bis 150 Schlägen/Minute. Kraftausdauer wird durch Bergsprints und Treppentraining erreicht. An der Lauftechnik wird mit Hilfe des Lauf-ABC gearbeitet.

Vorbereitungsperiode II (VP II)

Fortsetzung der Arbeit an der Grundlagenausdauer. Neben den Trainingsmitteln für den GA-1-Bereich werden vermehrt GA-2-spezifische Mittel eingesetzt. Schnelligkeit und Verbesserung der Bewegungskoordination sind weitere Ziele.

Vorbereitungsperiode III (VP III)

Neben der weiteren Verbesserung der Grundlagenausdauer wird verstärkte Aufmerksamkeit dem Koppeltraining gewidmet. Besonders die Übergänge Rad – Lauf werden trainiert. Crosswettkämpfe geben Aufschluß über die erreichte Form in der Teildisziplin Lauf.

Wettkampfperiode

Lange Läufe über die Wettkampfdistanz hinaus werden beibehalten. Laufen gilt als harte Disziplin, aus diesem Grunde wird zwischen den Wettkämpfen der Lauf nur im GA-1-Bereich trainiert. Koordinative Übungsformen (Lauf-ABC) und Training des Überganges Rad – Lauf sind wichtig.

Übergangsperiode

In dieser Periode dominieren Kompensationsläufe und eventuell Erlebnisläufe.

Trainingszyklus mit Schwerpunkt Lauf

- In der VP II empfiehlt sich ein erster Lehrgang Lauf (Abb. 53 und Tab. 24). Ein zweiter Schwerpunkt Lauf kann in der dritten Vorbereitungsperiode (April) eingeplant werden.
- Im Gegensatz zu den Schwerpunktzyklen Schwimmen und Rad werden beim Schwerpunkt Lauf die beiden anderen Sportarten verstärkt berücksichtigt.
- Der Laufzyklus eignet sich sehr gut für das verstärkte Koppeltraining und für das allgemeine Konditionierungstraining (Kraftausdauer, Kreistraining, Kraftgymnastik).
- Dem Beweglichkeits- und Dehnungstraining ist große Aufmerksamkeit zu widmen. Die täglichen Kraft- und Dehnübungen sind im Programm nicht ausdrücklich erfaßt.

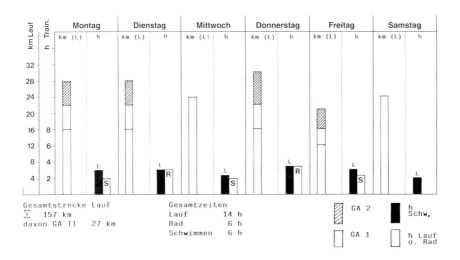

Abb. 53
Beispiel für einen Mikrozyklus mit dem Schwerpunkt Lauf (VP I, 2. Etappe) – Übersichtsplan

121

Tabelle 24   Inhaltliche Gestaltung des Mikrozyklus Lauf (vgl. Abb. 53)

	Montag	Dienstag	Mittwoch	Donnerstag	Freitag	Samstag
Vorm.	16 km Dauerm. GA 1	16 km Fahrtspiel GA 1	24 km Dauerm. GA 1	16 km Dauerm. GA 1	12 km ext. Interv. GA 1	14 km Dauerm. GA 1
Nachm.	3 km Einl. 4 × 1500 m GA 2 3 km Ausl.	3 km Einl. 6 × 1000 m GA 2 3 km Ausl.	– abends: Schwimmen	3 km Einl. 10 × 800 m GA 2 3 km Ausl.	3 km Einl. 12 × 400 m GA 2 3 km Ausl.	–

Laufwoche	Gesamtumfang Lauf:	157 km		Gesamtzeit Lauf:	ca. 14 Std.
	davon GA 2:	27 km		Gesamtzeit Rad:	6 Std.
				Gesamtzeit Schwimmen:	6 Std.

Grundregeln für ein effektives Lauftraining im Triathlon

Dauer der Belastung

„ Das GA-1-Training sollte mindestens 60 Minuten betragen und kann bei entsprechender Einordnung im Jahresverlauf bis zu 140 Minuten umfassen.

Inhalt der Trainingseinheit

• Nach jedem GA-1-Training sollte eine Nachbereitung in Form von Steigerungsläufen, welche 80 bis 100 m nicht überschreiten, durchgeführt werden (4 bis 8 Wiederholungen).

• Das Training sollte auf Standardstrecken (bekannte, markierte Trainingsrunden) durchgeführt werden, um die Belastungssteuerung und die Leistungsüberprüfung exakt vornehmen zu können. Dies gilt besonders für Trainingseinheiten im GA-2-Bereich.

• Beim aeroben/anaeroben Kraftausdauer-

training sollten folgende grundlegende Technikvoraussetzungen beachtet werden:
– kurzer Schritt, betonter Kniehub
– nur geringes Einbeugen des Kniegelenks und aktive Zugbewegung im Vorderstütz
– Hüftstreckung
– betonter Armeinsatz.

• Die Entwicklung der Kraftausdauerfähigkeiten und der motorischen Umschaltfähigkeit sollten stets miteinander verbunden werden.

• Das Kraftausdauertraining muß stets mit Übungen zur Entwicklung der Beweglichkeit, der Dehn- und der Entspannungsfähigkeit abgestimmt werden.

• Besonders beim GA-2- und beim Kraftausdauertraining ist eine richtige Ein- und Auslaufarbeit notwendig.

• Auf die Anwendung des „Lauf-ABC" ist zu achten. Das Lauf-ABC umfaßt ausgesuchte Trainingsübungen, die zur koordinativ-technischen und konditionellen Ausbildung und Vervollkommnung der läuferischen Fähigkei-

ten des Triathleten beitragen. Wesentliche *Übungen des Lauf-ABC* sind:
1. Fußgelenkarbeit
2. Kniehebelauf
3. Sprunglauf
4. Anfersen
5. Hopserlauf
6. Wechselsprünge
7. Einbeinsprünge

• Steuerparameter für das Lauftraining im GA-1-Bereich:
Belastungsdauer: 40 bis 120 Minuten
Intensität: 70 bis 80 Prozent der Zielgeschwindigkeit
Herzfrequenz: 120 bis 150 Schläge/Minute
Laktat: < 3 mmol/l
Streckenlänge: normal: 10 bis 15 km, lang: 20 km, überlang: 25 bis 30 km

• Steuerparameter für das Lauftraining im GA-2-Bereich:

	Kurzstrecke	Langstrecke
Belastungsdauer:	3 bis 5 Minuten	30 bis 60 Minuten
Intensität:	92 bis 97 %	90 bis 95 %
Herzfrequenz:	170 bis 190	160 bis 180
Laktat:	4 bis 6 mmol/l	2 bis 4 mmol/l
Streckenlänge:	800 bis 1500 m	8 bis 15 km
Gesamtumfang:	6 bis 12 km	10 bis 20 km
Pausengestaltung:	aktive Pause	keine Pause
	– Trabpausen	
	– Dauer: 3 bis 5 Minuten	
	– HF zu Beginn einer neuen Belastung: 120 bis 130	

Laktatbestimmung und Trainingssteuerung für das Grundlagentraining

Für alle drei Sportarten wird mit Hilfe von Laktatstufentests die aerobe Schwelle sowie die aerob/anaerobe Schwelle festgestellt. Diese Tests sollten nach Möglichkeit *sportartspezifisch* erfolgen.

Die Schwellenwerte sind Grundlage der Belastungshöhe in den verschiedenen GA-Bereichen.

Die Kontrolle der optimalen Belastungshöhe während des Trainings durch den Sportler und/oder den Trainer sollte mit Herzschlagfrequenzmessern (Pulsuhren) erfolgen.

Das Training für Ältere

Der Beweis, daß Triathlon auch eine Sportart für über Fünfzigjährige ist, wurde schon längst erbracht, wenngleich die Starterfelder in diesen Altersklassen dünn besetzt sind. Der ältere Triathlet – und erst recht die Triathletin – sollte jedoch bedenken, daß mit zunehmendem Alter einige Schwierigkeiten auftauchen, die es in Training und Wettkampf zu beachten gilt. Wichtige biologische Parameter weisen nämlich Rückgänge auf, die den Anpassungsprozeß und die Erholung erschweren und verlängern. Das kommt auch in der Gesamtleistung zum Ausdruck. Bereits mit 45 Jahren liegt die Bestleistung ca. 15 Prozent unter der im Höchstleistungsalter.

Folgende Erscheinungen sind vorrangig für diesen Leistungsrückgang verantwortlich:
– der Rückgang der maximalen Sauerstoffaufnahmefähigkeit,
– der Zwang, einen größeren Anteil der Gesamtenergie über den Fettstoffwechsel bereitzustellen,
– die Abnahme der Maximalkraft, womit weniger günstige Voraussetzungen für die Entwicklung der Kraftausdauer bestehen,
– die verlängerte Erholungsdauer.

Für das Training haben diese Erscheinungen mehrere Auswirkungen, die der Sportler berücksichtigen muß, will er für sein Alter optimale Anpassungen erzielen. Das bedeutet:

• Lange Trainingseinheiten mit Dauerbelastungscharakter werden vom Körper besser toleriert als kurze Einheiten mit hohen Belastungsspitzen.

• Der wöchentliche Trainingsumfang und die Trainingsintensität werden noch mehr von der Regenerationsfähigkeit bestimmt als in jungen Jahren.

• Alle drei Disziplinen werden wöchentlich und möglichst abwechselnd trainiert.

• Pro Woche wird nur eine große Übungseinheit empfohlen (z. B. 30 km Laufen oder 150 km Radfahren oder 4 km Schwimmen).

• Höchstens 10 Prozent des gesamten Trainings dürfen intensiv gearbeitet werden. Folgende Werte geben hierfür eine grobe Orientierung:

Lauf: Puls über 160 Schläge/Min.
Rad: Puls über 150 Schläge/Min.
Schwimmen: Puls über 145 Schläge/Min.

• Kraftausdauertraining hat im Alter noch mehr Bedeutung, weil es nicht nur die sportliche Leistung verbessert, sondern auch seine gesundheitliche Bedeutung zunimmt. Es trägt dazu bei, den Rückgang der Muskelmasse zu verhindern.

• Die wichtigste Regel für Training und Wettkampf des Älteren besteht in der realistischen Selbsteinschätzung seines Leistungsvermögens und der Zügelung seines Leistungsstrebens. Falsches Leistungsstreben ist immer dann vorhanden, wenn zu hohe Trainingsreize in Verbindung mit einem Erholungsdefizit zu einer ständigen Erschöpfung führen und alles dem Sport untergeordnet wird. Arbeit, Familie und andere Interessen kommen dann zu kurz.

Der ältere Triathlet sollte auch überlegen, ob noch immer der Erfolg über den sportlichen Gegner das Hauptziel seines Sports sein muß. Andere Fragestellungen, wie zum Beispiel der Vergleich mit Inaktiven oder Verzögerung des Rückgangs der eigenen Leistungsfähigkeit durch Training und Wettkampf, können ebenfalls das Ziel des Sporttreibens über das Höchstleistungsalter hinaus bestimmen.

Die Tatsache, daß mit fortschreitendem Alter auch die sportliche Leistung nachläßt, sollte vom älteren Sportler akzeptiert werden und nicht durch selbsterhobene übertriebene Leistungsforderungen überspielt werden. Irrationaler Aktionismus der alten Männer kann nicht nur zur Lächerlichkeit führen, sondern auch zur gesundheitlichen Gefahr werden.

Der Wettkampf

Die direkte Vorbereitung auf den Wettkampf beginnt einige Tage vor dem Ereignis. In der Trainingswissenschaft nennt man diesen Zyklus „unmittelbare Wettkampfvorbereitung" (UWV) oder „Tapering" (Tab. 25).

Dieser Zeitabschnitt dient zum einen der psychischen Konzentration, und gleichzeitig wird dem Körper Gelegenheit gegeben, im Sinne der Superkompensation erhöhte Energiereserven für den Wettkampf aufzubauen. Daraus leitet sich ab, daß in diesen Tagen besonders die Trainingsintensität, aber auch der Umfang des Trainings zurückgenommen werden.

Die Dauer der UWV hängt vom Trainingszustand des Triathleten ab. Je besser der Trainingszustand, um so länger kann das Tapering dauern. Zehn Tage sind bei einer stabilen sportlichen Form möglich. Ein schlecht Trainierter darf höchstens eine Woche „tapern", um nicht noch mehr von seiner instabilen Form zu verlieren.

Das Training in den letzten drei Tagen vor dem Wettkampf wird von der Regenerationszeit in den einzelnen Disziplinen bestimmt. Der Körper benötigt nach anstrengendem

Schwimmtraining mindestens einen Tag,
Radtraining ebenfalls einen Tag und
Lauftraining ungefähr drei Tage

Regeneration, um wieder voll leistungsfähig zu sein. Die „harte" Disziplin Lauf erfordert aufgrund des hohen Energieverbrauchs die längste Zeit. Natürlich gilt das nur für auf-

Tabelle 25   Beispiel für die UWV vor einer wichtigen Kurztriathlonveranstaltung

Tage vor dem Wett-kampf	Trainingsinhalte	Methode
7	80 km Rad	Dauermethode
	3 km Schwimmen	Wechselmethode
6	15 km Lauf	Fahrtspiel
	Gymnastik, Kraft-übungen	
5	50 km Radfahren	Dauermethode
	2,5 km Schwimmen	Wechselmethode
4	15 km Lauf	Dauermethode (70%)
	1,5–2 km Schwimmen	Technikverbesserung
3	50 km Rad	Dauermethode
	Gymnastik, Dehnung und Kraftübungen	
2	10 km Lauf	Dauermethode (70%)
	2,5 km Schwimmen	Dauermethode
1	50 km Rad (Abfahren der Wettkampfstrecke	Dauermethode (70%)
	2 km Schwimmen	Dauermethode und Technikverbesserung
Wett-kampftag	Aufwärmen Gymnastik (Dehnung)	

bauende Trainingseinheiten und nicht für regeneratives Laufen.

Die letzten Tage vor einem wichtigen Wettkampf bieten die Gelegenheit, noch einmal bestimmte Techniken zu erproben und vor allem auch die Wechsel mit hoher Annäherung an die Wettkampfsituation zu üben. Diese Trainingsinhalte schaffen Sicherheit, ohne körperlich zu belasten, wie überaupt das mentale Training in dieser Phase meher Erfolg bringt als unvermindertes Konditionstraining bis zur letzten Minute. Gedanklich wird mehrfach der Ablauf des Wettkampfes durchgeprobt.

Startvorbereitung

Die direkte Vorbereitung auf den Wettkampf hat neben der Optimierung der den körperlichen Voraussetzungen auch psychische Komponenten. Dazu gehören:
– die Einstellung auf die Konkurrenten, auf ihre Stärken und Schwächen und ihre zu erwartende Taktik,
– die Kontrolle des eigenen Startzustandes (Startfieber) durch autosuggestive Maßnahmen. Weder eine Übererregung noch Startapathie sind günstig für den Verlauf des Wettkampfes; der Triathlet darf nur leicht erregt sein und muß voll konzentriert und stimuliert in den Wettkampf gehen,
– genaue Streckenkenntnis und Vertrautheit mit den äußeren Bedingungen des Wettkampfortes – sie bringen zusätzliche Sicherheit für den Wettkämpfer,
– ein richtiges Maß an Selbstvertrauen, das dazu beiträgt, die Schwierigkeiten der Langzeitbelastung und die Konkurrenz realistisch einzuschätzen; mangelndes Selbstvertrauen führt schnell zur Resignation, übertriebenes Selbstvertrauen hat leicht eine Unterschätzung der Gegner und der Anforderungen des Wettkampfes zur Folge.

Akklimatisation

Nicht selten starten Triathleten weit entfernt vom Heimatort. Das bringt zusätzliche Probleme für die Wettkampfvorbereitung mit sich.
Prinzipiell werden drei Varianten der Akklimatisation unterschieden:
– die Reaktion des Organismus bei Reisen in Nord-Süd-Richtung,
– die Reaktion des Organismus bei Höhenänderung,
– die Reaktion des Organismus bei Reisen in Ost-West-Richtung.

Wettkampf- und Trainingsreisen in den Süden

Wettkämpfe in Südeuropa und Nordafrika verlangen dem Athleten nur geringe Umstellungsreaktionen ab, wenn die nördliche Halbkugel nicht verlassen wird. Nach Überwindung der Reisestrapazen ist der Sportler voll leistungsfähig. Die Abreise ist so festzulegen, daß dem Triathleten vier bis fünf Tage vor dem Wettkampf zur Verfügung stehen. In dieser Zeit erfolgt auch die Anpassung an das heiße Klima. Reisen auf die südliche Erdhalbkugel (zur Absolvierung des Wintertrainings) werden auch bei Triathleten immer beliebter, da so die Vorbereitungsperiode vorverlegt wird und günstige Voraussetzungen für Wettkämpfe am Anfang der Saison geschaffen werden. Nicht selten wird aber auch der Trainingsaufenthalt bei unseren Antipoden mit einer Wettkampfteilnahme verbunden.
Der Organismus muß sich bei so weiten Nord-Süd-Reisen in doppelter Hinsicht umstellen, denn zum einen ist meistens eine Zeitverschiebung zu verkraften, und zum anderen sind in jedem Fall die Jahreszeiten um ein halbes Jahr verschoben. Der Sportler kommt im allgemeinen aus der kalten Jahreszeit des Nordens und fliegt in den südlichen Sommer oder Frühling. Der Anpassungsprozeß dauert ca. 10 bis 14 Tage. In dieser Zeit sollten keine hohen Trai-

ningsbelastungen gefordert werden. An Wettkämpfen nimmt der Sportler besser auch erst nach dieser Zeitspanne teil. Da der Aufenthalt im Süden meist über mehrere Wochen geht, bringen diese weniger intensiven Trainingstage keine Nachteile für den Trainingszustand des Athleten.

Höhenänderungen

Dieser Fall wird für Triathleten wohl nur dann eintreten, wenn sie Ausflüge in andere Sportarten wagen (so z.B. Skilangläufe) oder Höhentrainingslager durchführen. Höhenanpassung ist jedoch erst ab 1500 m über dem Meeresspiegel notwendig. Die durchschnittliche Anpassungsdauer beträgt in 2000 m Höhe eine Woche.

Wettkämpfe in Ost oder West (z.B. Amerika, Japan)

Mit den daraus resultierenden Problemen müssen sich vor allem die Hawaii-Starter auseinandersetzen. Durch die mehrstündige Zeitverschiebung wird der 24-Stunden-Rhythmus vieler physiologischer Funktionen beeinflußt. Der vom Tag-Nacht-Wechsel abhängige Biorhythmus schwingt nur allmählich auf die Zeitverschiebung ein. Die Umstellungsreaktionen erreichen am dritten und vierten Tag ihren Höhepunkt. Nach 10 Tagen ist zumeist die volle Leistungsfähigkeit vorhanden.

Die Erwärmung vor dem Start

Der Wettkämpfer steht vor der Aufgabe, seine Körperfunktionen unmittelbar vor dem Wettkampf auf die kommende Belastung einzustellen. Das erreicht er durch eine zielgerichtete Erwärmung mit sportlichen Übungen. Dadurch wird dem Organismus ein schwieriger Umstellungsprozeß während der ersten Minuten des Wettkampfes erspart.

Für den *Duathlonstart* ist die Erwärmung relativ einfach, weil sich der Wettkämpfer ähnlich wie ein Leichtathlet durch Einlaufen sowie gymnastische Lockerungs- und Dehnungsübungen vorbereiten kann. Beim *Triathlon* sind die Voraussetzungen schwieriger. Der Sportler muß häufig in kaltes Wasser und ist deshalb wenig geneigt, seine letzten Startvorbereitungen schwimmend zu absolvieren. Dennoch wird das Einschwimmen empfohlen. Das mobilisiert die Stoffwechselprozesse der Arbeitsmuskulatur, und gleichzeitig erfolgt eine bessere psychische Einstimmung auf die erste Teildisziplin. Das Einschwimmen erfolgt am besten in der Weise, daß der Triathlet ca. 200 bis 300 m in unterschiedlicher Geschwindigkeit zurücklegt. Die Zeitspanne zwischen Beendigung des Einschwimmens und Start sollte nicht länger als fünf Minuten dauern. Diese Zeit wird durch gymnastische Übungen (Lockerung und Dehnung) und eventuell Hüpfen und Laufvarianten ausgefüllt, um die physiologische Bereitschaft zu erhalten. In den letzten Sekunden vor dem Start müssen körperliche Aktivitäten entfallen, weil der dichtgedrängte Startpulk kaum intensive Bewegungen zuläßt. Dafür sollte diese Gelegenheit genutzt werden, um noch einmal alle taktischen Maßnahmen zu durchdenken und zu verinnerlichen. Wer den Gang ins Wasser scheut, sollte zumindest durch eine intensive Gymnastik und auch durch einen Lauf Kreislauf und Muskulatur auf das folgende einstellen. Die Gymnastik muß besonders jene Muskeln ansprechen, die anschließend gebraucht werden.

Bereits beim Erwärmen leistet eine Pulsuhr gute Dienste, denn sie gibt Auskunft über die Kreislaufbelastung in dieser Phase. 120 bis 130 Pulsschläge pro Minute sind anzustreben.

Wer allerdings unter einem ausgeprägten Startfieber leidet, wird feststellen, daß seine Pulsfrequenz auch ohne Erwärmung weit über dem Ruhepuls liegt. In diesem Fall haben Erwärmungsübungen auch die Funktion der psychischen Beruhigung.

Wettkampfutensilien

Um unangenehme Überraschungen zu vermeiden, sollte der Sportler vor dem Wettkampf kontrollieren, ob alles da ist, was am Start und auf den Strecken benötigt wird, und das Nötige bereitlegen.

Vor dem Start:
- Startnummern und Startunterlagen,
- Trainingsanzug und evtl. Regenbekleidung,
- warme Socken und Badeschuhe,
- Getränke und Nahrung für die Zeit vor dem Start,
- Sicherheitsnadeln, Gummiband,
- Vaseline,
- 2 große Handtücher (zum Abtrocknen und als Standfläche beim Wechseln der Schuhe),
- die wichtigsten Werkzeuge für schnelle Radreparaturen (Zange, Schraubenzieher, mehrere Schraubenschlüssel),
- Klebeband (für das Befestigen von Energiebarren oder Banane am Lenker),
- wasserdichte Uhr.

Für das Schwimmen:
- Badeanzug, Badehose, Triathlonanzug (Neoprenanzug bei kaltem Wasser),
- Badekappe,
- Schwimmbrille.

Für das Radfahren:
- Rennrad (es muß vor dem Wettkampf noch einmal gründlich kontrolliert werden),
- Luftpumpe,
- 1 oder 2 Ersatzreifen bzw. -schläuche,
- 1 oder 2 gefüllte Radflaschen am Flaschenhalter,
- feste Nahrung (Banane, Rosinen, Energiebarren),
- Radhelm,
- evtl. Radtrikot mit Startnummer (Rücken),
- Radhose,
- Radschuhe und Socken,
- evtl. Radhandschuhe,
- Radbrille/Sonnenbrille.

Für das Laufen:
- Laufschuhe mit Schnellverschluß,
- Lauftrikot mit Startnummer (Brust),
- evtl. Mütze mit Sonnenschutz.

Nach dem Wettkampf:
- trockene Unter- und Oberbekleidung,
- Schuhe, frische Kleidung,
- Handtuch/Seife (Duschbad),
- Getränke und Nahrung,
- evtl. Einreibungen.

Mentale Vorbereitung auf den Wettkampf

Der Erfolg im Triathlon wird nicht nur vom Trainingszustand und der unmittelbaren physischen Vorbereitung des Sportlers bestimmt, sondern auch von seiner mentalen Vorbereitung.

Jeder Triathlet hat schon erlebt, daß mit dem Näherkommen eines Wettkampfes der psychische Druck zunimmt. Das ist normal und wirkt sich positiv auf die Leistung aus, aber nur dann, wenn dieser Druck nicht zu stark wird und damit die Wirkung ins Gegenteil umschlägt. Das kann jedoch durch entsprechendes Wissen und daraus abgeleitetes Verhalten vermieden oder zumindest gemildert werden. Welche mentalen Vorbereitungen auf einen Wettkampf können dazu beitragen, die antrainierten Fähigkeiten voll einzusetzen und eventuell über sich selbst hinauszuwachsen?

Kontinuität des Trainings

Das Trainingsprogramm und bewährte Eß- und Schlafgewohnheiten werden beibehalten. Diese Form der Selbstdisziplin ist eine Grundlage für Selbstvertrauen. Selbstvertrauen wiederum ist die Voraussetzung für den Erfolg im Wettbewerb.

Visualisieren des Wettkampfablaufes

Erfahrene Athleten lassen den Wettkampf schon einige Tage vor dem Start immer wieder vor ihrem geistigen Auge ablaufen. Diesen Vorgang nennt man Visualisieren. Das Vorstellungstraining trägt dazu bei, die vergegenwärtigten Bilder des Wettkampfes in physische Leistung umzusetzen.
Die Fähigkeit, in Bildern zu denken und den geistigen Bilderfluß bewußt in eine positive Richtung zu lenken, ist erlernbar.
Visualisieren wird von amerikanischen Psychologen als eine entscheidende leistungsfördernde mentale Fähigkeit angesehen. Bisher wurde diese Methode vorwiegend von Bobfahrern, alpinen Rennläufern und Turnern angewandt. Triathleten können davon ebenfalls profitieren.

Selbstmotivation

Selbstmotivation gilt als der wichtigste mentale Leistungsfaktor. Der Athlet setzt sich hohe Ziele und glaubt an deren Realisierung. Er lernt, mit Mißerfolgen richtig umzugehen. Er findet an seinem Training und an den Wettkämpfen Freude. Die positive Einstellung zur eigenen Leistungsfähigkeit und die Befriedigung am eigenen Tun müssen immer wieder stabilisiert und geübt werden.

Konzentration auf den Wettkampf

Der Triathlet muß lernen, sich vor dem Wettkampf voll auf die kommenden Ereignisse zu konzentrieren. Während des Triathlons stellt er sich ausschließlich auf das Wichtige ein und blendet Unwichtiges aus. Das muß schon vor dem Start klar sein.

Unvorhergesehenes vorwegnehmen

Der Triathlet bereitet sich lange vor dem Wettkampf auf alles vor, was passieren könnte. Er läßt sich weder vom Konkurrenten noch von den äußeren Umständen (Wetter, Zuschauer, Kampfrichter, Panne) überraschen. Eine zugerechtgelegte Strategie hilft ihm, auch unter Druck auf bestimmte Ereignisse richtig und ohne Zeitverlust zu reagieren. Der Sportler darf bei solchen Ereignissen nicht in Panik geraten.

Konflikte vermeiden

Konflikten mit anderen Wettkämpfern, Kampfrichtern oder auch Zuschauern vor dem Wettkampf und während des Wettkampfes sollte man tunlichst aus dem Wege gehen. Auch das gehört zur vorausschauenden Wettkampfstrategie, denn ein Negativerlebnis unmittelbar vor oder am Anfang eines Triathlon kann sich nachhaltig auf alle folgenden Handlungen auswirken.
Im Triathlon gibt es ganz spezifische Ereignisse, die die Konzentration und die Sicherheit des Wettkämpfers beeinträchtigen. Selbst kleine Pannen lösen mitunter Kettenreaktionen aus. Das können zum Beispiel sein: das fehlende Gummiband zur Startnummerbefestigung, der klemmende Reißverschluß am Neoprenanzug, die heruntergerissene Brille beim Schwimmstart, der falsch eingelegte Gang

zu Beginn des Radfahrens oder die Gefahr der Disqualifizierung bei Radpulks. Sorgfältige Überprüfung der Ausrüstung und der feste Wille, kritische Situationen von vornherein zu vermeiden, gehören deshalb zur Wettkampfvorbereitung und zur Taktik des Triathleten.

Keine Experimente
Alles, was nicht im Training erprobt wurde, sollte man sein lassen. Dazu zählt z.B. eine niedrigere Tretfrequenz oder eine ungewohnte Schrittfrequenz. Zu diesem Thema gehören aber auch neue Ausrüstungen, mit denen man keine Erfahrung hat, und sei es nur der neue Helm, der rutscht oder der neue Kälteanzug mit anderen Auftriebsverhältnissen.

Der Talisman
Wer mit seinen „grünen Socken" schon immer einen guten Wettkampf hinlegte und vermutet, daß sich vor allem deshalb Erfolge an seine Fersen heften, sollte sie auch beim nächsten Wettkampf tragen. Etwas Aberglaube kann auch beim Triathlon nicht schaden.

Der Erfolg im Wettkampf hat viele Ursachen. Neben einem soliden Training ist die psychische Situation des Athleten für die Leistung mit entscheidend. Eine mentale Vorbereitung gehört deshalb zu jedem Wettkampf.

Selbstaktivierung
Wenn ein Athlet willenlos und mit wenig Energie an den Start geht, dann wird wohl der Wettkampf kein großer Erfolg werden. Nun gibt es aber Techniken, sich selbst zu aktivieren und den eigenen Energiespiegel anzuheben. Vorher muß man aber erkennen, ob auch wirklich ein niedriger Energiespiegel vorliegt.

Anzeichen dafür sind:
– das Gefühl der Schwere und der fehlenden Spritzigkeit,
– ungenügende Konzentrationsfähigkeit,
– wenig Geduld und eine passive Einstellung zum Wettkampf,
– Gefühl der Hilflosigkeit,
– mangelnder Enthusiasmus für die Bewältigung des Wettkampfs.
Wenn dieser niedrige Energiespiegel erkannt ist, eröffnen sich Möglichkeiten, etwas dagegen zu tun. Welche **Strategien** gibt es hierfür?
1. Bewußtes Steigern der Atemfrequenz,
2. intensiveres Warmmachen als bei anderen Wettkämpfen,
3. gedanklich Erfolgsgefühle auslösen (z.B. Denken an frühere Leistungen; die sportliche Auseinandersetzung herbeisehnen).
4. die wichtigsten Ziele im Wettkampf geistig passieren lassen.
5. sich motivieren durch gesprochene Sätze wie:
   „Ich schaffe es!", „Meine Vorbereitung war super!", „Heute werde ich es der Konkurrenz zeigen!", „Die Strecken sind für mich kein Problem!"
6. Tatkraft vor den anderen demonstrieren,
7. sich vornehmen, unter allen Umständen sein Bestes zu geben.
Diese Strategien werden vor dem Wettkampf eingesetzt. Da es sich vorwiegend um mentale Prozesse handelt, helfen sie auch während des Wettbewerbs, immer einen hohen psychischen Energiespiegel zu halten.

Essen und Trinken vor, während und nach dem Wettkampf

Die Wettkampfernährung war schon immer ein besonders Anliegen der Sportwissenschaft. Die hohe Anzahl der Empfehlungen und Veröffentlichungen beweist das. Wettkampfernährung ist aber auch Gegenstand irrationaler Vorstellungen und Erwartungen bei vielen Sportlern.

Die Einstellung auf den Wettkampf beginnt schon einige Tage vor dem großen Ereignis. Ganz typisch hierfür ist die **Saltin-Diät.** Der Sportler entleert ca. eine Woche vor dem Start durch intensives Training seine Kohlehydratvorräte und beginnt danach mit einer ausgesprochenen Eiweißkost. Nach drei Tagen wird diese Diät abgesetzt. Der Organismus giert regelrecht nach Kohlehydraten. Dem wird durch eine regelrechte Kohlehydratmast Genüge getan. Die ausgelaugten Glykogendepots nehmen das Angebot gierig auf und füllen sich bis zum Rand mit Glykogen auf. Der Vorteil dieser Diät: Der Sportler kann bei der folgenden Langzeitbelastung länger über die Glykogenverbrennung seine Energie gewinnen. Nachteil des ganzen ist die Tatsache, daß viele Sportler diese abrupte Nahrungsumstellung nicht vertragen. Deshalb wird geraten, nicht unmittelbar vor einem Wettkampf von bisherigen Nahrungsgewohnheiten abzuweichen, sondern das Essen nur im Sinne einer kohlehydratreichen Nahrung zu ergänzen.

Für den Wettkampf gelten folgende Grundsätze:

• Am Wettkampftag werden nur leichtverdauliche Nahrungsmittel gegessen. Lieber mehrere kleine Portionen als ein großes Menü auswählen.

• Die letzte Hauptmahlzeit sollte ungefähr drei Stunden vor dem Start eingenommen werden.

• Nicht dehydriert an den Start gehen. Dauerbelastungen sind nur möglich, wenn der Stoffwechsel voll funktioniert. Dazu gehört aber Wasser.

• Feste Nahrung ist bei einem Kurztriathlon nicht nötig. Es reicht, wenn während des Radteils und vor dem Lauf Flüssigkeit aufgenommen wird. Sie kann durch Glukosezusätze helfen, den Blutzuckerspiegel zu stabilisieren. Beim Mittel- und Langtriathlon werden Kohlehydratspender gebraucht. Hier bietet sich die Banane an. Sie enthält verschiedene Kohlehydrate, Stärke und Fruchtzucker. Bestandteile, die einesteils sehr schnell ins Blut übergehen, andererseits aber auch langanhaltende Wirkung haben. Schließlich weist die Banane auch noch eine sehr praktische „Verpackung" auf und läßt sich mit Klebeband leicht am Rad befestigen.

• Von größter Wichtigkeit ist eine ausgeglichene Flüssigkeitsbilanz während des Wettkampfes. Das gilt besonders an heißen Tagen. Der Körper verliert bei Hitzewettkämpfen je Stunde 1,5 Liter Flüssigkeit. Während des Rennens muß der Wasserverlust ständig ausgeglichen werden. Deshalb ist es notwendig, zum Radfahren eigene Reserven mitzunehmen und auch die Verpflegungsstellen zu nutzen. Lieber öfter wenig trinken als große Mengen auf einmal.

Nach dem Wettkampf kommt es darauf an, die Flüssigkeitsdefizite wieder aufzufüllen und die Glykogendepots zu stabilisieren. Erfahrungsgemäß sind Appetit und Durst die Wegweiser für die richtige Speisekarte nach einem Triathlon.

Ernährung hat auf die Wettkampfleistung indirekten Einfluß. Eine wettkampfgerechte Ernährung trägt dazu bei, die antrainierten Leistungreserven voll zu erschließen.

Prophylaxe und Regeneration

Jede körperliche Belastung verändert das innere physiologische Gleichgewicht des Sporttreibenden. Diese Störungen des inneren Regulationssystems äußern sich als Ermüdung. Ihr Grad kann sehr unterschiedlich sein. Grenzbelastungen – wie sie auch beim Triathlon auftreten – haben häufig eine sehr hohe Ermüdung und eine verzögerte Regeneration zur Folge. Für den Langtriathlon ist das sogar typisch. Jeder erfahrene Wettkämpfer weiß deshalb, daß er im Jahr höchstens zwei solcher Belastungen wagen darf, anderenfalls muß er mit einem Regenerationsdefizit rechnen, das sich über mehrere Monate hinzieht. Eben das gilt es durch eine gezielte Wettkampfplanung und Trainingssteuerung zu vermeiden.

Regenerative Maßnahmen sind aber auch schon bei weit geringeren Belastungen notwendig. Die moderne Trainingswissenschaft hat erkannt, daß der Regeneration sogar eine zentrale Stellung im Trainingsprozeß zukommt, denn die Geschwindigkeit der Wiederherstellung nach Belastungen wird zu einer wichtigen Voraussetzung für neue Trainingsanforderungen. Die Pause sowie die mittelfristige und langfristige Regeneration sind in der modernen Trainingsmethodik zu entscheidenden Faktoren der Leistungssteigerung geworden.

Die Regeneration zum einen durch mehrere Methoden erfolgen und sich zum anderen auf die ausdauertypischen Funktions- und Regulationssysteme konzentrieren. Folgende **Aufgaben** müssen gelöst werden:

– Auffüllen der Energiereserven, insbesondere der Kohlehydratspeicher.
– Das gestörte Milieu des Organismus wieder ins Gleichgewicht bringen, z.B.: den normalen Säure-Basen-Haushalt wiederherstellen, Flüssigkeitsverluste ausgleichen, Mineralien und Spurenelemente auffüllen.
– Wiederherstellung des hormonellen Gleichgewichts.
– Herstellung des nervalen Normalzustandes.
– Aktive und auch passive Erholung für die beanspruchten Organsysteme.

In der Trainingspraxis haben sich für die Regeneration folgende **Maßnahmen** bewährt:
– Einstellung der Ernährung auf den besonderen Bedarf des Organismus,
– Ausgleich des Flüssigkeitsverlustes (Normalisierung) des Elektrolythaushaltes und weiterer biochemischer Defizite,
– muskuläre Erholung durch Regenerationstraining,
– Regeneration durch physiotherapeutische Maßnahmen,
– nervale Regeneration.

Im Hochleistungssport wurde sehr schnell erkannt, daß die schnelle Regeneration des Sportlers nach Training und Wettkampf ein wichtiger Leistungsfaktor ist. Schnelle Wiederherstellung ermöglicht im entsprechenden Trainingsabschnitt einen höheren Trainingsumfang und intensiveres Trainieren.

Ernährung

Zweifellos ist auch die Ernährung ein wichtiger Faktor für die sportliche Leistung, insbesondere die Ausdauerleistung. Fest steht aber auch, daß hohe Leistungen vor allem durch Training und natürlich durch das Talent für die Sportart erreicht werden. Noch immer herrscht die Auffassung vor, daß allein die Ernährung schon einen Leistungsgewinn bringt. Das ist falsch! Es trifft weder für Kraftsportler und erst recht nicht für Ausdauersportler zu. Die Ernährung des Sportlers gehört eindeutig zu den sekundären Leistungsfaktoren.

Wie sieht eine ausdauerorientierte Ernährung aus? Sie läßt sich am einfachsten mit den Attributen *fettarm, kohlehydratreich, proteinreduziert* und *kalorienbilanziert* charakterisieren. Schließlich sollte sie auch noch reichlich *Ballaststoffe* und natürlich ausreichend *Vitamine* und *Mineralstoffe* enthalten. Das sind die generellen Voraussetzungen für den optimalen Energie- und Strukturstoffwechsel des Ausdauersportlers.

Die folgenden Punkte verdeutlichen das im einzelnen.

• Triathleten sollten immer bestrebt sein, dem Idealgewicht nahezukommen. Während früher allgemeine Formeln dieses Gewicht auswiesen, wird heute auch die figürliche Voraussetzung berücksichtigt. Da gibt es große Unterschiede, z. B. zwischen einem athletischen Typ und einem leptosomen Typ. Die sicherste Auskunft geben jedoch die Körperfett-Bestimmungen. Der Anteil des Gesamtkörperfetts an der Körpermasse ist die entscheidende Größe für das Idealgewicht für den Ausdauersportler. Durch Hautfaltenmessungen ist die Bestimmung des Körperfetts leicht möglich. Zwei- bis dreimal im Jahr sollte deshalb der Fettanteil vom Arzt gemessen werden.

• Vollwertiges Energie- und Nährstoffangebot anstreben. Das heißt, auch die vom Organismus nicht herstellbaren lebensnotwendigen Aminosäuren (kleinste Eiweißbausteine), die mehrfach ungesättigten Fettsäuren sowie Vitamine und Mineralstoffe müssen dem Körper ausreichend zur Verfügung stehen.

• Die Hauptbestandteile der menschlichen Nahrung sind Kohlehydrate, Fette und Eiweiße. Sie sind im Verhältnis 60/20/20 am günstigsten für den Ausdauersportler. In der Vorbereitungsperiode sollte der Eiweißanteil 25 bis 30% betragen. Proteinen pflanzlicher Herkunft ist dann allerdings der Vorzug zu geben. Der Fettgehalt der Nahrung darf nie unter 15% sinken. Nur so ist die hormonell gesteuerte Regeneration gesichert.

• Der tägliche Gesamtkalorienbedarf muß ebenfalls stimmen. Bei leichter körperlicher Arbeit sind das beim Mann 2600 kcal und bei der Frau 2200 kcal. Dazu kommen Kalorien, die durch das sportliche Training verbraucht werden. Für die Sportarten des Triathlon ergibt sich der in Tabelle 26 dargestellte Verbrauch.

• Vorsicht bei als besonders wirkungsvoll angepriesenen Sportnahrungen. Sie halten nicht immer, was sie versprechen, sind aber meist sehr teuer.

Tabelle 26   Energieumsätze beim Triathlontraining

Tätigkeit	kcal/min	kj/min
Laufen 12 km/h	11,4	47,9
15 km/h	13,1	54,8
Radfahren ca. 30 km/h	8,0	37,6
Schwimmen (mittlere Anstrengung)	11,0	46,2
Gymnastische Kraftübungen	5,0	20,9

• Bei hohen Trainingsumfängen und Trainingsintensitäten kann die zusätzliche Zuführung von Nährstoffen notwendig werden (Substitution). Das gilt für Magnesium und Eisen. Bei Vegetariern trifft das auch für Vitamin B_{12} und Carnitin zu.

Für den Ausdauersportler ist eine kohlehydratreiche Ernährung eine wichtige Leistungsvoraussetzung. Welche Vorteile sie bringt, ist im folgenden zusammenfassend dargestellt.

Vorteile einer kohlehydratbetonten Ernährung im Ausdauersport
(Quelle: Hamm, N., Fitnessernährung, Rowohlt Taschenbuch Verlag, Reinbek 1990)

1. Der Beginn von Müdigkeit und Erschöpfung wird herausgezögert.
2. Einem vorzeitigen und starken Abfall des Muskelglykogenspiegels wird vorgebeugt, der Blutzucker und damit die mentale Leistungsfähigkeit bleibt länger stabil.
3. Es resultieren deutliche Änderungen im Plasmagehalt der Aminosäuren.
4. Ein frühzeitiges Einschleusen von Aminosäuren in den Energiestoffwechsel (Eiweißkatabolismus) wird verhindert, kenntlich an dem fehlenden Harnstoffanstieg im Blut nach der Belastung.
5. Der Ammoniakanstieg im Blut nach intensiven Belastungen ist weniger ausgeprägt, da die energiereichen Phosphate nicht generell bis zur Grundstufe abgebaut werden.
6. Die Regenerationsphase ist verkürzt.

Tips für eine kohlehydratreiche und gleichzeitig vollwertige Ernährung

– Vermehrter Verzehr kohlehydratreicher und fettarmer Lebensmittel, wie Vollkorngetreideprodukte (Nudeln, Reis, Getreideflocken, Brot), Kartoffeln, Gemüse und Obst. Brot sollte fettarm belegt sein. Schmackhaft und kohlehydratreich ist Brot – mit Quark bestrichen und mit Apfel-, Bananen- oder Kiwischeiben belegt.
– Anreicherung von Getränken und Speisen mit Kohlehydratkonzentraten, z.B. Maltodextrine, Fruchtsirup etc.
– Angebot kohlehydratreicher Snacks bzw. Zwischenimbisse, wie Obst, Vollkornkekse und kohlehydratreiche Riegel auf der Basis von Getreide, Trockenfrüchten (ungeschwefelt) und Zuckern.
– Bereitstellen von kohlehydratreichen Nachspeisen wie Fruchtkaltschalen, Obstsalat, Pudding mit Fruchtsirup.

Ausdauersportler sind auf kohlehydratreiche Nahrung angewiesen. Nur sie sorgt für die ausreichende Energiebereitstellung für das Training und den Wettkampf.

Getränke

Jeder Ausdauersportler weiß, daß Wassermangel im Organismus zu erheblichen Leistungsverlusten und sogar zu gesundheitlichen

Schäden führen kann. Bereits bei ein bis fünf Prozent Wasserverlust, bezogen auf das Körpergewicht, treten Durst, Müdigkeit, Schwäche und Übelkeit auf. Bei zehn Prozent wird der Wasserverlust lebensbedrohlich. Rechtzeitiger Flüssigkeitsersatz ist deshalb für das Training und erst recht im Wettkampf notwendig, um Grundfunktionen des Körpers aufrecht zu halten. *Was ist zu beachten?*

• Entscheidend für den Flüssigkeitsersatz ist weniger die Mixtur als die Flüssigkeitsmenge und die Bekömmlichkeit des Getränks.

• Das Durstgefühl ist im Training und beim Wettkampf kein verläßlicher Gradmesser der notwendigen Flüssigkeitszufuhr. Häufig kommt der Durst zu spät. Der Sportler sollte „Trinkerfahrungen" sammeln, um zu wissen, wann er rechtzeitig zur Flasche greifen muß. Das ist auch abhängig von Temperatur, Luftfeuchtigkeit und Höhenlage.

• Häufig wird der Schweißverlust bei Training und Wettkampf unterschätzt. Bereits bei zwei Stunden Ausdauerleistung werden ein bis anderthalb Liter Flüssigkeit ausgeschwitzt. Das ist auch die äußerste Grenze für Flüssigkeitsaufnahme. Wer erst später trinkt, bekommt Probleme.

• Die Ausscheidung von Natrium über den Schweiß (Salzkruste im Gesicht bei langer Ausdauerbelastung) wird vom Körper schnell wieder ersetzt, da in vielen Nahrungsmitteln Salze vorhanden sind. Salztabletten während oder nach der Belastung sind nicht nötig. Sie schaden mehr, als sie nützen.

• Bei Belastungen bis zu einer Stunde reichen Wasser oder Tee vollkommen aus. Für längere Anforderungen werden Getränke mit Kohlehydratzusatz empfohlen (z. B. verdünnte Obstsäfte). Das trägt dazu bei, den Blutzuckerspiegel nicht absinken zu lassen.
Erst beim Mittel- und Langtriathlon werden Elektrolytgetränke empfohlen. Die Konzentration des Getränkes sollte unter der Blutkonzentration liegen (hypotone Getränke), um eine schnelle Flüssigkeitsaufnahme aus dem Darm in das Blut zu gewährleisten. Bei zu hoher Konzentration (hypertone Getränke) vollzieht sich der Vorgang umgekehrt. Die Flüssigkeit strömt in den Darm. Dadurch wird das Blut weiter eingedickt.

• Nach der Ausdauerbelastung kommt es darauf an, die Glykogenspeicher wieder aufzufüllen. Kohlehydrat- und kaliumhaltige Getränke, wie z. B. Obstsäfte oder auch ein, zwei Glas Bier, erfüllen diese Aufgabe am besten. Die Menge der aufzunehmenden Flüssigkeit wird vom Durst hinreichend geregelt.

Lange Zeit war es üblich, Ausdauersportler „dehydriert" in den Wettkampf zu schicken, um zusätzlichen Ballast zu vermeiden und Stoffwechselprozesse zu verringern. Diese Praxis setzt die Leistungsfähigkeit des Sportlers deutlich herab. Deshalb – nie durstig an den Start gehen!

Muskelpflege

Das Training – speziell die Kräftigung der Muskulatur – war schon vor Jahrzehnten Gegenstand der Sportwissenschaft. Unter dem Motto „schneller, höher, weiter" wurde mit legalen und leider auch unerlaubten Mitteln viel aus dem Muskel herausgeholt. Da werden Lasten bewältigt, die man im Alltag nur mit Maschinen beherrscht, und Geschwindigkeiten erreicht, mit denen auch dafür spezialisierte Säugetiere ihre Probleme haben. Welches Pferd schafft zum Beispiel in 2:07 Stunden eine

Strecke von 42,195 km? Und auch beim Triathlon werden die Siegerzeiten für alle Streckenlängen immer geringer. Letztlich sind diese Leistungsentwicklungen auf das sportliche Muskeltraining zurückzuführen.

Bei all diesem Kraftzuwachs wurde erst relativ spät erkannt, daß die Muskeln sehr empfindliche Organe sind, die auch der Erholung, Entspannung und Pflege bedürfen. Geschieht dies nicht, werden sie verletzungsanfällig und verweigern die sportliche Höchstleistung. Muskelzerrungen, Faserrisse, Rupturen, Muskelkrämpfe sind nur einige Folgen der muskulären Überlastung. Zum Muskeltraining gehörten deshalb genau so die Pause, die Erholung und die Prophylaxe, wie das beim Herz-und-Kreislauftraining der Fall ist. Bei intensivem Training, wie z. B. beim Krafttraining oder beim Schnelligkeitstraining, wird diese Erholungsbedürftigkeit der Muskeln vom Trainierenden augenblicklich erkannt. Muskelschmerzen sind ein untrügliches Zeichen. Schwerer zu erkennen ist die Überbeanspruchung bei langandauernder Muskelarbeit mit geringer Intensität, wie sie beim Triathlon üblich ist. Für den Triathleten ist deshalb auch „Muskelpflege" notwendig. Welche Methoden hierfür kommen in Frage?

Muskeldehnung

Nach Erkenntnissen der Muskelphysiologen kommt es im Gefolge des Krafttrainings, nach starken und wiederholten Anstrengungen, zu Kontraktionsrückständen. Es entsteht eine Verkürzung der Muskulatur und eine Erhöhung des Muskeltonus. Das führt auf die Dauer zu einer Mehrbelastung der Sehnen und Gelenke sowie durch den ständigen Zug zu entzündlichen und degenerativen Veränderungen des Muskelgewebes. Die Folgen sind häufig Muskel- und Gelenkschmerzen, Muskelfaserrisse und Muskelzerrungen.

Man kann dieser Erscheinung dadurch begegnen, daß einerseits diese Muskeln systematisch gedehnt werden und gleichermaßen die Antagonisten (Gegenspieler dieser Muskeln) gekräftigt werden. Damit wird das Gleichgewicht der sich ergänzenden Muskeln wiederhergestellt.

Muskelverkürzungen treten beim Triathleten vor allem im Bereich seiner speziellen Arbeitsmuskulatur auf, also in

- der Wadenmuskulatur,
- der vorderen und hinteren Oberschenkelmuskulatur,
- den Hüftbeugern und
- der geraden Rückenmuskulatur.

Hinzu kommt dann meist die relative Schwäche der Bauch- und Gesäßmuskulatur. Den Muskelverkürzungen muß durch Dehnung entgegengewirkt werden. Bei den Dehnungsübungen gibt es jedoch eine Schwierigkeit: Der gedehnte Muskel reagiert auf starke Dehnung mit einer Kontraktion im Sinne des Schutzreflexes. Deshalb muß bei Dehnungsübungen versucht werden, die reflektorische Gegenspannung des Muskels so gering wie möglich zu halten, oder den Muskel zu „überlisten".

Methoden der Muskeldehnung:
- die wiederholende Dehnung
- die permanente Dehnung
- die postisometrische Dehnung (Dehnung nach vorheriger Anspannung).

• Bei der **wiederholenden Methode** ist es wichtig, daß die Bewegungen im mittleren bis langsamen Tempo (geführte Bewegungen) durchgeführt werden. Auf keinen Fall darf die Bewegung ruckartig und zerrend erfolgen, weil sonst der Schutzreflex des Muskels einen optimalen Erfolg der Dehnung verhindert.

Dosierungshinweise:
10–20 Wiederholungen je Übung,
40–60 Gesamtwiederholungen je Haupt-
    muskelgruppe pro Trainingseinheit.
Die Dehnung muß deutlich unter der Schmerzgrenze bleiben.

• Die **permanente Methode** kann bis an den Rand der Schmerzgrenze führen. Natürlich muß ein gewisses subjektives Wohlgefühl erhalten bleiben. Die eingenommene Dehnlage wird 10 bis 30 Sekunden gehalten und kann 4- bis 8mal je Hauptmuskelgruppe wiederholt werden.

• Der **postisometrischen Dehnung** wird die größte Wirksamkeit zugesprochen. Hierbei wird der Schutzreflex überlistet. Dieser Dehnmethode liegt die physiologische Erkenntnis zugrunde, daß ein vorbelasteter Muskel die Dehnspannung erst später erkennt. Das *Grundprinzip* lautet: *Belasten – Lockern – Dehnen*. Die durch die isometrische Kontraktion produzierte Muskelwärme wirkt sich zusammen mit der Herabsetzung des Schutzreflexes positiv auf die Effektivität des Dehnens aus. Obendrein wird durch die isometrische Belastung die Muskulatur gekräftigt. Mit dieser Methode wird die Einheit von Kräftigung und Dehnung des Muskels umgesetzt. Der Muskel wird 10 bis 30 Sekunden isometrisch angespannt, danach 2 bis 3 Sekunden gelockert und nachfolgend etwa genau so lange gedehnt, wie er zuvor angespannt wurde (20–30 Sekunden).

Die Muskeldehnung eignet sich nicht für vorgeschädigte Muskeln. Sie gehört vielmehr ständig zum Kraft- und Ausdauertraining. Der Triathlet sollte für jede Trainingseinheit 10 bis 15 Minuten Dehnübungen einplanen. Das ist keine verlorene Zeit, sondern Grundlage für eine kontinuierliche, nicht durch Muskelverletzungen unterbrochene Trainingsarbeit.

> Gezielte Muskeldehnung gehört zum Training wie das Zähneputzen zur persönlichen Hygiene. Jede Trainingseinheit sollte ein Dehnprogramm von mindestens 10 Minuten enthalten.

Muskelentspannung

Muskeln sind viel häufiger verspannt, als der Athlet erkennt. Muskelverspannungen treten schon im Alltag auf. Wie oft sitzt man verkrampft am Steuer des Autos, und nicht selten begleiten uns Verspannungen beim Sitzen und Stehen. Im Sport werden Verspannungen zum Leistungshindernis. Es kommt immer darauf an, die Muskelspannung der jeweiligen Aufgabe anzupassen. Das ist im Sport sehr schwer und erfordert eine gute Kontrolle jeder Bewegung. Genauigkeit, Effektivität und Eleganz einer Bewegung sind nur mit entspannter Muskulatur zu erreichen.

Der Athlet muß deshalb lernen, die Zunahme und Abnahme seiner Muskelspannung zu erfühlen. Das läßt sich systematisch erlernen. Der amerikanische Physiologe JACOBSEN hat eine Methode hierfür entwickelt. Dabei werden in einer absolut entspannten Situation (bequemer Sessel in einem ruhigen Raum) der Reihe nach wichtige Muskeln maximal angespannt und dann völlig entspannt. Das beginnt mit der Armmuskulatur, erfaßt die Gesichtsmuskeln und endet mit der Rumpf- und Beinmuskulatur. Der Athlet bekommt so ein Gefühl für den Grad seiner Muskelspannung. Die tägliche Übungsdauer liegt bei etwa zehn Minuten. Nach einigen Wochen ist der Übende in der Lage, im Alltag und im Sport seine Muskelanspannung genau zu erkennen und vor allem auch zu steuern. Die Technik der Muskelentspannung ist jedoch keine Entspannung für Psyche und Geist. Das Bewußtsein bleibt bei allen Übungen wach und glasklar.

Physiotherapeutische Maßnahmen

Massage

Eine bewährte Methode der Muskelentspannung und der gesamten Regeneration des Körpers nach hohen Beanspruchungen ist die Massage. Dieses Physiotherapeutikum ist je nach der angewandten speziellen Methode besonders gut dosierbar und muß durchaus nicht in allen Fällen von einer Fachkraft ausgeführt werden. Bei Kenntnis der Anwendungsbereiche und nach Aneignen der Handgriffe kann wohl jeder eine sinnvolle, die Körperpflege wirksam unterstützende Massage ausführen — sowohl bei sich selbst als auch bei einem anderen.

Besonders möchten wir die **Bürstenmassage** bzw. das Trockenbürsten erwähnen, die sich vor allem bei vegetativer Übererregbarkeit bewähren. Wenn es regelmäßig durchgeführt wird, stellt das Trockenbürsten ein Gefäßtraining dar. Zur Ausführung braucht man eine Bürste mit möglichst kräftigen tierischen oder pflanzlichen Borsten.

Bei dieser wie bei anderen Massagearten beginnt man herzfern. Zunächst bürstet man die Füße einschließlich der Fußsohlen und geht über zu den Schenkeln, den Lenden, dem Leib und dem Gesäß. Danach bürstet man die Unter- und die Oberarme, die Brust, die Schultern und auch den Rücken. Die Trockenbürstung kann durch ein anschließendes kaltes Waschen ergänzt werden. Durch das Bürsten wird zunächst eine Erwärmung (also Blutgefäßerweiterung) erzielt, während das kalte Waschen die Blutgefäße in der Haut zum Zusammenziehen anregt.

Bei der **Handmassage** kann der geübte Laie Streichungen und Schüttelungen der Muskulatur vornehmen. Man beginnt z. B. am Unterschenkel mit den Fingerspitzen beider Hände, von den Fersen ausgehend zu den Kniekehlen, zu streichen. Zunächst erfaßt man die beiden Seiten des betreffenden Unterschenkels und anschließend noch im besonderen die Wadenmuskulatur. In ähnlicher Weise verfährt man am Oberschenkel. Bei richtiger Ausführung stellt sich eine leichte Hautrötung an den behandelten Stellen ein.

Die Schüttelung kann zu einer intensiven und durchgreifenden Lockerung der Muskulatur führen und löst ein angenehmes Entspannungsgefühl aus.

Sauna

Die finnische Sauna hat viele Vorteile für den Sportler, sie gilt als Abhärtungsmittel und ist eine Vorbeugung vor Erkältungskrankheiten. Sie hilft aber auch, den Kreislauf anzuregen und die Muskulatur zu entspannen. Die Wärme- und Kältereize sind ein ideales Mittel für das Gefäßtraining. Der Triathlet wird die Sauna vorwiegend im Winter nutzen. Saunabaden ist jedoch auch während der Wettkampfsaison angeraten. Allerdings ist unmittelbar vor einem Wettkampf kein Saunabesuch zu empfehlen, schließlich wird durch die Sauna der Wasserhaushalt des Körpers aus dem Gleichgewicht gebracht und auch die Wärmeregulation beansprucht.

Bäder und Güsse

Jedermann weiß, daß allein das Duschen nach einem anstrengenden Wettkampf entspannend und belebend wirkt. Weitere Formen der Wasserbehandlung sind fast überall problemlos durchzuführen. Sie sind eine Reizbehandlung, auf die der Organismus mit mehr oder weniger starken Reaktionen antwortet. Warmwasseranwendung erweitert die Hautgefäße. Es kommt dadurch zur Erhöhung der zirkulierenden Blutmenge. Dem Sportler ist damit ein Mittel gegeben, Stoffwechselprodukte in der Muskulatur schneller abzubauen.

Die Verengung der Hautgefäße dagegen wird durch kaltes Wasser bewirkt. Das ist aber nur die erste Reaktion. Nach kurzer Zeit stellt sich ein Wärmegefühl ein, und auch das geht mit einer Gefäßerweiterung einher. Wechselwarmes Duschen bringt die verstärkte Durchblutung am schnellsten in Gang. Außerdem wirkt diese Prozedur abhärtend. Bei Bädern kann die Wirkung durch Badezusätze noch gesteigert werden.

Nach Abschluß einer jeden Wasserbehandlung wird der Körper kräftig abfrottiert. Das bringt den Vorteil der Gefäßmassage und verhindert Auskühlungen und damit Erkältungen. Kalte Güsse werden am besten mit dem Schlauch ausgeführt. Sie sind geeignet, spezielle Körperregionen gezielt zu erfassen. Der Guß bewirkt eine starke Reaktion, die zunächst als leichter Schmerz wahrgenommen wird. Der hört aber bald auf und weicht einem angenehmen Körpergefühl. Kalte Güsse wirken besonders stark auf die Blutzirkulation und den Stoffwechsel. Sie empfehlen sich vor allem nach einer Warmwasseranwendung. Güsse beschleunigen nicht nur die physische Regeneration, sondern wirken auch belebend auf „Seele und Geist".

Aktive Erholung

Erwiesen ist, daß nach sportlichen Belastungen der aktiven Erholung eine besondere Rolle zukommt: Damit ist eine Erholung zu verstehen, die sich unter einer leichten und andersgerichteten Muskelarbeit vollzieht, als es die Spezialdisziplinen erfordern. Die Formen der aktiven Erholung im Sport sind vielfältig. Mehrere sportliche Aktivitäten eignen sich dafür. Die Praxis der Wiederherstellung und Erholung beim Triathleten konzentriert sich aber vorwiegend auf wenige ausgewählte Formen. Meist sind es unter den sportlichen Mitteln die Spiele, Wassersportarten und Touristik. In erster Linie kommt es darauf an, daß solche Formen ausgewählt werden, die andere Fähigkeiten und Fertigkeiten beanspruchen als beim Triathlon, und daß eine möglichst niedrige Intensität gewählt wird (z. B. Sauerstoffläufe; Radtouristik; Spiele, die vorwiegend Balltechnik verlangen).

Psychische Regeneration

Muskelentspannung gehört hauptsächlich zur physischen Regeneration, wenngleich sie auch entspannend auf die Psyche einwirkt. Für die psychische Entspannung gibt es eine Reihe spezieller Methoden. Der Triathlet sollte sich mit einer dieser Techniken anfreunden und sie so erlernen, daß er jederzeit in der Lage ist, sich zu entspannen und auf eine bestimmte Aufgabe zu konzentrieren.

Autogenes Training

Das Ziel des autogenen Trainings besteht darin, zu lernen, den dem Streßgeschehen entgegengerichteten Ruhezustand gewollt herbeizuführen und durch Training diesen Regulationsvorgang so zu verstärken, daß der Organismus den verschiedensten Belastungen besser gewachsen ist. Es kommt also darauf an, unwillkürliche Prozesse des Organismus (z. B. Herzfrequenz, Atmung, nervale Zustände) willkürlich zu beeinflussen.

Methodisch baut das autogene Training auf sich steigernde Fertigkeitsstufen auf. Da aber das Entspannungstraining nur nach längerer Übungszeit beherrscht wird, sollte das Erlernen unter fachgerechter Anleitung erfolgen. Das gilt zumindest für das Beherrschen der Unterstufe. Hier wird erlernt, wie man mit der Wortreihe „Ruhe – Schwere – Wärme – Herz und Atmung ruhig – Bauch warm – Stirn kühl" umgeht, um ausreichend Entspannung zu erreichen. Wer diese Fähigkeit erlernt hat, kann die Möglichkeiten des autogenen Trainings weitgehend nutzen und ist in der Lage, danach weitere Techniken zu erlernen.

Hypnose

Die Hypnose zählt in Amerika längst zu den seriösen Entspannungsmethoden. Dort gibt es auch schon Kurse für do-it-yourself-Hypnose. Zuerst lernt man sich zu entspannen, danach, wie man ohne fremde Hilfe in Hypnose gleitet.

Musikhören als Entspannungstechnik

Wohl jeder hat die entspannende Wirkung der Musik schon selbst erlebt. Psychologen haben inzwischen auch ermittelt, welche Musik bei welchem psychischen Zutand am sichersten entspannt.

Entspannung über die Atemkontrolle

Erregung verändert die Atemtiefe und die Atemfrequenz. Umgekehrt ist es auch möglich, Erregungszustände durch gezieltes Atmen zu

beeinflussen. Es handelt sich hier um eine alte Erkenntnis, die sich unter anderem darin widerspiegelt, daß man erst dreimal tief Luft holen soll, bevor man zu einer Äußerung oder Tat schreitet.

Meditation

Meditation steigert die Fähigkeit, sich zu entspannen und gleichzeitig zu konzentrieren. Deshalb beschreiben die Anhänger der Meditation, daß sie in einen geistig-seelischen Zustand gelangen, der sie völlig wach macht, sie die Welt bewußt erleben läßt, sie aber auch zu spontanem Handeln befähigt. Das sind alles Erscheinungen, die ein Athlet in Hochform ebenfalls erlebt. Übrigens, Meditationstechniken wirken auch, ohne daß man sich irgendeiner philosophischen oder religiösen Glaubensrichtung verbunden fühlt.

Meditation ist jedoch eine Technik, die nur über viel Geduld, Arbeit und Selbstdisziplin zu einem besonderen Bewußtseinszustand führt und damit für den Athleten wirksam wird.

Yoga

Viele Triathleten werden fragen, welche Bedeutung das asiatische Yoga für eine moderne Sportart haben soll. Ist es doch entstanden, als an modernen westlichen Sport noch lange nicht zu denken war, und mit Ausdauersport hat es ja wahrlich nichts gemein. Wenn man jedoch von kulturhistorischen Interpretationen des Yoga absieht und sich auf das Übungsgut und die Methoden konzentriert, ist festzustellen, daß Yoga gleichwohl den Trainingsprozeß der Triathleten bereichern kann. Es handelt sich nämlich um Erfahrungen und Erkenntnisse zur bewußten Regelung motorischer, sensorischer, vegetativer und psychischer Funktionen – also um ein umfangreiches System der Selbststeuerung. Yoga und Meditation gehören in vieler Hinsicht zusammen und verfolgen ähnliche Ziele.

Für den Triathleten kann es vorteilhaft sein, Yogatechniken zu beherrschen, weil er damit direkten Zugang zu seinem Inneren hat und manche physiologischen Vorgänge willkürlich beeinflussen kann. Besonders intensiv können damit Regenerationsvorgänge gesteuert werden.

> Der Triathlet sollte sich eine Methode zur psychischen Entspannung aneignen. Dabei ist es zweitrangig, welche der zahlreichen Methoden ausgewählt wird.

Blessuren und Beschwerden

Wenngleich die Sportart Triathlon nicht in die vordere Reihe der verletzungsreichen Sportarten gehört, so ist doch der Triathlet vor Blessuren und Überlastungsschäden nicht gefeit. Schließlich haben wir es mit einer Sportart zu tun, bei der teilweise hohe Geschwindigkeiten beherrscht werden müssen, und außerdem bringen der Aufenthalt im Freiwasser sowie die lange Wettkampfdauer weitere Gefährdungsmöglichkeiten mit sich.

Zur Zeit gibt es nur wenig Statistiken über Verletzungen beim Triathlonwettkampf und -training. Dennoch ist bekannt, daß Schädigungen an der Muskulatur, Gelenkverstauchungen und Schürfwunden am häufigsten behandelt werden müssen. Bei den Überlastungsschäden sind es meist muskuläre Dysbalancen, die dem Athleten zu schaffen machen. Die Infektanfälligkeit rangiert bei den

Krankheiten an erster Stelle. Hier sind Triathleten den gleichen Gefahren ausgesetzt wie viele andere Leistungssportler.

Überlastungsschäden

Zunehmender Trainingsumfang, eine höhere Intensität und ungenügende Regeneration sind meist die Ursachen von Überlastungsschäden. Zum großen Teil wird davon das Binde- und Stützgewebe betroffen. Der Sportler spürt Schmerzen im Bewegungsapparat, kann aber keine akute Verletzung dafür verantwortlich machen. In den meisten Fällen hilft eine kurze Trainingspause. Für den Triathleten ist das sogar einfach, weil er auf eine andere Sportart umsteigen kann, mit der er in der entsprechenden Körperregion keine Probleme hat. Bei Entlastung bilden sich die Erscheinungen meist schnell zurück.

Bei anhaltenden Schmerzen und Beschwerden ist jedoch unbedingt ein Arzt zu konsultieren. Kann es sich doch um muskuläre Dysbalancen, Fehlstellungen der Wirbelsäule oder von Gelenken, Fußdeformationen sowie Entzündungen von Sehnen oder Schleimbeuteln handeln. Der Versuch, mit eigenen Mitteln die Beschwerden zu heilen, hat meist nur eine Verlängerung der Behandlungsdauer zur Folge.

Überlastungsschäden können weitgehend vermindert werden, wenn der Triathlet folgendes beachtet:

- Fehlstellungen des Bewegungsapparates durch einen Orthopäden behandeln lassen.
- Rechtzeitige Behandlung bzw. Vermeidung von muskulären Dysbalancen durch methodisch durchgeführtes Training.
- Unterstützung durch Fachleute beim Justieren des Fahrrades. Die Radgeometrie muß den anatomischen Verhältnissen des Athleten angepaßt sein.

– Auswahl der Laufschuhe und eventuell der Einlagen nach orthopädischer Beratung. Analyse der Lauftechnik mittels Videotechnik und Belastungsmessungen.
– Dehnungs- und Entspannungsübungen in jeder Trainingseinheit.
– Nutzung von „Wiederherstellungsmaßnahmen" nach intensivem Training und nach Wettkämpfen (Massage, Bäder, aktive Erholung).

Bei hartnäckigen Beschwerden sollte die lange Wettkampfpause im Winter genutzt werden, um diese Schäden zu beheben. Wie alle Ausdauersportler sind Triathleten am besten beraten, wenn sie einen Arzt konsultieren, der persönliche Erfahrung mindestens mit einer unserer Sportarten hat. Nur er kann sich auch in die psychische Situation eines Athleten versetzen, der unter Umständen längere Zeit in einer Sportart pausieren muß.

Akute Verletzungen und Krankheiten

Schwimmen

Akute Verletzungen sind beim Schwimmen selten. Dennoch kommt es mitunter zu

• *Mikroverletzungen im Schulter- und Oberarmbereich.* Das trifft vorwiegend für das Kraulschwimmen zu. Der Athlet muß deshalb vorübergehend im Training die Technik wechseln, d. h. die Brust- und Rückentechnik bevorzugen.

• *Fußpilz.* Schwimmer, die zwangsläufig Hallenbäder – natürlich vor allem im Winter – aufsuchen, leiden häufig an Fußpilz. Sie sollten den Hautarzt aufsuchen und nicht durch Selbstbehandlung den Heilungsprozeß in die Länge ziehen.

• *Bindehautentzündung.* Durch die Entkeimung des Badewassers mit Chlor oder Ozon kommt es vielfach zu Reizungen der Bindehaut. Das Tragen einer wasserdichten Schwimmbrille verringert den Kontakt zum Badewasser, so daß man Schädigungen der Augen einschränken kann.

Radfahren

Das Radfahren ist mit einigen spezifischen und ungewohnten Haltungen und Bewegungsanforderungen verbunden, die leicht zu Beschwerden führen können. Es handelt sich vor allem um Rücken- und Sitzbeschwerden sowie Überlastungen in den Kniegelenken.

• *Rückenschmerzen.* Die Haltung auf dem Rad führt leicht zu Rückenschmerzen. Die Ursache ist meist die zu wenig gekräftigte Rücken- und Lendenmuskulatur. Das Krafttraining in der Vorbereitungsperiode hat u. a. den Zweck, eine kräftige und geschmeidige Rückenmuskulatur zu schaffen. Kraftübungen mit und ohne Gerät und vor allem Dehnübungen können vorbeugend wirken.

Treten bereits Schmerzen beim Radtraining auf, sollte der Lenker etwa 2 cm höher gestellt werden. Das schafft Entlastung. Rückenbeschwerden gibt es auch bei der Umstellung vom klassischen Lenker zum Triathlonlenker. Am Anfang der Umstellungsphase darf der Triathlet nur wenige Minuten die neue Haltung einnehmen. Häufiges Wechseln zwischen tiefer und hoher Haltung hilft Überanstrengungen vermeiden.

• *Sitzbeschwerden.* Unter diesen Beschwerden leiden zumeist Anfänger. Das Einmassieren mit Salben, ein weiches Leder in der Radhose und die richtige Härte des Sattels vermindern die Belastung der Sitzfläche. Häufig entstehen Schmerzen, weil der Druck auf die tiefer liegende Muskulatur ungewohnt ist. Systematisches Training und der Beginn mit kurzen Strecken sind die beste Prophylaxe.

• *Knieschmerzen* beim Radfahren. Kniebeschwerden gehören zu den häufigen Beschwerden des Radsportlers. Die Ursache liegt meist darin, daß mit zu viel Kraft getreten, also die Übersetzung zu groß gewählt wird. Eine weitere Ursache ist im ungenügenden Warmhalten der Knie und Beine zu suchen. Bei kühlem Wetter sollte der Athlet immer mit langen Radhosen fahren. Deuten sich Entzündungen der Schleimbeutel an, dann sind absolute Ruhe und ärztliche Behandlung nötig.

• *Schmerzen im Achillessehnenbereich.* Aus ähnlichen Gründen wie bei den Kniebeschwerden kommt es auch im Bereich der Achillessehne zu Schmerzen und Entzündungen. Auch hier ist Warmhalten die beste Vorbeugung. Warme Socken und hohe, gefütterte Radschuhe an kühlen Tagen sowie kleine Übersetzungen beugen einer Sehnenscheidenentzündung am besten vor.

• *Entzündungen der Nasennebenhöhlen.* Die Gefahr einer Nebenhöhlenentzündung ist bei einem Schnupfen besonders groß. Der Sportler sollte bei Erkältungskrankheiten und bei feuchter Kälte ganz auf das Radtraining verzichten.

Laufen

Die Verletzungen beim Läufer sind meist im Bereich des Knies und der Achillessehne lokalisiert.

• *Knieschmerzen beim Laufen.* Die häufigsten Probleme am Knie werden durch die Hoffasche Erkrankung hervorgerufen. Es handelt sich dabei um eine Entzündung des Fettkörpers zwischen Kniescheibe und Schienbeinkopf. Diese Erkrankung wird oft mit einer Meniskusverletzung oder Arthrose verwechselt. Die Diagnose sollte der Sportler nicht selbst vornehmen, sondern einem erfahrenen Sportorthopäden überlassen.

• *Achillessehnenentzündung.* Ähnlich wie beim Radfahrer kommt es beim Läufer bei Überlastungen zu Achillessehnenentzündungen. Die Achillessehne schmerzt dann stark und ist druckempfindlich. Die Beschwerden können so stark sein, daß wochenlang kein Laufen möglich ist, wenn nicht eine Behandlung erfolgt. Die Ursachen für diese Entzündung sind meist Fußfehlstellungen, begünstigt durch schlechtes Schuhwerk oder zu hohes Körpergewicht.

Sportler, die öfter mit Achillessehnenbeschwerden zu tun haben, sollten *frühzeitig* etwas dagegen tun.

Verhindert werden können solche Schäden durch häufiges Wechseln der Schuhe, abwechslungsreiche Laufbeläge und leicht erhöhte Fersenstellung (evtl. Einlagen).

Organismische Störungen unter Hitzebedingungen

In den letzten Jahren häufen sich die Meldungen über fatale Folgen für Sportler bei Hitzewettkämpfen. Der Triathlon blieb von solchen Ereignissen auch nicht verschont. Zu den „Hitzekrankheiten", die für den Triathlon von Bedeutung sind, zählen der Hitzekrampf, Hitzeerschöpfung und Hitzschlag.

Hitzekrampf

Der Hitzekrampf betrifft vorwiegend die für die Sportart typische Arbeitsmuskulatur. Er ist durch schmerzhafte, unwillkürliche Muskelkontraktionen gekennzeichnet. Beim Triathleten sind meist die Wadenmuskeln, aber auch die Oberschenkelmuskeln betroffen. Die genauen Ursachen, welche Hitzekrämpfe auslösen, sind noch nicht vollständig aufgeklärt. Es scheint sich aber um ein ganzes Paket von Ursachen zu handeln, wobei der intrazellulären Dehydration, dem Mangel an bestimmten Mineralien im Muskelgewebe und der lokalen Überhitzung die Hauptrollen zukommen. Ausgelöst wird der Krampf häufig durch plötzliche, spontane Bewegungen, z. B. Ausrutschen, Stolpern, Stauchungen. Hitzekrämpfe treten erst nach längerer Belastung auf. Der Triathlet ist gegen Ende des Radteils und während des Laufens besonders gefährdet.

Die **Behandlung** des Krampfes erfolgt durch Dehnung der betroffenen Muskulatur. Die Gabe von Flüssigkeiten, mit Mineralien angereichert, kann die Behandlung unterstützen.

Hitzeerschöpfung

Die Hitzeerschöpfung im Sport ist meist eine Folge des Flüssigkeitsverlustes, häufig verbunden mit Kochsalzverarmung. Bei Triathlonveranstaltungen ist das keine Seltenheit. Die Hitzeerschöpfung setzt ein, wenn mehr als zwei Prozent der Körpermasse an Wasser abgegeben wurden. Das führt zu Leistungseinbußen und kann im Extremfall schwere gesundheitliche Störungen auslösen.

Krämpfe, Abfall der Herzschlagfrequenz und des Blutdrucks oder Hitzekollaps sind Zeichen der Hitzeerschöpfung. Es besteht die Gefahr des Hitzschlages.

Diese Entwicklung ist durch die Aufnahme von reichlich Flüssigkeit während des Wettkampfs zu vermeiden.

Mit Abschluß einer langanhaltenden sportlichen Belastung unter Hitzebedingungen ist die Wiedererlangung einer generellen Homöo-

Auch nach dem Wettlampf viel trinken – bis der Durst gelöscht ist.

stase ein Erfordernis im Interesse der schnellen Erholung und der Wiederbelastungsfähigkeit.

Eine länger anhaltende Steigerung der Körpertemperatur und ein länger bestehendes Wasserdefizit des Organismus verzögern die Erholungsvorgänge.

Hitzschlag

Eine lange Belastungsdauer bei hohen Außentemperaturen ist die Voraussetzung für den anstrengungsbedingten Hitzschlag. Erscheinungen, die für den Triathlon sogar typisch sind. Eine Gefährdung für den Triathleten unter Hitzebedingungen ist vor allem beim abschließenden Lauf vorhanden. Beim Radfahren ist die Gefahr durch den Fahrtwind geringer.

Hitzschlagfördernde Faktoren sind: Hohe Außentemperaturen, hohe Luftfeuchtigkeit, starke Sonneneinstrahlung und geringe Luftbewegung. Die Kleidung des Sportlers spielt ebenfalls eine Rolle, wenn sie einen Wärmeaustausch behindert.

Folgende Momente erhöhen für den Sporttreibenden das Hitzschlagrisiko: Fehlende Akklimatisation bei schnellem Witterungsumschlag von kalt nach warm, schlechter Trainingszustand, Ermüdung, Schlafdefizit, fiebrige Erkrankungen, Rekonvaleszenz nach Infektionen, Impfreaktionen, großflächiger Sonnenbrand, chronische Erkrankungen, Medikamenteneinnahme, Alkoholgenuß, kurzzeitig zurückliegende reichliche Nahrungsaufnahme.

Die Symptome des beginnenden Hitzschlages sind emotionale Instabilität, Gereiztheit und Aggressivität oder auch totale Apathie. Mitunter besteht Verwirrtheit. Der Sportler ist unsicher auf den Beinen und taumelig. Er kann konfus, benommen und desorientiert sein. Es kann vorkommen, daß ein Läufer in unsicherer Gangart eine falsche Richtung wählt. Es bestehen u. a. Mattigkeit, Kopfschmerz, Schwindel, mitunter Übelkeit und Erbrechen. Der Puls ist flach und beschleunigt und der Blutdruck erniedrigt.

Die Behandlung des Hitzschlages ist vom schnellen Erkennen des Zustandes abhängig und verlangt eine sofortige Temperatursen-

kung. Aktive Kühlungsmaßnahmen sind besonders wichtig. Die Grundbehandlung des Hitzschlags läßt sich mit den Begriffen „naß, flach, kühl" umreißen.

Der Sportler ist in den Schatten, am besten in einen kühlen Raum, zu bringen und, wenn erforderlich, von beengender Kleidung zu befreien. Es empfiehlt sich eine gewisse Isolierung, um nicht andere Sportler zu irritieren. Der Patient ist mit Wasser zu bespritzen und mit naß-kalten Tüchern abzudecken. Die Haut sollte gerieben werden. Eine Luftbewegung, etwa durch Wedeln eines Handtuches, bringt ebenfalls Abkühlung.

Es ist dafür zu sorgen, daß die eigentliche Behandlung (z. B. Infusionen) so schnell wie möglich von einem Arzt durchgeführt werden kann.

Schwimmen im kalten Offenwasser

Am Anfang des Triathlonzeitalters hatte das Schwimmen für die Sportler besondere Tükken. Nicht selten mußte der Pulk ohne Neopren in 16 Grad kaltes Wasser. Kein Wunder, daß viele daran keine Freude fanden. „Triathleten sind die Härtesten" war damals ein geflügeltes Wort in Sportkreisen. Durch die Einführung des Neoprenanzuges und ein verbessertes Reglement sind die Bedingungen auch für den schlanken Läufertyp ohne jegliche Fettpolster wesentlich besser geworden.

Dennoch gibt es auch heute noch Probleme mit dem kalten Wasser. Warum?

Die Wärmeleitfähigkeit des Wassers ist 25mal größer als die der Luft. Dadurch wird dem Schwimmer viel Wärme entzogen. Bereits bei 20 Grad kann der Körper den Wärmeentzug nicht mehr ausgleichen, das hat einen kontinuierlichen Rückgang der Körpertemperatur zur Folge. Der Wärmeverlust beginnt in der Peripherie und kann in schlimmen Fällen auch die Kerntemperatur des Körpers betreffen. Dieser Prozeß schreitet schon bei Temperaturen um 15 Grad sehr schnell voran. Er wird durch das Schwimmen (vorbeistreichendes Wasser) noch beschleunigt.

Die Eisbader beweisen allerdings, daß Kälteanpassung möglich ist. Der Triathlet sollte trotz Neoprenanzug auch diese Möglichkeit der biologischen Anpassung nutzen. Da erhöhte Kälteanpassung jedoch auch mit einer Zunahme des Unterhautfettgewebes verbunden ist, hat dieses Training für Triathleten auch seine Grenzen.

Um gesundheitliche Schäden zu vermeiden, darf der Triathlet unter 15 Grad überhaupt nicht im Freiwasser schwimmen. Bei Temperaturen unter 17 Grad sind 1000 m die Grenze, und erst über 20 Grad können längere Strecken bewältigt werden. Diese Begrenzungen sind den Wettkampfregeln entnommen, sie gelten aber auch als Empfehlung für das Training und auch für Schwimmer mit Neoprenanzug.

Bei Unterkühlung muß der Sportler sofort aus dem Wasser genommen und mit warmen Decken eingehüllt werden. Die weitere Behandlung sollte auch hier ein Arzt übernehmen.

Zeichen der Unterkühlung sind: fahle Gesichtsfarbe, veränderte (langsamere) Schwimmfrequenz, Orientierungsmängel, allgemeine Unsicherheit, Zittern. Soweit der Schwimmer diese Anzeichen selbst noch erkennt, macht er durch Heben der Hand und Rufe auf seine Schwierigkeiten aufmerksam.

Ausrüstung – Leistungsfaktor und modisches Accessoire

Triathleten gelten in Sportlerkreisen als Paradiesvögel, jedoch weniger wegen ihres Seltenheitswertes als vielmehr wegen ihrer bunten Aufmachung und der teilweise futuristisch anmutenden Ausrüstung. Insbesondere die Industrie hat in letzter Zeit dafür gesorgt, daß Bekleidung und Equipment der Triathleten sich immer mehr den modischen Auffassungen der Zeit und den funktionellen Notwendigkeiten des Dreikampfes anpassen. Gleichzeitig wurde mit Form und Farbe ein spezielles Triathlon-Image geschaffen, eine Entwicklung, die der Sportart gut tat, denn wer will sich nicht schon äußerlich mit seinem Sport identifizieren und zu erkennen geben, daß er Anhänger einer prosperierenden Sportart ist?

Schwimmkleidung und Trainingshilfsmittel

Die relativ niedrigen Wassertemperaturen in Verbindung mit der gegenüber der Luft hohen Wärmeleitfähigkeit des Wassers machen vielen Triathleten schwer zu schaffen. Das gilt vor allem für diejenigen, deren Unterhautfettgewebe nicht sonderlich ausgebildet ist. Bei Ausdauersportlern ist das keine Seltenheit, der Energiebedarf zwingt den Organismus häufig, die Fettdepots anzugreifen, und überhaupt wirkt Ausdauertraining gegen den „Masteffekt"

So ist es nicht selten, daß der Fettanteil der Dreikämpfer deutlich unter 10 Prozent liegt. Das veranlaßt den Triathleten in unseren Breiten, nach zusätzlichen Maßnahmen gegen die hohe Wärmeabgabe im Offenwasser zu suchen. In den Anfangsjahren des Triathlonsports wurden dicke Öl- oder Fettschichten auf die Haut gebracht. Die Wirkung war bescheiden und lag vorwiegend im psychologischen Bereich. Vereinzelt wurden auch enganliegende Jerseys getragen, um die Wärmeabgabe an das vorbeistreichende Wasser zu reduzieren. All diese Versuche waren unzureichend und auch ökologisch fragwürdig. Erst die Einführung der Kälteschutzanzüge aus Neopren – ursprünglich nur von Tauchern und Surfern verwendet – brachte eine befriedigende Lösung für das Schwimmen im Offenwasser.

Kälteschutzanzüge

Neoprenanzüge wurden Mitte der achtziger Jahre für die speziellen Bedürfnisse des Triathlons entwickelt. Sie garantieren dem Sportler:
– verbesserten Schutz vor Kaltwasser,
– gute Beweglichkeit für Arme und Beine,
– glatte Außenfläche und damit geringer Wasserwiderstand.
Ganz nebenbei verbessert der Anzug den Auftrieb, und das bringt schnellere Schwimmzeiten.
Das Geheimnis des künstlichen Kautschuk-

stoffes Neopren liegt in der Tatsache, daß dieses Material eng am Körper anliegt, der eindringende Wasserfilm schnell vom Körper erwärmt wird und so eine Warmwasserhülle auf der Körperoberfläche entsteht.

Das Material Neopren besteht aus kleinsten luftgefüllten Zellen. Diese Konstruktion sorgt dafür, daß die Wärmedämmung des Materials sehr hoch ist und nur geringe Wärmemengen durch die zweite Haut abfließen können.

Der Triathlet muß sich jedoch entscheiden, welche Art Kälteschutzanzug er auswählt. Es gibt Modelle mit Langarm und solche mit kurzem Arm. Im Augenblick ist ein deutlicher Trend zum Langarmanzug zu erkennen. Sorgt er doch für den besten Kälteschutz. Neuerdings wird für die Arme ein neues Material – Hypalan – mit besonders hoher Elastizität verwendet. Dieses Material bietet absolute Freiheit für die Armarbeit.

Die Materialstärken der Schwimmanzüge reichen von 2 bis 5 mm. Je stärker das Material, um so besser der Kälteschutz, allerdings steigt damit auch der Preis. Bei einem guten Anzug wird Material unterschiedlicher Dicke verarbeitet. Während die Partien des Körpers mit 4 bis 5 mm dickem Material geschützt werden, genügt für Arme und Beine dünneres Material. Das bringt Vorteile für die Bewegungsfreiheit. Wer noch mehr für die Wärmedämmung tun will, legt sich eine Kälteschutzhaube zu. Ein wichtiges Zubehör für kalte Tage, da besonders der Kopf viel Wärme an die Außenluft abgibt.

Der Zuschnitt der Kälteschutzanzüge, die Materialdicke und der Überstand bei Zweiteilern ist inzwischen in der Wettkampfordnung genau festgelegt. Ebenso gibt es Regeln, unter welchen Bedingungen ein Kälteschutzanzug beim Wettkampf getragen werden darf.

Triathlonanzug

Unter dem Neoprenanzug wird meist eine Badehose oder ein kompletter Triathlonanzug getragen. Dieser Anzug ist so gearbeitet, daß mit ihm problemlos radgefahren und auch gelaufen werden kann. Das Material nimmt nur eine ganz geringe Menge Wasser auf. Die Kleidung wird sehr schnell trocken, und der Sportler kann mit trockenen Sachen den größten Teil der Radstrecke bestreiten. Der einteilige Triathlonanzug, der einige Jahre als große Errungenschaft galt, ist inzwischen „out". Der Einteiler schränkt beim Laufen die Bewegungsfreiheit zu sehr ein. Das Oberteil ist jetzt als Top ausgebildet. Damit wird der Wärmeaustausch erleichtert, und außerdem entfallen alle Einengungen. Bekleidungsunterschiede zwischen Frauen und Männern existieren kaum noch.

Hose und Oberteil werden schon während des Schwimmens unter dem Neoprenanzug getragen. Das bringt Zeitgewinn beim Wechsel.

Trainingsgeräte und Hilfsmittel für das Schwimmtraining

In den letzten Jahren wurden mehrere Geräte entwickelt, die das Kraft- und Techniktraining unterstützen. Dazu zählen vor allem Schwimmbretter als Auftriebshilfen in verschiedener Form und Größe. Unterschiedlich bewährt haben sich Schwimmbremsen und Widerstandsgürtel, die dazu beitragen sollen, die körperliche Anstrengung bei gleicher Bewegungsschnelligkeit zu erhöhen (Abb. 54). Eine andere Kategorie von Trainingsgeräten sind Mittel, welche die Antriebsfläche vergrößern und dadurch auch die Schwimmgeschwindigkeit erhöhen. Zu diesen Geräten

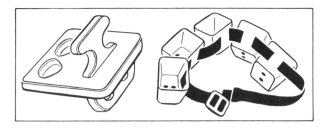

Abb. 54   Schwimmbremse und Widerstandsgürtel

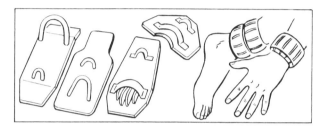

Abb. 55   Verschiedene Hand- und Fingerbretter
sowie Auftriebshilfen

zählen Hand- und Fingerbretter (paddles) und
Flossen (Abb. 55). Die Hilfsgeräte sollten jedoch im Training sparsam angewendet werden,
da sie nicht nur Vorteile haben, sondern das
Wassergefühl negativ beeinflussen können.
Alle Geräte dürfen nur für das Training eingesetzt werden. Im Wettkampf sind solche Zu-
satzgeräte, so z. B. auch Flossen, verboten.
Wasserdichte Armbanduhren mit Zwischenzeitnahme oder auch Pulsuhren dienen der
Trainings- und Leistungskontrolle und sind
für den leistungsorientierten Triathleten nahezu unverzichtbar.
Schwimmbrillen werden besonders im chlo-
rierten Wasser, also im Schwimmbad, getragen. Inzwischen ist es aber auch Mode geworden, im Offenwasser mit Brille zu schwimmen.
Die Vorteile sind der Schutz der Augen vor

Unsauberkeiten im Wasser und bessere Sicht
unter Wasser. Schwimmbrillen schließen häufig nicht dicht ab und lassen Wasser eindrin-
gen. Der Sportler sollte verschiedene Modelle
ausprobieren. Empfehlenswert sind Antifog-
Brillen, die das Anlaufen der Sichtfläche verhindern.

Material und Ausrüstung
für das Radfahren

Auf dem Radsportsektor kam es in den letzten
Jahren zu einer starken Differenzierung der
Produkte, so daß der Triathlet auch mit Hilfe
des Materials seine Leistungsvoraussetzungen
beeinflussen kann. Durch die Entwicklung
verschiedener Typen von Triathlonlenkern, des
verstellbaren Sattels, der Sicherheitspedale,
veränderter Schalthebel sowie spezieller Zeit-
fahrrahmen hat der Triathlet nunmehr die
Qual der Wahl, wenn es um die Anschaffung
oder Verbesserung der Rennmaschine geht.
Neben den veränderten Konstruktionen wurden auch neue Materialien, insbesondere für
den Rahmenbau, eingeführt. Das Rad wird dadurch leichter und stabiler, aber auch teurer.

Der richtige Rahmen

Triathlon hat dazu beigetragen, daß sich im
gesamten Radsport Innovationen schneller
durchsetzen. Der Carbonrahmen ist eine solche neue Lösung. Noch vor einigen Jahren eine
absolute Sensation, ist dieser Rahmentyp jetzt
bereits auf vielen Veranstaltungen anzutref-
fen. Der Vorteil dieser Rahmen liegt im geringen Gewicht und in der besseren Windschlüpf-
rigkeit. Spätestens hier muß jedoch erwähnt

149

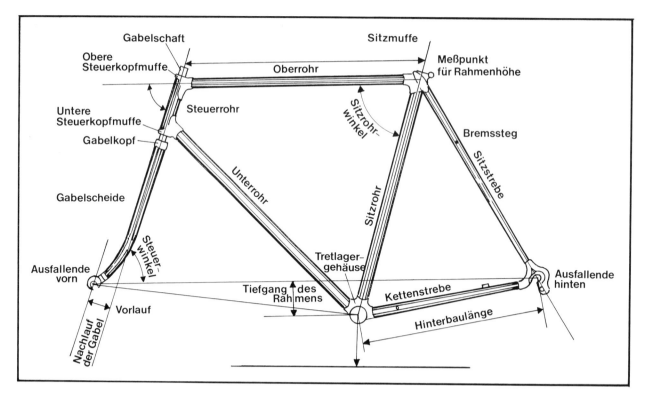

Abb. 56   Der Fahrradrahmen und seine Teile

werden, daß der beste Rahmen keine Garantie für Erfolge bietet, auch wenn er das wichtigste Stück eines Rennrades ist. Entscheidend ist immer der Motor für das System Rad/Sportler. Leistungssteigerung wird zuallererst durch verbessertes Training erreicht und nicht durch immer aufwendigere Materialanschaffungen. Der Rahmen ist das „Skelett" des Rennrades (Abb. 56). Für die richtige Sitzposition ist in erster Linie der Rahmen verantwortlich. Unterschiedliche Körperhöhen bedingen auch unterschiedliche Rahmengrößen. Maßgebend für die Größe des Rahmens ist die Länge des Sattelstützrohres (Sitzrohr). Gemessen wird von der Mitte der Tretlagerachse bis zum Ende

des Sattelstützrohres. Zuweilen wird als oberer Meßpunkt auch die Mitte der Sitzrohrmuffe angegeben. Bei dieser Meßmethode ist der angegebene Wert für die Rahmenhöhe um einen Zentimeter kürzer.
Die Rahmenlänge ist im wesentlichen von der Rahmenhöhe abhängig und nur bei individuell angepaßten Rahmen beeinflußbar. Für die Bestimmung der richtigen Rahmenhöhe hat sich eine Methode bewährt, die von der „Schrittlänge" ausgeht. Die „Schrittlänge" ist genaugenommen das exakte Maß der Beinlänge; sie ist jedoch von Mensch zu Mensch nicht proportional zur Körperhöhe. Zur Ermittlung der „Schrittlänge" stellt man sich barfuß auf har-

tem Untergrund an eine Wand und klemmt ein Buch zwischen die Beine, so daß es rechtwinklig an der Wand anliegt. Die Oberkante des Buches wird an der Wand markiert. Von dort aus wird der Abstand zum Boden gemessen (Abb. 57). Wenn das gefundene Maß mit dem Faktor 0,65 multipliziert wird, ergibt das Ergebnis die Rahmenhöhe.

Beispiel:

Schrittlänge: 84 cm

$84 \times 0,65 = 54,60 \rightarrow$ Rahmenhöhe: 55 cm.

Annähernde Richtwerte können auch aus der Körperhöhe abgeleitet werden. Diese Richtwerte sind aber aus dem oben genannten Grund nur als grobe Anhaltspunkte zu bewerten. Entsprechend der Körperhöhe werden die in Tabelle 27 aufgeführten Rahmenhöhen empfohlen.

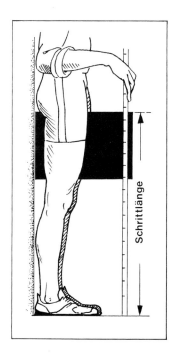

Abb. 57   Ermittlung der „Schrittlänge"

Tabelle 27   Rahmenhöhen entsprechend der Körperhöhe

Rahmenhöhe (Mitte Tretlager – Mitte Sitzrohrmuffe) (cm)	Körperhöhe (cm)
kleiner als 50	kleiner als 160
50 und 52	160–165
53 und 54	166–170
55 und 56	171–175
57 und 58	176–180
59 und 60	181–185
61 und 62	186–190
größer als 62	größer als 190

Die richtige Rahmenhöhe ist eine Voraussetzung für eine gute Sitzhaltung und damit für optimale Hebelverhältnisse. Für das *Finden der Sitzposition* sind jedoch noch weitere Kriterien zu beachten.

Technik des Vortriebs

Die Muskelkraft des Sportlers wird über ein sehr effektives mechanisches System in Vortrieb umgewandelt. Dieses System, bestehend aus Tretlager, Kette, Übersetzung und Laufrad, ist sogar vom Energieaufwand her rationeller als jede andere Maschine oder auch die Fortbewegung bei biologischen Systemen (Abb. 58).

151

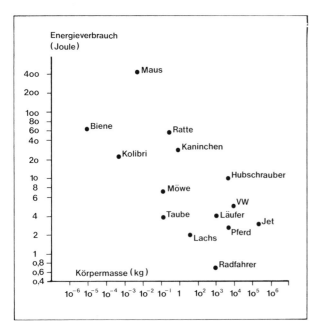

Abb. 58   Energieverbrauch (in Joule), bezogen auf ein kg/km bei verschiedenen Fortbewegungsarten

Tretlager

Das Tretlager ist der Angriffspunkt der Muskelkraft auf das mechanische Antriebssystem. Der Sportler kann bei der Wahl des Tretlagers Einfluß auf die Tretkurbellänge und die Größe der Kettenblätter nehmen. Die Tretkurbel ist meist 170 mm lang, und nur bei größeren Rahmen kann die Länge diesen Standardwert um einige Zentimeter überschreiten. Für den Triathleten sind zwei Kettenblätter ausreichend. Meist werden Blätter mit 52 und 42 Zähnen gewählt. Damit sind günstige Voraussetzungen für ein relativ großes Übersetzungsspektrum geschaffen. Auf eine Besonderheit soll noch hingewiesen werden. Einige Firmen haben ein *Tretlager mit ovalen Kettenblättern* entwickelt. Diese Lösung verbessert die Wirkung des Krafteinsatzes (voller Krafteinsatz bei waagerechter Kurbel und geringer Krafteinsatz bei senkrechter Kurbel). Die Erfahrungen mit ovalen Kettenblättern sind individuell sehr unterschiedlich. Manche Triathleten

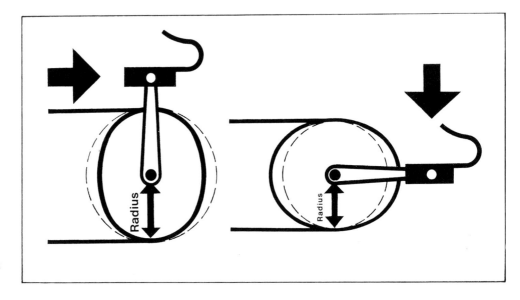

Abb. 29
Tretlager mit ovalen Kettenblättern

152

schwören auf diese Lösung, andere finden damit keinen runden Tritt (Abb. 59).

Im Zuge der Erhöhung der Sicherheit beim Radfahren werden seit einigen Jahren neue *Rennpedale* angeboten. Ähnlich wie beim Skilauf löst sich bei diesen Modellen der Schuh vom Pedal, wenn eine seitliche Kraft ausgeübt wird. Wer seine Fahrradausrüstung neu konzipiert, sollte unbedingt die Auslösepedale wählen. Es ist sogar damit zu rechnen, daß sie ähnlich wie der Sturzhelm bald zur Pflichtausstattung des Triathleten gehören.

Bei der Verwendung von Pedalen mit Rennhaken ist auf die richtige Länge der Haken zu achten. Der Fußballen muß über der Pedalachse liegen und damit kraftbündige Arbeit leisten. Entsprechend der Schuhgröße bietet der Handel auch verschiedene Rennhakentiefen an.

Zahnkränze und Kettenschaltung

Durch die Schaltung werden die Vorteile eines Rennrades erst richtig deutlich. Der Sportler kann damit seine Kraft wesentlich rationeller einsetzen und den äußeren und inneren Bedingungen anpassen. Die Schaltung besteht aus dem vorderen und hinteren Umwerfer und zwei Schalthebeln. Mit sechs Zahnkränzen (Ritzel) hinten und zwei Kettenblättern vorn stehen dem Sportler zwölf Gänge zur Verfügung. (Die Zahl der Gänge kann durch mehr Zahnkränze und Kettenblätter erhöht werden.)

Um die einzelnen Gänge eines Rennrades näher zu bezeichnen, wird deren *Übersetzung* angegeben. Die Übersetzung wird nach der Anzahl der Zähne des Kettenblattes und des hinteren Zahnkranzes benannt, zum Beispiel Kettenblatt 53 Zähne und hinterer Zahnkranz 17 Zähne = Übersetzung 53/17.

Die Wahl der Übersetzung hängt vom Trainingszustand des Triathleten und dem Streckenprofil ab. Bei den Kettenblättern haben sich die Kombinationen 52/42 und 53/42 durchgesetzt. Gute Triathleten fahren hinten die Zahnkränze 13-15-16-17-19-21. Triathleten, die nur wenig Erfahrungen im Radsport haben, wird besonders bei Steigungen das Übersetzungsverhältnis 42/25 empfohlen. Als kleinster Kranz reicht meist ein 14er aus. Will man einen schweren Gang schalten, so spricht man vom „runterschalten". Beim Wechsel in einen leichteren Gang wird „hochgeschaltet". Als günstigste Schaltungen haben sich in den letzten Jahren die SIS-Systeme herausgestellt. Das sind positionierende Schaltsysteme, die es dem Sportler einfacher machen, den richtigen Gang zu finden. Ähnlich wie beim Auto ist es nun nicht mehr notwendig, die exakte Position des Schalthebels zu erfühlen. Diese „Klickschaltung" erleichtert damit auch taktische Manöver und trägt zu mehr Sicherheit bei. „Verschalten" kommt viel seltener vor. Bei der Wahl der Schaltung kann man sich auf die Erzeugnisse der renommierten Marken verlassen. Mit einem etwas höheren Preis wird meist auch bessere Qualität geboten.

Wichtig für den Schaltvorgang ist, daß die Schaltung mühelos zwölf Zähne Differenz am Kettenblatt und bis zu 26 Zähnen am Ritzel bestreichen kann.

Während früher die Schalthebel ausschließlich am Unterrohr befestigt waren, sind sie nun wie beim Querfeldeinrad am Lenker positioniert. Das erleichtert das Schalten und gewährleistet ein ruhiges Fahren. Neueste und sicher auch beste Lösung für den Schaltvorgang sind die Dreh-Schaltungen (Gripshift). Die „Schalthand" bleibt in Griffposition. Schalten ist so leicht möglich, es ähnelt dem Gasgeben beim Motorrad.

Tabelle 28   Weg je Kurbelumdrehung (in Metern) bei 27-Zoll-Laufrädern

Ketten-blätter	Zahnkränze														
	12	13	14	15	16	17	18	19	20	21	22	23	24	25	26
40	7,12	6,57	6,10	5,69	5,34	5,02	4,74	4,50	4,27	4,07	3,88	3,71	3,56	3,42	3,28
41	7,30	6,73	6,25	5,84	5,47	5,15	4,86	4,60	4,37	4,17	3,98	3,80	3,64	3,50	3,36
42	7,47	6,90	6,40	5,98	5,60	5,27	4,98	4,72	4,48	4,27	4,07	3,90	3,73	3,58	3,45
43	7,65	7,06	6,56	6,12	5,74	5,40	5,10	4,83	4,59	4,37	4,17	3,99	3,82	3,67	3,53
44	7,83	7,23	6,71	6,26	5,87	5,52	5,22	4,94	4,70	4,47	4,27	4,08	3,91	3,76	3,61
45	8,01	7,39	6,86	6,40	6,00	5,65	5,34	5,05	4,80	4,57	4,37	4,18	4,00	3,84	3,69
46	8,18	7,55	7,01	6,55	6,14	5,78	5,45	5,17	4,91	4,67	4,46	4,27	4,09	3,93	3,78
47	8,36	7,72	7,17	6,69	6,27	5,90	5,57	5,28	5,02	4,78	4,56	4,36	4,18	4,01	3,86
48	8,54	7,88	7,32	6,83	6,40	6,03	5,69	5,39	5,12	4,88	4,66	4,45	4,27	4,10	3,94
49	8,72	8,05	7,47	6,97	6,54	6,15	5,81	5,50	5,23	4,98	4,75	4,55	4,36	4,18	4,02
50	8,90	8,21	7,63	7,12	6,67	6,28	5,93	5,62	5,34	5,08	4,85	4,64	4,45	4,27	4,10
51	9,07	8,38	7,78	7,26	6,81	6,40	6,05	5,73	5,44	5,18	4,95	4,73	4,54	4,35	4,19
52	9,25	8,54	7,93	7,40	6,94	6,53	6,17	5,84	5,55	5,29	5,04	4,83	4,62	4,44	4,27
53	9,43	8,70	8,08	7,54	7,07	6,66	6,29	5,95	5,66	5,39	5,14	4,92	4,71	4,52	4,35
54	9,61	8,87	8,23	7,69	7,20	6,78	6,40	6,07	5,76	5,49	5,24	5,01	4,80	4,61	4,43
55	9,79	9,03	8,36	7,81	7,31	6,87	6,49	6,16	5,87	5,59	5,33	5,10	4,89	4,69	4,51
56	9,97	9,20	8,54	7,97	7,47	7,03	6,64	6,29	5,98	5,69	5,43	5,20	4,98	4,78	4,60

Neben dem Übersetzungsverhältnis – ausgedrückt durch die Anzahl der Zähne der Kettenblätter und Ritzel (Zahnkränze) – gibt es noch die Übersetzungsangabe in Metern. Sie gibt an, wieviel Meter das Rennrad bei einer Kurbelumdrehung zurücklegt (Tab. 28).

Laufräder

Während in der Vergangenheit fast ausschließlich mit Alufelgen und Speichenrädern von 27 Zoll Durchmesser gefahren wurde, gibt es heute eine Menge Möglichkeiten, das Laufrad in seiner Funktionalität den speziellen Bedürfnissen anzupassen. Welche Vorteile bringen die verschiedenen Ausstattungsvarianten für Laufräder?

Speichen

Der Luftwiderstand bei sich schnell drehenden Rädern sinkt mit Abnahme der Speichenanzahl. Wer also mit 32 Speichen (das klassische Laufrad hat 36 Speichen) oder gar mit 24 Speichen fährt, verschafft sich bereits aerodynamische Vorteile. Er nimmt natürlich in Kauf, daß sein Rad gegen Schläge und Unebenheiten der Straße wesentlich empfindlicher ist. Aerodynamische Vorteile bringt auch ein radial eingespeichtes Rad (keine Speichen-Kreuzungen). Aber auch hier ist zu bedenken, daß die Elastizität des Laufrades geringer wird. Vorteile in dieser Hinsicht haben die sogenannten Säbelspeichen. Der Preis dieser Speichen ist jedoch relativ hoch.

154

Reifen

Das Reglement des Triathlon läßt es nicht zu, daß während eines Rennens vollständige Laufräder ausgewechselt werden. Der Sportler muß deshalb eine Bereifung auswählen, die relativ sicher vor Durchschlägen und anderen Pannen ist. Es hat sich gezeigt, daß Drahtreifen weniger defektanfällig als Schlauchreifen sind. Das ist auch der Grund, weshalb sich Triathleten immer mehr für den Drahtreifen entscheiden. Da diese Reifen sehr schmal sind, ist auch ihr Luftwiderstand gering. Schlauchreifen lassen sich allerdings schneller wechseln als Drahtreifen. Das **Wechseln der klassischen Schlauchreifen** vollzieht sich wie folgt:

• Der neue Reifen wird zunächst vorgedehnt, indem man den Fuß darauf stellt und den Reifen nach oben zieht. Damit er an allen Stellen gedehnt werden kann, muß das Ziehen wiederholt werden, wobei man den Reifen durch die Hände „wandern" läßt.

• Auf das gereinigte Felgenbett wird das Felgenklebeband fest aufgedrückt.

• Danach wird das Klebeband angefeuchtet, damit der Schlauchreifen nicht sofort anklebt. Anschließend wird der Schlauchreifen zu beiden Seiten vom Ventil ausgehend, unter Zug (die Felge steht dabei auf dem Boden) auf die

Abb. 60   Wechseln des Schlauchreifens

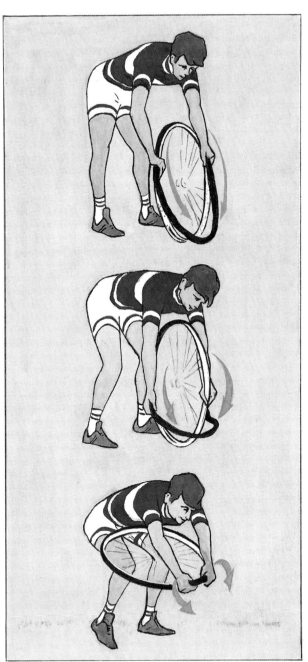

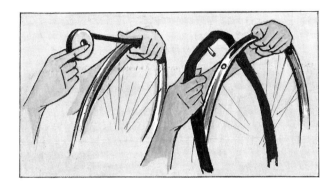

155

Hightech auf Rädern

Felge gedrückt. Erst zum Schluß wird die Felge hochgenommen und der Schlauchreifen mit dem Daumen endgültig in die Felge gedrückt.

• Schließlich wird der Reifen etwas aufgepumpt und der richtige Geradeauslauf geprüft. Bei Verwendung von Felgenklebeband ist der Reifen sofort verwendbar. Geschieht jedoch das Aufkleben mit Reifenkitt, muß erst 4 bis 5 Stunden gewartet werden. Der Reifendruck soll 6 bis 7 atm oder bar betragen.

Scheibenräder

Bei Scheibenrädern ist die Wirbelbildung des laufenden Rades sehr gering. Der Sportler bezahlt diesen aerodynamischen Vorteil allerdings mit sehr viel Geld. Scheibenräder werden problematisch, wenn auf der Strecke mit erheblichem Seitenwind zu rechnen ist. Unter diesen Umständen können die seitlichen Widerstandskräfte den Vorteil der geringen Wirbelbildung zunichte machen. Verkleidungen von Speichenrädern bringen zwar nicht die Vorzüge einer Alu- oder Carbonscheibe, sind dafür auch wesentlich preiswerter. Laufräder mit geschlossenen ringförmigen Verkleidungen von ca. 8 cm Breite (unmittelbar im Anschluß an die Felge) bringen aerodynamische Vorteile und haben die Elastizität von Speichenrädern.

Neue High-tech-Konstruktionen

Wer voll auf der Höhe der Zeit sein will, der kann sich 3-Spokes-Räder oder 4-Spokes-Räder zulegen. Hier handelt es sich um modernste Konstruktionen, die auch im Flugzeugbau Verwendung finden. Als Material wird Carbonfaser verwendet. Felge und Speiche sind gewissermaßen zusammengewachsen. Die Speichen sind wesentlich dünner als die Felge, dadurch bieten sie kaum Luftwiderstand. Diese Laufräder sind die leichtesten.

Felgen

Die Wahl der Felge wird in erster Linie von der Bereifung bestimmt. Unterschieden wird zwischen Draht- und Schlauchreifen-Felgen. Felgen, die zu den Speichen hin spitz zulaufen, sind windschlüpfriger.

Nabe

Alle aerodynamischen Vorteile werden wieder aufgehoben, wenn die Nabe nicht leichtgängig ist. Billignaben erfüllen diese Forderung meist nicht. Hochflanschnaben werden im Triathlon nur dann verwendet, wenn Felgen mit weniger als 32 Löchern gefahren werden. Durch den Hochflansch wird aber viel Elastizität des Rades eingebüßt.

Laufrad-Durchmesser

Der klassische Durchmesser eines Laufrades beträgt 27 Zoll. In der letzten Zeit setzt sich immer mehr das 26-Zoll-Rad durch. Welche Vorzüge hat es? Ursprünglich wurden 26 Zoll nur für das Vorderrad verwendet. Das hatte zur Folge, daß der Triathlet vorn etwas tiefer lag und dadurch bessere aerodynamische Bedingungen erreichte. Bei Zeitfahrrädern wird diese Lösung schon seit längerer Zeit bevorzugt. Ein weiterer Grund liegt darin, daß 26er Laufräder stabiler, verwindungssteifer und auch leichter sind. Noch wesentlicher ist jedoch die günstigere Anpassungsmöglichkeit des 26-Zoll-Rades an die Rahmengeometrie bei Verwendung eines Aerolenkers. Beim Fahren mit dem Aerolenker wird der Schwerpunkt des Sportlers weit nach vorn verlagert. Das bringt Gefahren beim Bremsen, bei schnellen Abfahrten und auch beim Kurvenfahren mit sich. Durch die Verwendung von kleineren Laufrädern und einer veränderten Rahmengeometrie lassen sich jedoch diese Nachteile vermeiden. Damit können günstige ergonomische und aerodynamische Voraussetzungen geschaffen werden. So wurden die Bedingungen für ein Rad geschaffen, das völlig auf die neue Sitzposition eingerichtet ist.

Steuersystem

Das Steuersystem besteht aus Lenker, Vorbau, Steuersatz und Gabel. Wenn der Athlet einen klassischen Lenker bevorzugt, sind vorwiegend zwei Entscheidungen zu treffen Sie betreffen
– Länge und Neigung des Vorbaus,
– Breite und Form des Lenkers.
Für die Bestimmung der *Vorbaulänge* gibt es einfache Regeln (siehe Abschnitt Justierung). Die *Breite des Lenkers* wird von der Schulterbreite bestimmt. Schwieriger wird das ganze, wenn sich der Sportler für den Aerolenker entscheidet. Er sollte das aber auf alle Fälle tun, denn nur so kann er seine konditionellen Fähigkeiten auf dem Rad voll ausspielen. Schon deshalb ist der Aerolenker in der Triathlonszene ein unentbehrliches Requisit geworden. Der *Aerolenker* erlaubt dem Fahrer eine entspanntere Sitzposition. Das trifft jedoch erst dann zu, wenn der Sportler viele Kilometer gefahren ist und sich an die neue Haltung ange-

paßt hat. Erfolgt diese Gewöhnungsphase nicht, ist eher mit dem Gegenteil, also mit Rückenschmerzen, zu rechnen. Weiterhin verhilft der Aerolenker zu günstigeren Luftwiderstandsbeiwerten. *Allein bei einem Kurztriathlon rechnet man mit einem Zeitgewinn von zwei Minuten bei Verwendung des Aerolenkers.*

Der *Steuersatz* verbindet die Gabel mit dem Rahmen und ermöglicht die Lenkung des Rades durch den Anschluß zu Vorbau und Lenker. Steuersätze können aus Stahl, Aluminium oder auch Titan hergestellt sein. Beim Einstellen des Steuersatzes ist darauf zu achten, daß zwischen Lenker und Gabel kein Spiel besteht. Mit der Gabel können der Vorlauf des Vorderrades und die Elastizität beeinflußt werden. Die Gabelbiegung ist somit entscheidend für das Fahrverhalten des Rades.

Bremsen

Funktionierende Bremsen sind für den Fahrer lebenswichtig. Der Triathlet sollte deswegen nicht auf den Pfennig schauen, sondern Qualitätsprodukte kaufen. Alle renommierten Hersteller bieten solche Bremsen an. Die Bremsen am Vorder- und Hinterrad werden durch Zug an den Bremsgriffen am Lenker betätigt. Die Bremse muß leichtgängig sein und sich dosiert betätigen lassen. Sie darf aber auch nicht blokkieren. Der Abstand der Bremsgummis ist öfter zu kontrollieren, er darf drei Millimeter nicht überschreiten. Bei zu kleinem Abstand greifen die Bremsen zu hart, und bei zu großem ist die Bremswirkung eingeschränkt. **Die Bremsgummis sind mindestens jährlich auszuwechseln.**

Die Bremsgriffe sind so anzuordnen, daß man ohne Schwierigkeiten bremsen kann. Beim Aerolenker bereitet das noch häufig Schwierigkeiten. Der Fahrer muß die Hand vom Lenker lösen. Und das bringt Unsicherheiten und Gefahren mit sich. Inzwischen ist das Problem von vielen Herstellern erkannt und gelöst worden.

Jeder Bremsgriff muß eine Rückholfeder haben, damit er immer wieder in die Ausgangsposition zurückkehrt.

Sattel

Der Trend zum Kunststoffsattel ist nicht aufzuhalten. Er ist leichter und weniger pflegebedürftig als ein Ledersattel. Die Kunststoffschale des Sattels ist etwas gepolstert und außerdem mit einem Überzug versehen. Dieser kann ebenfalls aus Kunststoff oder aus Wildleder sein. Auf die richtige Wahl des passenden Sattels sollte der Sportler viel Wert legen. Auch nach mehreren Stunden Fahrt muß noch ein einwandfreies Sitzen möglich sein.

Scheuerstellen und Druckstellen können die schönste Trainingsfahrt zur Qual machen. Ein Grund, weshalb Sportler häufig auf neue Räder ihren alten Sattel montieren.

Die Sattelstütze muß mindestens sechs Zentimeter in das Sitzrohr hineinreichen, um Sattel und Fahrer stabil zu tragen. Die American Position auf dem Rad zwingt dazu, Sattelstützen anzubieten, die es gestatten, den Sattel weit nach vorn zu schieben. Es handelt sich um gebogene Modelle (Bananenstützen) oder auch um Konstruktionen, die ein Verschieben des Sattels während der Fahrt zulassen.

Allerlei Zubehör

Luftpumpe
An jedes Rad gehört eine Luftpumpe. Für den Wettkampf ist jedoch eine Kohlendioxyd-Patrone günstiger. Sie ist leichter und ohne Mühe zu handhaben. Um jedoch den richtigen Luftdruck vor dem Start auf die Pneus zu bekommen, ist eine Standpumpe mit Manometer notwendig.

Trinkflasche
Aus aerodynamischen Gründen wird der Trinkflaschenhalter jetzt häufig hinter dem Sattel befestigt. Das Mitführen einer eigenen „Getränkestation" ist sinnvoll, weil dadurch der Sportler jederzeit Zugriff hat und außerdem das Getränk zu sich nehmen kann, das ihm am besten bekommt. Neuerdings werden immer häufiger Trinkbeutel mit Schlauchverbindungen verwendet. Der Sportler kann, ohne die Hände vom Lenker zu nehmen, aus einem Mundstück trinken. Der Trinkbeutel wird hinter dem Sattel montiert und faßt bis zu 1,5 Liter.

Radcomputer
Ohne Radcmputer ist eigentlich kein Rennrad mehr denkbar. Der Computer leistet wertvolle Hilfe bei der Auswertung des Trainings und der Gestaltung des Wettkampfes. Folgende *Funktionen* werden in der Regel erfaßt:
– Momentangeschwindigkeit,
– Durchschnittsgeschwindigkeit,
– Maximalgeschwindigkeit,
– Tageskilometer,
– Jahreskilometer,
– Fahrzeit.
Mit Zusatzeinrichtungen ist auch die Trittfrequenz- und Herzfrequenzmessung möglich. Einige Modelle lassen Höhenmessungen zu.

Justieren des Rades

Eine gute Radausrüstung ist die eine Sache, genau so wichtig ist das richtige Einstellen der Sattelhöhe, der Lenkung und anderer Funktionen entsprechend der Körpergröße, aber auch der persönlichen Eigenheiten und der Leistungsfähigkeit. Regeln und Empfehlungen für das Einstellen des Rades sind dem erfahrenen Triathleten vertraut. Durch die neue Lenkerform und die veränderte Sitzposition ist jedoch viel Unsicherheit aufgekommen. Es soll deshalb hier versucht werden, die wichtigsten Erkenntnisse zum Positionsbau zu erfassen.

Die klassische Sitzposition

Fußstellung in den Pedalen
Die richtige Kraftübertragung ist sehr stark von der Fußstellung in den Pedalen abhängig. Der Fußballen muß genau über der Pedalachse liegen. Das kann erreicht werden, indem bei herkömmlichen Pedalen die entsprechenden Pedalhaken (kurz, mittel, lang) ausgewählt werden. Bei Sicherheitspedalen erfolgt diese Einstellung mit der Pedalklammer unter dem Schuh. Die Längsachse des Fußes soll parallel zum Pedalarm verlaufen. Knieschmerzen beim Fahren haben ihre Ursache häufig in der falschen Pedaljustierung.

Sattelhöhe
Die einfachste Methode der Sattelhöheneinstellung ist folgende: Der Sportler sitzt auf dem Rad und stellt den Absatz seines Radschuhes auf das Pedal (niedrigste Stellung). Der Sattel wird so hoch gestellt, daß das Knie nicht gebeugt ist. Bei der Messung muß auf die Stellung des Beckens geachtet werden. Der

Sportler darf sich nicht zum Pedal hin neigen, also im Sitz abkippen. Der Schweizer Rahmenbauer Hügi bestimmt die Sitzhöhe rechnerisch. Er geht von der Schrittlänge (s. Bestimmung der Rahmenhöhe) aus und multipliziert diese mit dem Faktor 0,885. Das gewonnene Maß ist die Länge vom Tretlager bis zur Oberkante in der Mitte des Sattels. Der Sportler sollte immer darauf achten, daß der Sattel waagerecht steht.

Der Nachsitz (Abb. 61)

Sattelhöhe und horizontaler Abstand des Sattels vom Tretlager sind die wichtigsten Größen für ein rundes und effektives Pedalieren. Der horizontale Abstand des Sattels vom Tretlager wird als Nachsitz bezeichnet. Das Maß für den Nachsitz erhält man, indem man das Lot von der Sattelspitze fällt und dessen Abstand zur Tretlagermitte mißt. Der Nachsitz ist dann

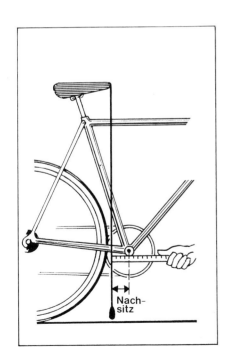

Abb. 61
Ermitteln
des Nachsitzes

richtig bemessen, wenn bei waagerechter Kurbelstellung das Lot von der Kniespitze die Pedalachse trifft. Durch Vor- oder Rückschieben des Sattels kann so der günstigste Nachsitz eingestellt werden. Das Maß des Nachsitzes sollte man sich merken, damit beim Wechsel des Rades die richtige Position sofort gefunden wird.

Lenkerposition bei herkömmlichem Lenker

Die Entfernung des klassischen Lenkerbügels vom Sattel wird von der Vorbaulänge bestimmt. Sie gilt als richtig, wenn bei einer Kurbelstellung parallel zum schrägen Rahmenrohr sich Knie und Ellbogen fast berühren. Voraussetzung ist allerdings, daß der Bügel in tiefer Haltung gefaßt wird. Die Lenkeroberkante sollte ein bis zwei Zentimeter tiefer sein als die Sitzfläche des Sattels. Als Faustregel für die Lenkerbreite gilt: **Schulterbreite und Lenkerbreite sollen übereinstimmen.** Das bedeutet:

Lenkerbreite 37/38 für schmale Schultern
Lenkerbreite 39/40 für normale Schultern
Lenkerbreite 41/42 für breite Schultern

Der Triathlonlenker

Der Triathlonlenker bzw. der Lenkeraufsatz bringt neben den aerodynamischen Vorteilen einen weiteren Gewinn durch die Entlastung einiger Muskeln im Rücken- und Gesäßbereich. Für die Einstellung des Triathlonlenkers gibt es zahlreiche Varianten. Die Oberkörperhaltung soll ungefähr der tiefen Haltung beim traditionellen Bügel entsprechen. Die Unterarme zeigen leicht nach oben. Oberarm und Unterarm bilden einen Winkel von 90 bis 100 Grad. Das hat Auswirkungen auf den Vorbau. Er muß so gewählt werden, daß auch bei normaler Sitzposition der Sportler nicht nach vorn rutschen muß.

Die American Position

Der Triathlonlenker hat viele Auffassungen zur Radgeometrie tüchtig ins Wanken gebracht. Regeln und Positionen, die vorher als unumstößlich galten, sind dahin. Der Lenker brachte eine Radrevolution in Gang, die nicht nur Triathleten betrifft, sondern bis zu den Giganten der Tour de France Auswirkungen hat.

Was bedeutet die American Position (vgl. Abb. auf S. 156 f.)? Hier geht es hauptsächlich um die Verbesserung der Aerodynamik und eine bequeme und ermüdungsarme Sitzposition. Diese Position kann wie folgt dargestellt werden. Der Fahrer kippt nach vorn mit der Tretlagerachse als Drehpunkt. Das bedeutet, daß auch der Sattel 3 bis 6 Zentimeter nach vorn rutscht und der Vorbau niedriger und länger wird. Die Sattelspitze ist leicht nach unten geneigt, aus dem Nachsitz wird durch Drehen der Sattelstütze ein „Vorsitz". Das bringt eine kleinere Stirnfläche für den Luftwiderstand und einen geraden Rücken beim Fahren. Dem Neuling bringt jedoch die „AP" erst einmal eine Menge Probleme. Arme, Schultern und Rücken sind verkrampft und wehren sich gegen die Veränderung. Aber auch die Fahrsicherheit ist zunächst dahin. Der Triathlet schwankt auf der Straße hin und her, korrigiert die Geradeausfahrt sehr bewußt und macht dadurch noch mehr Fahrfehler. Die AP bedarf wirklich mehrerer Stunden Übung und vieler Kilometer der Gewöhnung. Ist das geschafft, merkt der Fahrer, daß diese Position nicht nur schnellere Zeiten, sondern auch eine gewisse Entspannung beim Fahren ermöglicht. Ebenso verschwinden die Rückenschmerzen, weil der gerade Rücken gegenüber dem Rundrücken beim klassischen Untergriff die Verspannungen abbaut.

Die materiellen Voraussetzungen für die AP werden ständig verbessert. Vorstellbare Sattelstützen, Grip-Shift, verbesserte Armpolster und veränderte Rahmen erleichtern die Anpassung. Schon jetzt steht fest: Die AP ist keine flüchtige Modeerscheinung, sie hat im Triathlon Bestand und trägt noch immer dazu bei, die Radleistungen weiter zu steigern.

> Alle bewährten Maße beim Positionsbau sollte sich der Sportler notieren. Sie bilden bei der Anschaffung eines neuen Rades immer eine wichtige Ausgangsgröße. Bedenke aber auch die alte Radregel: „Wer zu viel an der Position bastelt, hat keine Form".

Pflege und Wartung des Rades

Hilfreiche Checkliste

Jedes Sportrad ist eine komplizierte Maschine, die regelmäßig gepflegt und gewartet werden muß. Welche Arbeiten stehen auf der Checkliste?

- Kette und alle anderen beweglichen Teile mit Benzin säubern und mit Fahrradöl pflegen.
- Das Rad nach jeder Verschmutzung mit Schwamm und Seifenwasser reinigen.
- Öfter prüfen, ob der Steuersatz Spiel hat. (Dazu wird die Vorderbremse angezogen und das Rad vor- und zurückbewegt. Wenn Spiel vorhanden ist, muß der Stellkonus nachgezogen werden.)
- Abgefahrene oder ausgedehnte Ketten haben auch meist die Ritzel des Zahnkranzes beschädigt. Kette und Zahnkränze müssen dann ausgewechselt werden.
- Nach jeder Fahrt muß der Luftdruck besonders im Schlauchreifen reduziert werden, da das die Lebensdauer der Reifen verlängert.

Wer gut schmiert, der gut fährt
Diese alte Fuhrmannsweisheit gilt noch immer
und besonders für den Radsportler, der mit
eigener Kraft sein Gefährt bewegen muß.

Wichtigste Regel der Radpflege:

> Herkömmliche Schmiermittel reichen
> nicht aus. Radfette müssen unempfind-
> lich gegenüber Wasser und Laugen sein
> (spülfest) und außerdem sollten sie
> Feuchtigkeit abstoßen. Spezielle Rad-
> produkte sind deshalb zu empfehlen.

Abb. 62   Rad-Reisetasche

Ein weiterer Hinweis:

- *Fett* ausschließlich für die verschiedenen Lager verwenden.
- *Öl* wird für die Kette, die Zahnkränze,
  die Schaltung und die Bremsen verwendet.

Schließlich werden noch *Rostschutzmittel* angeboten. Sie haben den Vorteil, daß sie nur
den Rost und nicht das Alu oder den Chrom
angreifen.
Für die Säuberung der mechanischen Teile
und besonders der Kette bietet der Handel *spezielle Reinigungsmittel* an. Wer seine Kette
lange behalten will, sollte diese Produkte bevorzugen.

Radaufbewahrung

Für den „ruhenden Verkehr" haben sich am
besten Wandaufhänger bewährt. Die Reifen
werden nicht belastet und somit geschont. Ihr

größter Vorteil: Sie sind platzsparend, ob in
der Garage, im Keller oder auf dem Boden.
Für den Transport des Rades mit dem Auto
sind inzwischen viele Konstruktionen entwik-
kelt worden. Fast alle erfüllen ihren Zweck.
Sie haben aber alle den Nachteil, daß die wertvolle Maschine Wind und Wetter ausgesetzt
und auch für Diebe leicht zugänglich ist. Die
bessere Lösung ist immer, das Rad im Auto zu
transportieren.
Für Flug- und Bahnreisen wurden stabile *Rad-
Transportkoffer* oder *Radreisetaschen* (Abb.
62) entwickelt. Sie sind eine sichere Gewähr,
daß nach Empfang des Rades an der Gepäck-
ausgabe keine Reparatur notwendig wird.
Nachteil: Das Rad muß demontiert und danach wieder aufgebaut werden. Das ist aber
auf alle Fälle das kleinere Übel.

Hilfe zur Selbsthilfe

Triathlon bedeutet nicht nur intensives kör-
perliches Training, sondern auch Beschäftigung mit der Mechanik des Rades. Das ist

163

wichtig, denn viele Pflegemaßnahmen und kleine Reparaturen muß der Sportler selbst ausführen. Der Triathlet ist deshalb gezwungen, Hobbytechniker zu werden. Das kann sogar eine gute Ergänzung zur sportlich-körperlichen Betätigung sein. Und ganz nebenbei hilft das auch sparen. Wer aber an seinem Bike baut und bastelt, der hat erst richtig Freude daran, wenn er das entsprechende Werkzeug hat.

Welche Radtools sollte man sich zulegen, um Tretlager, Schaltung, Steuersatz, Bremsen und Laufräder sicher zu beherrschen?

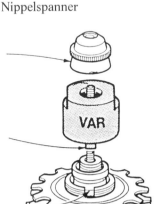

Abb. 64
Nippelspanner

Abb. 65
Reifenheber

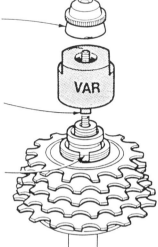

Abb. 66
Zahnkranzabzieher

Universalwerkzeuge

– Maulschlüssel	6 bis 17 mm	6 Stück
– Ringschlüssel	10 bis 15 mm	3 Stück
– Schraubendreher	4 mm und	
	7 mm Klinge	2 Stück
– Kombizange		
– Seitenschneider		
– Inbus-Steckschlüssel		
2,5/3,5/5,0/6,0/7,0 mm		5 Stück
– Stiftzange (Abb. 63)		

Abb. 63
Stiftzange

Spezielle Werkzeuge für Laufräder

- Nippelspanner (Abb. 64)
- Reifenheber/Montierhebel (Abb. 65)
- Zahnkranzabzieher (Abb. 66)
- Hebel-Kettenabzieher (Abb. 67)
  (evtl. mit Spannvorrichtung)

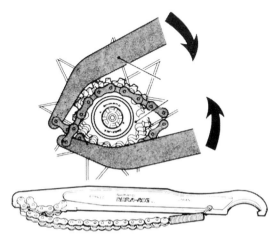

Abb. 67   Hebel-Kettenabzieher

164

Werkzeug für die Kette:

– Nietendrücker (Abb. 68)

Abb. 68
Nietendrücker

Abb. 70
Bowdenzugzange

Abb. 71
Brems-Justier-/
Montageschlüssel

Werkzeug für das Tretlager und die Pedale
(Abb. 69)

– Pedalschlüssel (getrennt für linke und rechte
Tretlagerschale)
– Tretlagerkonterringschlüssel
– Kurbelschraubenschlüssel
– Kurbelabzieher

Abb. 69   Tretlager-/Steuersatzschlüssel

Werkzeug für den Steuersatz (s. Abb. 69)
Die Schlüssel für das Tretlager haben meist
auf der Gegenseite einen Steuersatzschlüssel.
Für Arbeiten am Steuersatz werden immer
zwei Schlüssel gebraucht.

Werkzeug für die Bremse

– Bowdenzugzange (Abb. 70)
– Brems-Justier-/Montage-Schlüssel
  (Abb. 71)

Bekleidung beim Radfahren

Triathleten, die keine Erfahrung mit dem Radsport haben, neigen dazu, ihre Bekleidung für
das Radfahren vom Laufen abzuleiten. Das ist
falsch, denn beim Radtraining herrschen andere Bedingungen. Kaum eine Sportart stellt
höhere Ansprüche an bekleidungsphysiolo-
gisch optimale Sportbekleidung. Speziell beim
Radsport ist der Körper neben wechselnden
Witterungsverhältnissen extrem unterschiedlichen Belastungssituationen ausgesetzt. Abschnitte starker Beanspruchung wechseln
schnell mit relativer Ruhe, und starke Abkühlung wird oft von hoher Wärmebildung abge-
löst.
Gute Radsportbekleidung sorgt für den kör-
perklimatischen Ausgleich, transportiert Kör-
perschweiß zügig nach außen, schützt vor
Fahrtwind und zu schneller Abkühlung und
klebt nicht am Körper. Moderne Gewebe, wie
z. B. Gore-Tex, erfüllen diese Forderungen.
Als Trainingsbekleidung eignet sich am besten
ein zweiteiliger Radanzug. Helle Kleidung,
möglichst mit reflektierenden Streifen erhöht
die Sicherheit. Zur Ausstattung gehören auch

165

Radhandschuhe. Bei Stürzen können sie Abschürfungen verhindern.

Für den Wettkampf hat sich der einteilige oder zweiteilige Triathlonanzug durchgesetzt. Er gewährt Bewegungsfreiheit und beschwerdefreies Sitzen, jedoch nur geringen Schutz vor Witterungseinflüssen. Beim Wettkampf muß sich die Radbekleidung den speziellen Bedingungen und dem Zwang zu schnellem Wechseln unterordnen. Wettkampfbekleidung ist deshalb nicht für das Training geeignet. Bei Wettkämpfen unter ungünstigen Witterungsbedingungen sollte der Triathlonanzug durch geeignete schützende Bekleidung ergänzt werden (z. B. Wind- oder Regenjacke).

Schuhe

Die Radschuhe müssen dem Modell der Sicherheitspedale angepaßt sein. Sie sollten gut passen, damit der Sportler seine Muskelkraft ohne Verlust auf die Pedale bringen kann. Ein Klettverschluß oder Gummizug an den Radschuhen beschleunigt das Umkleiden im Wechselraum und ist eine Voraussetzung, daß die Schuhe beim Wechsel am Pedal bleiben können.

Sturzhelm

Der Helm gehört zur Pflichtausrüstung beim Wettkampf und zur Standardausstattung im Training. Er soll möglichst leicht sein und muß fest sitzen. Beim Einkauf ist der Sportler am besten beraten, wenn er ein Modell auswählt, das den ANSI-Bestimmungen entspricht.

Die Ausrüstung für das Laufen

Bekleidung

Für den Wettkampf ist das Problem der Laufbekleidung leicht gelöst. Der normale Triathlonanzug, besonders der Zweiteiler, schafft günstige Voraussetzungen für die letzte Teildisziplin.

Um die Wechselzeit möglichst zu verkürzen, wird häufig mit der Badehose oder Radhose gelaufen. Probleme können sich hier aus dem meist engen Beinabschluß ergeben. Das Wundscheuern kann aber durch Vaselineeinreibung verhindert werden. Als Oberbekleidung hat sich das Rad-Lauf-Top durchgesetzt. Moderne Kunstfasergemische, wie Coolmax, Drylete oder Tactel, absorbieren den Schweiß und leiten ihn von der Haut ab. Diese Gewebe können ohne Bedenken bereits im Wasser getragen werden, denn sie nehmen nur sehr wenig Wasser auf und trocknen dementsprechend schnell.

Schwieriger wird die Sache, wenn bei Wind und Wetter, im Winter oder auch an sehr heißen Tagen trainiert wird. Dann ist es gar nicht so einfach, die richtige Bekleidung zu finden. Der Sportler sollte deshalb im Training mit der Bekleidung experimentieren und vor allem beachten, daß die Gefahr der Auskühlung während des Laufens weitaus geringer ist, als allgemein angenommen.

Die thermophysiologische Wirkung der Laufkleidung ist einige Ausführungen wert. Während die Bekleidung des Läufers bei kühlen Temperaturen eine gute Wärmeisolation zu gewährleisten hat, muß sie bei hohen Lufttemperaturen umgekehrt zur Wärmeableitung beitragen. Diese Widersprüche lassen sich nur schwer vereinbaren. Moderne Gewebe meistern jedoch die Gegensätze. Diese Textilien bestehen aus zwei separaten Faserschichten, die durch übergreifende Fäden miteinander verbunden sind. Auf der hautzugewandten Seite befindet sich immer eine Chemiefaser, außen eine Naturfaser, meist Baumwolle. Der Schweiß wird durch die Chemiefasern geleitet und in dem äußeren Baumwollgewebe gespeichert, wo er dann verdunstet. Die Schweißfeuchte wird also von der Haut entfernt. Gleichzeitig passiert mit der Feuchtigkeit auch die Überschußwärme die Poren der Chemiefaserschicht. Diese zweischichtige Kleidung ist außerdem atmungsaktiv und läßt die Außenluft nach innen durch. Die modernen zweischichtigen Gewebe bieten drei wichtige Vorzüge und sind deshalb für das Lauftraining des Triathleten besonders geeignet: Sie bringen einen hohen Tragekomfort, halten die Haut trocken und verhindern den leistungsmindernden und gefährlichen Wärmestau. Selbstverständlich ist bei hochsommerlichen Temperaturen eine sehr leichte Laufbekleidung zu tragen. Häufig genügen dann eine Laufhose und das Netzhemd.

Mit der **Kopfbedeckung** hat der Läufer ein weiteres Mittel, seinen Wärmehaushalt zu regulieren, denn im Bereich des Kopfes werden 40 Prozent der insgesamt erzeugten Oberflächenwärme des Körpers abgegeben. Im Sommer kann eine leichte Mütze getragen werden, die als Sonnenschutz dient und außerdem bei großer Hitze durch zusätzliche Befeuchtung den Abkühlungsprozeß beschleunigt.

Auf folgendes muß noch aufmerksam gemacht werden: Nach dem Training oder Wettkampf ist die Widerstandskraft des Organismus geschwächt. Erkältungen sind deshalb auch in der wärmsten Jahreszeit keine Seltenheit. Der

Zweikampf auf Hawaii

Sportler sollte deshalb sofort warme Kleidung anziehen, warm duschen oder durch Umlegen einer Decke die weitere Wärmeabstrahlung verhindern.

Laufschuhe

Einen richtigen und passenden Schuh auszuwählen bedarf einiger Erfahrung und auch einiger spezieller Kenntnisse. Fast 80 Prozent

167

aller Menschen haben Fußanomalien, doch viele wissen davon überhaupt nichts. Deshalb ist es empfehlenswert, von einem Orthopäden, der selbst Lauferfahrung hat, eine Fußuntersuchung vornehmen zu lassen. Das Ergebnis dieser Untersuchung ist für die Auswahl der Laufschuhe sehr hilfreich und kann die Grundlage für funktionsgerechte Einlagen sein. Das schier unübersehbare Angebot wird dadurch eingeschränkt und auf wenige Modelle reduziert. Laufschuhe sind der Sportschuhtyp, der viele Jahre intensiv beforscht wurde und der einen hohen konstruktiven Stand erreicht hat. Generelle Verbesserungen sind deshalb im Augenblick nicht mehr zu erwarten. Es gibt wohl auch kaum einen renommierten Hersteller, der schlechte Laufschuhe anbietet.

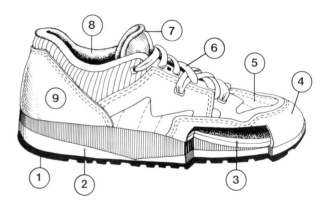

Abb. 72   Aufbau eines Laufschuhs

Zur Konstruktion von Laufschuhen
(Abb. 72)

Diese Schuhe haben gegenüber anderen Schuhen folgende Funktionen: Sie sollen
– den Aufprall dämpfen,
– den Fuß stützen und
– den Schritt führen.
Das wird mit den verschiedensten Konstruktionen und Materialien erreicht. Spätestens hier muß darauf hingewiesen werden, daß spektakuläre Lösungen dieser Aufgaben nicht immer die günstigsten sind. Häufig sollen damit nur neue Kaufwünsche geweckt werden. Ähnliches gilt für den Preis. Seine Höhe muß nicht die Garantie für einen individuell geeigneten und funktionsgerechten Schuh sein.
Bei der Auswahl der Laufschuhe sollte der Sportler folgende **Vorüberlegungen** anstellen:
– Ist der Schuh für das Training oder den Wettkampf gedacht?

– Wo wird vorwiegend trainiert?
– Wie schwer ist der Sportler?
– Wie hoch ist der durchschnittliche Trainingsumfang pro Woche?
– Liegen Fußfehlstellungen vor (Überpronation, Knickfuß, Senkfuß)?
Jeder dieser einzelnen Punkte hat Konsequenzen für die Schuhwahl.

Trainings- oder Wettkampfschuh?
Der Wettkampfschuh ist leichter als ein Trainingsschuh. Das beeinträchtigt aber auch die Stütz- und Führungsfunktion. Wettkampforientierte Triathleten unterscheiden deshalb beide Modelle, legen sich also mindestens zwei Paar zu.

Trainingsrevier
Schuhe für Wald- und Feldwege haben meist ein sehr ausgeprägtes Sohlenprofil, um ein Rutschen zu vermeiden. Sie vermögen auch den Fuß stärker zu stützen. Dafür ist eine so deutliche Dämpfung wie bei einem reinen Straßenlaufschuh nicht nötig. In der Praxis zeigt sich aber, daß ein guter Geländelauf

schuh auch für die Straße geeignet ist, wenn es nur um das Training geht. Unterschieden werden sollte zwischen Winter- und Sommerschuhen. Die Winterschuhe haben eine bessere Wärmedämmung und sind auch vom Profil her auf Eis, Schnee und Schlamm eingestellt.

Gewicht des Sportlers

Es gibt Schuhe, die vorwiegend für leichte Läufer gebaut sind, sowie spezielle Laufschuhe für schwere Sportler. Zu den Leichtgewichten zählen Sportler bis 65 kg. Wer mehr als 80 kg wiegt, ist bereits ein Schwergewicht. Bei schweren Läufern muß die Dämpfung des Laufschuhes auf wesentlich größere Kräfte eingestellt werden. Auch die Stützfunktion muß dem Gewicht angepaßt werden. Leichte Läufer haben mit der Schuhkonstruktion viel weniger Probleme.

Trainingsumfang

Je mehr pro Woche gelaufen wird, um so stabiler sollten die Schuhe sein. Hoher Trainingsumfang bedeutet auch öfters höheres Tempo, und das wiederum verlangt einen „härteren" Schuh. Die Dämpfung muß also stabiler sein.

Fußfehlstellungen

Anomalien der Füße sollte möglichst immer der Arzt feststellen. Im Gefolge dieser Diagnose ist es dann möglich, den entsprechenden Schuh oder auch Einlagen auszuwählen. Als wichtigste Fußanomalien sind zu beachten:
- *Senkfuß* – das Fußgewölbe ist „durchgetreten".
- *Überpronation* – Abknicken nach innen und Belastung auf dem inneren Fußrand.
- *Supination* – Abknicken nach außen; die Hauptbelastung liegt auf dem äußeren Fußrand.
- *Hohlfuß* – Abrollen des Fußes ist erschwert.

Zur Auswahl der Laufschuhe

Dem Läufer wird geraten, ein Fachgeschäft aufzusuchen, das ihm eine fachmännische Beratung bietet und gleichzeitig eine Analyse der Lauftechnik mit Laufband und Videokamera.

Worauf ist beim Laufschuhkauf zu achten?

Im Gegensatz zu vielen anderen Sportschuhen zeichnen sich Laufschuhe vor allem durch die wirkungsvolle Dämpfung des Fußaufpralles aus. Das schont die Gelenke im Bereich der Füße und Beine und macht es außerdem möglich, daß der Sportler auch auf asphaltierten Strecken ohne gesundheitliche Beeinträchtigung laufen kann. Diese Eigenschaft wird durch den mehrschichtigen Sohlenaufbau erreicht. Dazu gehören eine Profilsohle, die den eigentlichen Kontakt zum Untergrund herstellt. Eine oder zwei Zwischensohlen sind die eigentlichen Dämpfungselemente. Sie bestehen aus elastischem Material und werden häufig ergänzt durch Luftkammern oder Geleinschlüsse. Schließlich wird noch ein *Fersenkeil* eingebaut, der den Fuß in eine anatomisch günstige Stellung bringt.

Im *Fersenbereich* muß der Fuß ausreichend Halt haben. Das wird häufig mit einer Kunststoffschale erreicht.

Laufschuhe sollten den *Zehen* viel Bewegungsfreiheit bieten. Die Zehen müssen nach vorn und zur Seite genügend Platz haben. Beim Anprobieren darf der Fuß nie vorn anstoßen. Zwischen Schuhspitze und Zehen muß noch ein Zentimeter Platz sein. Die Seitenfreiheit der Zehen wird durch die „Weite" des Schuhes erreicht. Wer relativ breite Füße hat, sollte darauf achten, daß er unter Modellen auswählt, die unterschiedliche Weiten haben. Die Normweite – wie bei Straßenschuhen üblich – würde die Laufbewegung behindern und außerdem zu Druckstellen und Blasen führen. Im *Mittelschuh* soll der Fuß fest sitzen. Die Schnürung, aber auch ein passender Leisten, sorgen dafür.

Jedes *Obermaterial* sollte leicht sein und schnell trocknen. In den letzten Jahren wurden hierfür fast nur noch Textilien verwendet. Leder wird nur in Ausnahmefällen eingesetzt.

Einlegesohlen dienen dazu, den Schuh besser an das Fußprofil anzupassen. Außerdem haben sie eine hygienische Funktion.

Gelegentlicher Wechsel der Schuhe ist günstig für die Muskulatur und die Gelenke des Fußes. Triathleten und Läufer sollten deshalb mindestens zwei Paar Trainingsschuhe in Benutzung haben.

Wettkampfregeln für Triathlon

Unwissenheit schützt vor Strafe nicht. Dieser Grundsatz gilt auch im Sport, und deshalb ist es schon wichtig, daß sich der Triathlet mit seinen Rechten und Pflichten vertraut macht. Er erspart sich damit manche unangenehme Überraschung. Denn wer kennt nicht die Niedergeschlagenheit, die Wutausbrüche und sogar Tränen, wenn nach einem Wettkampf die Liste der Disqualifikationen veröffentlicht wird und manch große Hoffnung wegen Verstoßes gegen Paragraph 12.8 (Windschattenfahren) oder Paragraph 11.5 (Radfahren in der Wechselzone) oder Paragraph 12.9 (Nichteinhalten der Straßenverkehrsordnung, z.B. Rechtsfahrgebot) zerstört wird. Häufigste Ursachen dieser Disqualifikationen sind ungenügende Regelkenntnis, subjektive Regelauslegung und Nicht-Bescheidwissen über die Konsequenzen einer leichtfertigen Handlung im Wettkampf. Trotz aller persönlichen Tragik, die mit solchen Kampfrichterentscheidungen verbunden sind, sollte sich der Sportler im klaren sein, daß Wettkampfregeln der Chancengleichheit aller Sportler dienen. Und wer will schon einen Wettbewerb mit ungleichen Voraussetzungen? Schließlich stellen wir uns freiwillig dem sportlichen Vergleich. Diese Freiwilligkeit gebietet auch die Einhaltung der sportlichen Fairness und damit des selbstgewählten Reglements.

Welche Regeln bringen für den Wettkämpfer am häufigsten Probleme?

Startberechtigung, Teilnahme an nicht genehmigten Veranstaltungen, Kennzeichnung

• Starten darf nur der Sportler, der einen gültigen Startpaß besitzt oder eine Tageslizenz erworben hat. Ausnahmen gibt es bei Jedermann-Triathlons und im Kinderbereich.
• Innerhalb eines Kalenderjahres darf der Athlet nur für einen Verein starten. Meldet er sich im Laufe des Jahres bei einem anderen Verein an, kann das für ihn Sperre bedeuten. Das trifft jedoch nicht zu, wenn sein Verein und Verband dem Wechsel zustimmen.
• Noch immer finden Triathlonwettkämpfe statt, die vom Landesverband nicht genehmigt sind. Die Veranstalter versuchen mit diesen Wettkämpfen, die Solidargemeinschaft aller Triathleten zu durchbrechen und sich Vorteile zu verschaffen. Wer an solchen Wettkämpfen teilnimmt, muß mit einer Sperre bis zu neun Monaten rechnen. Nichtgenehmigte Wettkämpfe sind daran zu erkennen, daß sie nicht in den Wettkampfkalendern der Landesverbände und der DTU aufgenommen sind.
• Der Sportler muß den gesamten Wettkampf mit gut sichtbarer Startnummer bestreiten. Beim *Schwimmen* ist die Startnummer auf dem Oberarm oder Handrücken aufgetragen. Manche Veranstalter geben numerierte Bademützen aus, sie zu tragen ist dann Pflicht. Während des *Radteils* ist die Nummer hinten zu tragen. Eine weitere Radnummer am Rah-

men erleichtert die Identifikation. Der *Läufer* trägt die Nummer vorn (Brust oder Bauch).

Schwimmregeln

- Brillen sind gestattet, verboten sind dagegen Flossen, Handschuhe, Paddels, Socken oder Schnorchel.
- Im offenen Gewässer darf der Kälteschutzanzug in jedem Fall getragen werden, in Schwimmbecken nur dann, wenn das Wasser kälter als 23 Grad ist. Verstärkungen der Anzüge (besserer Auftrieb) sind nicht erlaubt. Das Material der Kälteanzüge darf nicht dicker als 5 mm sein.
- Im Wasser ist jede Schwimmtechnik erlaubt. Der Schwimmer darf sich zum Ausruhen an Bojen oder Leinen festhalten.

Regeln für das Radfahren

- Das Wettkampfgericht darf die Räder auf ihren technischen Zustand hin kontrollieren und bei Mängeln zurückweisen.
- Auf der gesamten Radstrecke ist ein zugelassener Radhelm zu tragen. Der Helm muß bereits im Wechselraum aufgesetzt und der Verschluß geschlossen werden, die Vorschrift gilt bis zum Abstellen des Rades. Diese Regel ist wichtig, sie wurde schon manchem Athleten, der seine Ankunft im Wechselraum langfristig vorbereitet hat und den Helmriemen zu früh öffnete, zum Verhängnis.
- Auf der Strecke darf das Rad nicht ausgetauscht werden, es ist auch verboten, komplette Laufräder zu wechseln. Der Sportler muß also im Falle einer Reifenpanne selbst reparieren. Hilfeleistung ist nicht gestattet.
- Windschattenfahren! Hier handelt es sich um die problemreichste Regel im Triathlonsport. Die Durchsetzung dieser Regel ist schwierig und aufwendig. Bei der Lösung dieses Problems müssen neben Kampfrichtern und Organisatoren auch die Athleten mithelfen. Zum Ehrenkodex eines Triathleten gehört der Verzicht auf jede Form des „Lutschens". „Fair geht vor" drückt sich im Triathlonsport vor allem in der individuellen Einhaltung des Windschattenverbots aus. Jeder sollte in erster Linie sein eigenes Verhalten kontrollieren und dann erst das der anderen.

Was ist zu beachten? Der Abstand zweier Teilnehmer zueinander muß mindestens 10 Meter in Fahrtrichtung betragen. Ausnahmen gibt es nur bei Überholvorgängen, in scharfen Kurven, bei Bergauffahrten sowie auf besonders gekennzeichneten Abschnitten. Nach dem Überholvorgang ist der Überholte für das Einhalten des 10-Meter-Abstandes verantwortlich. Ständiges Nebeneinanderfahren ist ebenfalls nicht erlaubt. Verstöße gegen diese Regel werden meist mit einer roten Karte – also Disqualifikation – geahndet.

- Jeder Athlet muß die Straßenverkehrsordnung einhalten und darf sich nicht von anderen Fahrzeugen begleiten lassen.

Laufregeln

- Wie in den beiden anderen Disziplinen, ist es verboten, die Strecke abzukürzen.
- Auch beim Lauf ist eine Begleitung oder zusätzliche Betreuung nicht erlaubt. Freunde oder Trainer dürfen also nicht nebenherlaufen oder den Sportler gar „ziehen".

Verhalten im Wechselraum

- Innerhalb des Wechselraumes ist es verboten, mit dem Rad zu fahren.

- Wenn ein spezieller Umkleidebereich ausgewiesen ist, muß sich der Triathlet auch dort umziehen und nicht am Radstellplatz.

Sanktionen

Verstöße gegen die Sportordnung sowie gegen das allgemeine Fairnessgebot oder sonstige Regeln führen zu disziplinarischen Maßnahmen. Das sind:

a) *Verwarnungen* (Zeigen der gelben Karte und Aufforderung, den Regelverstoß zu beseitigen)
b) *Disqualifikation* (Zeigen der roten Karte)
c) *sofortiger Ausschluß* (Zeigen der roten Karte, verbunden mit der Aufforderung, den Wettkampf sofort zu beenden).

Verwarnungen werden ausgesprochen bei:

a) einfachen Regelverstößen, insbesondere bei Verstößen gegen Gebote, deren Zweck nicht primär auf die Verhinderung eines Wettkampfvorteils gerichtet ist (Beispiel: Umgeknickte Startnummer oder offener Helmverschluß).
b) Verstößen gegen Gebote, deren Ziel in erster Linie ist, einen Vorteil im Wettkampf zu unterbinden, der Vorteil aber noch nicht eingetroffen ist oder durch Korrektur noch aufgehoben werden kann (Beispiel: Aufsitzen vor Begrenzung des Wechselgartens – der Athlet muß noch einmal zurück).

Disqualifikationen sind auszusprechen bei:

a) schwerwiegenden Regelverstößen (Beispiel: absichtliches Windschattenfahren)
b) bei einer zweiten gelben Karte innerhalb eines Wettkampfes.

Der **sofortige Ausschluß** erfolgt bei:

a) Streckenabkürzungen
b) Windschattenfahren (über mehrere Sekunden)
c) grob unsportlichem Verhalten in Form von Tätlichkeiten und Beleidigungen.

Altersklassen

Für die Teilnahme an Triathlonwettkämpfen gilt folgende Altersklasseneinteilung:
(„TW" = Triathlon, weiblich, „TM" = Triathlon, männlich)

TW 11/TM 11 = Schüler(innen) B: Beginnend mit dem Jahr, in dem das 11. Lebensjahr vollendet wird.

TW 13/TM 13 = Schüler(innen) A: Beginnend mit dem Jahr, in dem das 13. Lebensjahr vollendet wird.

TW 15/TM 15 = Jugend B: Beginnend mit dem Jahr, in dem das 15. Lebensjahr vollendet wird.

TW 17/TM 17 = Jugend A: Beginnend mit dem Jahr, in dem das 17. Lebensjahr vollendet wird.

TW 19/TM 19 = Junior(inn)en: Beginnend mit dem Jahr, in dem das 19. Lebensjahr vollendet wird.

TW 21/TM 21 = Hauptklasse: Beginnend mit dem Jahr, in dem das 21. Lebensjahr vollendet wird.

TW 30/TM 30 = Senior(inn)en: Beginnend mit dem Jahr, in dem das 30. Lebensjahr vollendet wird.

TW 35/TM 35 = Senior(inn)en: Beginnend mit dem Jahr, in dem das 35. Lebensjahr vollendet wird.

Weitere Klassen werden im 5-Jahres-Rhythmus angeschlossen, also TW/TM 40, TW/TM 45 usw.

Hände weg von Drogen!

Nein, im „Berendonk" steht kein einziges Wort über Drogenmißbrauch im Triathlon. Das ist beruhigend, sollte aber nicht zu Leichtfertigkeit führen. Auch im Triathlon besteht die Gefahr, daß versucht wird, mit unlauteren Mitteln die Leistungsfähigkeit zu verbessern.

Die extremen Leistungsanforderungen im Wettkampf und die hohen Trainingsbelastungen können durchaus dazu verleiten, verbotene Substanzen zu verwenden. Auf eine Aufzählung dieser Mittel und Methoden soll verzichtet werden. Fest steht, daß Doping den Sportler sowie den gesamten Sport gefährdet und in Verruf bringt. Denn Doping verzerrt nicht nur die Chancengleichheit der Aktiven, es ist auch eine Gefahr für die Gesundheit der Sportler. Es macht eine erzieherisch wertvolle Jugendarbeit zunichte und verletzt Würde und Ethik des Sports allgemein.

Es ist deshalb nur richtig, wenn die Triathlonverbände sich entschieden gegen Doping wenden und durch Kontrollen dahin wirken, daß der Triathlonsport sauber bleibt. Drakonische Strafen tragen außerdem dazu bei, auf die Unlauterkeit des Dopingmißbrauchs hinzuweisen und alle Versuche von Anfang an zu verhindern.

Organisation von Triathlonveranstaltungen

Wer schon einmal einen Triathlon veranstaltet hat, weiß, daß das mit einem immensen Arbeitsaufwand verbunden ist. Viel Zeit und Mühe ist vor allem für die Gewährleistung der Sicherheit in den drei Disziplinen aufzuwenden, wobei insbesondere das Radfahren und das Schwimmen umfangreicher Vorbereitungen bedürfen. Dagegen ist der Lauf relativ einfach zu organisieren, da er meist auf Nebenstraßen und Wegen stattfindet, den öffentlichen Verkehr weniger berührt und deshalb kaum Gefahrenpunkte aufweist.

Ein zentrales Problem ist die **Finanzierung des Wettkampfes.** Die Startgelder reichen meist nicht aus, um alle notwendigen Aufwendungen zu bezahlen. Kostenintensiv sind vor allem die Zeitnahme, Straßensperrungen, Wasserrettung, das Drucken von Ausschreibungen, Programmen und Ergebnislisten, die Kampfrichter- und Helfergebühren sowie die Transportleistungen. Viele dieser Aufgaben sind nur über Sponsoren aus der Wirtschaft oder durch Unterstützung der Kommunen zu lösen. Das bedeutet jedoch, daß der Veranstalter sehr früh diese Unterstützung beantragt. Obwohl es immer schwieriger wird, Sponsoren zu gewinnen, ist das für die Sportart Triathlon durchaus noch möglich, weil Triathlon ein moderner und aufstrebender Sport ist, der im Trend der Zeit liegt und sich dadurch gut vermarkten läßt.

> Sponsorenverträge werden meist am Ende eines Jahres für das kommende Geschäftsjahr abgeschlossen. Wenn der Wettkampfveranstalter zu spät kommt, hat er leicht das Nachsehen.

Der Veranstalter muß bestrebt sein, seinem Triathlon ein positives Image zu geben. Die Auswahl an Veranstaltungen ist groß, und die Wettkämpfer kommen nur zu Veranstaltungen, die sich durch gute Organisation auszeichnen. Der Bekanntheitsgrad eines Wettkampfes lockt Zuschauer an, und das sind wiederum Voraussetzungen für das Interesse der Sponsoren aus der Wirtschaft am Sponsoring. Wettkämpferfreundliche und reibungslose Organisation sind also Grundvoraussetzungen für das gute Image eines Triathlon. Die Medien tragen dazu bei, daß die Öffentlichkeit davon erfährt. Jeder Veranstalter sollte deshalb dafür sorgen, daß Presse, Funk und Fernsehen ausreichend und frühzeitig mit Informationen und Ergebnissen versorgt werden und daß eine fachkundige Betreuung der Journalisten erfolgt.

Die Schaffung sportgerechter Voraussetzungen ist zwar eine Selbstverständlichkeit für den Wettkampf; jeder Organisator weiß aber, daß es allein schon großer Anstrengungen bedarf, das leidige Windschattenfahren zu verhindern. Weitere Aufgaben, wie z.B. die

Sicherung der Verpflegung und der Wasserversorgung auf den Strecken, bedürfen ebenfalls einer vorausschauenden Organisation.

> Ein Triathlon ist dann am einfachsten zu organisieren und zu beherrschen, wenn beide Wechsel und möglichst auch Start und Ziel auf einem überschaubaren Areal plaziert sind.

Notwendige „Wanderungen" der Zuschauer vom Start- zum Wechselraum und dann eventuell zum Ziel halten vom Wettkampfbesuch ab. Diese Dezentralisierung erfordert zusätzliche Transporte und erhöht die Kosten, ganz zu schweigen von der damit verbundenen Unübersichtlichkeit des Geschehens für Besucher und Journalisten.

Spezielle Hinweise zur Organisation

Zur Größe der Veranstaltung

Bereits ein kleiner Triathlon oder auch Duathlon braucht viele Kampfrichter und Helfer. Meist reichen die Kräfte des eigenen Vereins nicht aus, so daß Helfer aus befreundeten Vereinen gewonnen werden müssen. Der Veranstalter sollte aber auch bedenken, daß ein Wettkampf mit 50 Teilnehmern nahezu die gleiche Helferzahl benötigt wie eine Veranstaltung mit 250 Startern. Es ist also nicht sinnvoll, Miniveranstaltungen auszurichten, zumal dafür ebenfalls alle Genehmigungen eingeholt werden müssen (Straßennutzung, Wasserrettung, Flächennutzung, Haftpflichtversicherung etc.), und die sportlichen Aufgaben

(Zeitnahme, Verpflegung, Sicherheit) die gleichen sind, während die Einnahmen aus Startgeldern nur gering sind.

Genehmigungen

Die notwendigen Genehmigungen für einen Wettkampf können von Ort zu Ort sehr unterschiedlich sein. Voraussetzung für behördliche Genehmigungen sollte immer die sportrechtliche Zustimmung des Landesverbandes oder der DTU sein.

Für *Genehmigungen durch den Landesverband oder die DTU* sind notwendig:
1. die Ausschreibung mit Termin und Ort der Veranstaltung,
2. Strecken- und Zeitpläne,
3. besondere Bestimmungen und Ordnungen des Sportverbandes.

Behördliche Genehmigungen sind von
- den Straßenverwaltungen und der Verkehrspolizei,
- den Eigentümern und Nutzern der Schwimmgewässer,
- den Forstverwaltungen für Läufe durch Wälder,
- den Umweltschutzbehörden und
- dem Hygieneinstitut bei Nutzung bestimmter Gewässer
einzuholen.

Ausschreibung

Die Ausschreibung des Wettkampfes muß folgende Angaben enthalten:
- Ort;
- Termin;
- Startzeit;
- Zeitlimit;

- Teilnahmebedingungen;
- eventuell Teilnehmerquote;
- Startgeld;
- Meldeschluß;
- Altersklassen;
- Meldeanschrift;
- Streckenbeschreibungen oder Streckenpläne.

Wettkampfeinweisung

In einer offiziellen Einweisung müssen die Wettkämpfer mit den speziellen Bedingungen des Wettkampfes vertraut gemacht werden. Hierbei sind zu erläutern:
- der Startvorgang und der Zieleinlauf,
- der Wechselraum,
- Wendepunkte und spezielle Bestimmungen.

In der Einweisung müssen die Wettkämpfer nachdrücklich auf das Verbot des Windschattenfahrens hingewiesen werden. Schriftliche Informationen, Tafelbilder und Videofilme sollten die mündlichen Einweisungen ergänzen.

Unvorhergesehene Ereignisse

Die Wettkampfleitung kann unmittelbar vor dem Start von Ereignissen überrascht werden, die zur Folge haben, daß der Wettkampfablauf geändert werden muß. Um die Gesundheit und die Sicherheit der Teilnehmer zu gewährleisten, können folgende Maßnahmen eingeleitet werden:

Aufschub des Wettkampfes. Wenn die Witterungsbedingungen sehr ungünstig sind (z. B. Gewitter oder Nebel), eine gefährliche Teilstrecke verändert werden muß oder andere Organisationsprobleme auftreten, kann der Wettkampf zeitlich verschoben werden. In extremen Fällen kann das Wettkampfgericht die Veranstaltung absetzen.

Veränderung der Strecken. Sollte sich die Veränderung einer Teilstrecke notwendig machen, müssen die Wettkämpfer informiert werden.

Verkürzung des Kurses. Die Wettkämpfer sind auf die Streckenrelationen, die sie von der Ausschreibung her kennen, eingestellt. Wenn eine Teilstrecke um mehr als 50% verkürzt werden muß, sollte das bei Langtriathlons auch auf den anderen Teilstrecken geschehen. Bei Kurztriathlons ist diese Maßnahme nicht notwendig.

Absetzen des Wettbewerbs. Sind Gesundheit oder Sicherheit der Wettkämpfer ernsthaft gefährdet, dann ist der Veranstalter verpflichtet, Teilstrecken (z. B. Schwimmen bei Wassertemperaturen unter 15,0°C) oder den gesamten Wettkampf abzusetzen.

Zeitnahme und Ergebnisermittlung

Es ist ratsam, die Zeitnahme so zu organisieren, daß zwei unabhängig existierende Erfassungssysteme vorhanden sind, um unter allen Umständen die Ergebnisse zu sichern. Die Zeitnahme muß auch die Teilzeiten für Schwimmen, Radfahren und Laufen erfassen. Spätestens am Ende des Wettkampfes ist die Gesamtzeit für jeden Wettkämpfer schriftlich bekanntzugeben. Ebenso sind Disqualifikationen zu veröffentlichen.

Schwimmen

Mit dem Schwimmstart wird ein Wettkampf-ablauf in Gang gesetzt, der danach nur noch wenig zu beeinflussen ist. Ein gut durchdachter Schwimmstart kann viel für den weiteren reibungslosen Ablauf des Wettkampfes tun. Der Triathlonorganisator muß deshalb entscheiden, welche Gruppen er für die einzelnen Starts zusammenstellt und welche Startreihenfolge er auswählt. Überholvorgänge beim folgenden Radpart können so reduziert werden, und auch die Gruppenbildung auf der Radstrecke wird bereits mit dem Schwimmstart vorgegeben oder minimiert.

Dem Veranstalter ist es überlassen, ob er die Athleten aus dem Wasser heraus starten läßt oder am Ufer postiert. Auf alle Fälle muß das Startareal abgegrenzt werden und eine Kontrolle der Teilnehmer erfolgen. Die Aufstellung der Wettkämpfer vollzieht sich hinter einer Startlinie. Bei Schwimmbad-Triathlons ist der Wasserstart vorgeschrieben.

Die Schwimmstrecke ist bei bestimmten Wassertemperaturen gemäß Tabelle zu verkürzen, und es sind folgende Limitzeiten zu setzen:

Wasser gut – ansonsten etwas zu warm

Wassertemperatur in °C	längste Distanz	längste Schwimmzeit
15 – 16,9	1 000 Meter	0:35 h
17 – 17,9	2 000 Meter	1:10 h
18 – 18,9	3 000 Meter	1:40 h
19 – 19,9	4 000 Meter	2:15 h

Die Veranstalterordnung der DTU sieht vor, daß die Gruppenstärke die folgenden Zahlen nicht überschreiten darf:
Kurztriathlon: 100 Starter
Mitteltriathlon: 200 Starter
Langtriathlon: 400 Starter.

In der Wettkampfpraxis hat es sich bewährt, für das Elitefeld die Startgruppe noch kleiner zu halten und für Frauen eine eigene Gruppe zu bilden. Meist starten zuerst die Frauen, dann die Elitegruppe der Männer, danach folgt die Gruppeneinteilung nach den Altersklassen. Bei 15 Minuten Zeitabstand zwischen den Startblöcken kommt es dann auch kaum zu Vermischungen und damit zu objektiven Voraussetzungen für das Windschattenfahren.

Der Veranstalter kann das **Tragen von Kälteschutzanzügen** vorschreiben; in diesem Fall gelten folgende Streckenlängen und Limitzeiten:

Wassertemperatur in °C	längste Distanz	längste Schwimmzeit
15 – 15,9	1000 Meter	0:35 h
16 – 16,9	2000 Meter	1:10 h
17 – 17,9	3000 Meter	1:40 h
18 – 18,9	4000 Meter	2:15 h

Der Verlauf der Schwimmstrecke ist durch Bojen – möglichst alle 100 Meter – zu markieren. Ruderboote sorgen für die nötige Sicherheit auf der Strecke. Mindestens ein Motorboot sollte zum schnellen Abtransport erschöpfter Sportler bereitstehen. Für die Verständigung der Boote untereinander und an Land haben sich Sprechfunk oder akustische Zeichen bewährt. Erste Hilfe muß auf allen Booten gewährleistet sein. Es ist nicht erlaubt, Kampfrichter, die das Schwimmen überprüfen, in Rettungsbooten zu befördern. Die Veranstalter müssen auch dafür sorgen, daß die Wettkämpfer nicht durch andere Wasserfahrzeuge oder Badegäste gefährdet oder gestört werden. Als Führungsfahrzeuge vor dem jeweils ersten Schwimmer einer Gruppe haben sich „geruderte Surfbretter" bewährt.

Was ist beim Schwimmteil noch zu beachten?
- Bademützenpflicht (aufgemalte Startnummer)
- Oberarmbeschriftung (Startnummer) oder bei Kälteschutzanzugträgern auf dem Handrücken (wasserfester Stift)
- Schwimmtechnik kann gewechselt werden
- Verbot von Paddels und Flossen
- Die Schwimmzeit wird unmittelbar nach dem Wasserausstieg erfaßt (trichterförmige Einlaufgassen aufbauen).

Materielle Voraussetzungen für den Teil Schwimmen
- Numerierte Bademützen
- Mehrere Stifte für Oberarmbeschriftung; Helfer zum Markieren notwendig!
- Startleine, Startpistole oder Startklappe
- Markierungsbojen
- Wasserrettung mit Ruderbooten und Motorboot
- Boote für Kampfgericht und Wendeboot
- Surfbretter als Führungsfahrzeug
- Absperrmaterial für die Zeiterfassung
- Beschallungsanlage am Schwimmstart.

Radfahren

Die Auswahl der Radstrecke bringt für den Organisator die meisten Probleme mit sich. Nicht immer sind die Straßenbehörden und die Verkehrspolizei bereit, die gewünschte Rennstrecke zu genehmigen. Bundesstraßen und Autobahnzubringer scheiden meist aus. Häufig erschweren auch zeitliche Einschränkungen der Straßennutzung die Organisation des Wettkampfes. Der Veranstalter muß deshalb sehr früh seinen Antrag auf Genehmigung der Wettkampfstrecke einreichen, um noch Zeit zum Umdisponieren zu haben.
Die Radstrecke ist so anzulegen, daß für den Sportler keine unerwarteten Gefahren bestehen. Sie soll aber auch selektiv sein, also den guten Radsportlern möglichst viele Gelegenheiten zum Zeitgewinn geben und den „Lutschern" keine Chance lassen. Kurse mit zahlreichen Anstiegen und Abfahrten sowie kur-

Mit den Füßen noch im Wasser, mit den Gedanken bereits auf dem Fahrrad

Der Radkurs ist entweder mit einer auffallenden Bodenmarkierung kenntlich gemacht oder mit deutlichen Richtungsschildern am Straßenrand ausgestattet. Gefährliche Abfahrten oder Kurven müssen gekennzeichnet sein. Das erfolgt durch Vorwegweiser und Gefahrenschilder. Die Sicherung der Strecke bedarf meist eines großen Personalaufwandes, denn Kreuzungen und Linksabbiegungen sind durch Helfer oder Polizisten zu sichern. Das kann leicht 20 bis 30 Helfer auf einer 40-km-Strecke binden. Viele Organisatoren versuchen, diesen Aufwand zu reduzieren, indem sie mehrere Runden fahren lassen. Diese Lösung bringt aber eine größere Dichte an Teilnehmern mit sich und erhöht wieder die Gefahr des Windschattenfahrens.

Ähnlich sind die Verhältnisse bei *Wendepunktstrecken*. Das gilt um so mehr, als nur in Ausnahmefällen die Straße für den Wettkampf völlig frei ist. Meist ist nur eine Verkehrsberuhigung oder Reduzierung der Geschwindigkeit für die übrigen Verkehrsteilnehmer zu erreichen. Der Anliegerverkehr kann sowieso nur selten völlig vermieden werden.

Die Radstrecke muß an wichtigen Punkten durch Helfer des Roten Kreuzes gesichert sein. Weiterhin ist es sinnvoll, wenn auf der Strecke mindestens ein Krankentransportwagen eingesetzt wird. Die Versorgung mit Getränken und eventuell Verpflegung erfolgt alle 20 km. Auch beim Kurztriathlon ist eine Verpflegungsstelle notwendig, weil die schwächeren Fahrer meist ein solches Angebot wünschen. Es sollten dort vorwiegend Trinkflaschen und eventuell Bananenstückchen gereicht werden. Trinkbecher sind ungeeignet, da beim Überreichen ein Großteil des Getränkes verschüttet wird.

Verpflegungsstellen sind dort anzuordnen, wo der Sportler gezwungen ist, langsam zu fahren.

venreiche Strecken gelten als selektiv. Diese Forderung kollidiert sehr häufig mit dem Sicherheitsgebot im Interesse des Sportlers, und im Flachland sind solche Strecken erst gar nicht zu finden. Folglich muß dort durch besonders intensive Kontrollen der Versuchung zum Windschattenfahren entgegengewirkt werden.

Mehrere Ankündigungen müssen vorher darauf hinweisen.

Auch der bestorganisierte Triathlon kommt ins Gerede, wenn ihm Windschattenfahren nachgesagt wird. Der Veranstalter kann das nur vermeiden, wenn er die Startgruppen möglichst klein hält und große Startabstände einplant. Die wirkungsvollste Methode ist jedoch eine scharfe Kontrolle. Das kann aber nur mit dem fahrenden Feld – also von Motorrädern aus – erfolgen. Dadurch erhöht sich der materielle und finanzielle Aufwand einer Veranstaltung. Zahlreiche Windschattendesaster in den letzten Jahren beweisen allerdings, daß nur über schärfere Kontrollen dieses Problem in den Griff zu bekommen ist.

Für das Abstellen der Räder im Wechselraum haben sich mehrere Konstruktionen bewährt. Wichtig ist jedoch, daß die Stellplätze gekennzeichnet sind, damit der Sportler sein Rad möglichst schnell findet.

Materielle Voraussetzungen für den Teil Radzeitfahren

- Markierung der Strecke (auffällig und wasserfest!)
- Radnummern zur Kontrolle
- Startnummern auf dem Rücken der Sportler
- Hinweisschilder an Gefahrenpunkten
- Motorräder für Kontrollen und Transport von Journalisten
- Ambulanzwagen und Sanitäter
- Verpflegungsstellen (Tische, Radflaschen)
- Zwischenzeitnahme bei Radankunft.

Laufen

Der abschließende Lauf ist am einfachsten zu organisieren. Wenn auf Wald- und Feldwegen gelaufen wird, bereitet die Absperrung der Strecke keine Probleme. Bei der Auswahl des Kurses sind Wege gegenüber harten Asphaltstraßen zu bevorzugen. Waldwege haben den Vorteil, daß der letzte Teil des Wettkampfes nicht in praller Sonne stattfinden muß. Die Wege müssen so breit sein, daß problemlos überholt werden kann. Alle Markierungen werden mit einer Kreidemaschine vorgenommen. Schlemmkreide oder Sägespäne sind geeignet, haben aber den Nachteil, daß die Linien nach einem Gewitterguß verschwunden sind. Mit der Kreidemaschine werden große Pfeile in Laufrichtung aufgetragen. Bewährt hat sich auch ein durchgehender Strich. Beim Kurztriathlon mit zwei Laufrunden à 5 km bereiten diese Markierungen keine Probleme.

Für den Athleten ist es eine Erleichterung, wenn die Strecke durch Kilometerschilder gekennzeichnet ist. Dadurch weiß er besser, wie er seine Kräfte einteilen muß.

Getränke und auch Obst sollten alle 5 km angeboten werden. Das gleiche gilt für Wasserstellen. An heißen Tagen (25 Grad und mehr) sind noch dichtere Abstände zu empfehlen.

Sanitäter sollten kritische Stellen der Laufstrecke absichern. Die Erfahrung lehrt, daß Hitzeschäden und Kreislaufprobleme besonders auf den letzten zwei Kilometern der Laufstrecke auftreten.

Paula Newby-Fraser beim Endkampf

Materielle Voraussetzungen für den Teil Lauf

– Kreidemaschine und Schlemmkreide
– Entfernungsschilder für jeden Kilo-
  meter, Hinweisschilder
– Absperrmaterial an Kreuzungen, Ga-
  belungen und Abkürzungsmöglich-
  keiten
– Verpflegungsstände und Wasserstel-
  len mit Schwämmen
– Ausreichend Trinkbecher und Abfall-
  behälter
– Fahrräder als Führungsfahrzeuge und
  Schlußfahrzeug.

Wechselraum

Der Wechselraum hat mehrere Aufgaben. Das sind:
– Radaufbewahrung
– Umkleiden der Teilnehmer nach dem
  Schwimmen und Radfahren
– Verpflegung der Athleten nach dem
  Schwimmen und vor dem Lauf
– eventuell auch Aufenthalt nach dem Ziel-
  einlauf mit Verpflegung
– eventuell Massage.

Diese Fülle zwingt den Veranstalter, den Ablauf im Wechselraum genau zu durchdenken
und eine Lösung anzubieten, die allen Funktionen gerecht wird, übersichtlich ist und für jeden
Teilnehmer gleiche Bedingungen enthält.

Mit der ständig verbesserten Ausrüstung der
Triathleten steigt auch der Wert des gesamten
Materials, das im Wechselraum abgestellt ist.
Bei großen Wettkämpfen geht das bereits in
die Millionen. Der Veranstalter muß deshalb
durch einen festen Zaun und Aufsichtspersonal

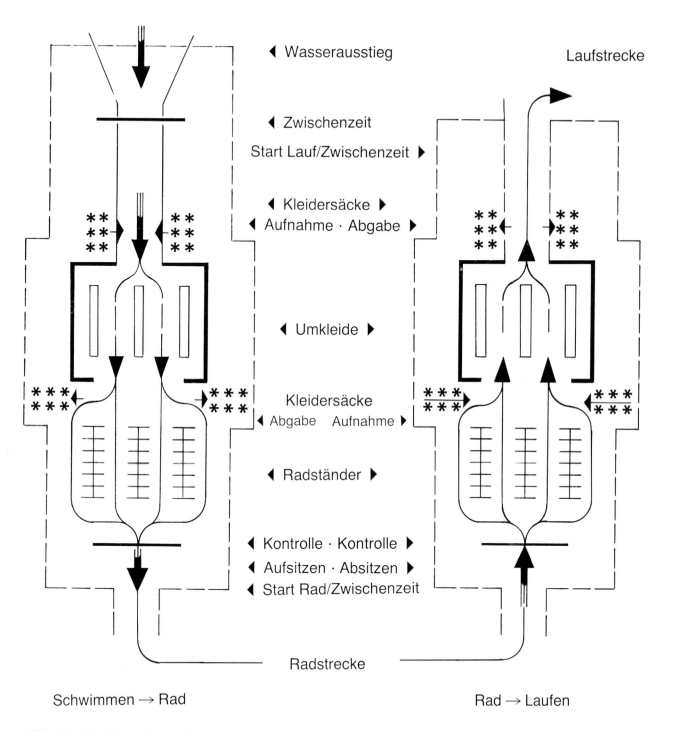

Schwimmen → Rad

Rad → Laufen

Abb. 73   Gestaltung der Wechselräume (Schema) nach der Sportordnung, Teil B

sichern, daß Diebstahl und Beschädigung der Räder ausgeschlossen sind. Das ist auch deshalb wichtig, weil keine Versicherung die Gewährleistung für den Wechselraum samt Inhalt übernimmt. Die Ausgabe der Räder und anderer Ausrüstung sollte nur gegen Abgabe einer **Radkarte** erfolgen, die der Athlet mit den Startunterlagen bekommt.

Gestaltung und Organisation des Wechselraumes hängen allerdings auch vom Charakter der Veranstaltung ab. Die DTU unterscheidet in ihrer Sportordnung allgemeine Regeln für Triathlonwettkämpfe (Teil A) und Regeln für Qualifikations- sowie Meisterschaftswettkämpfe (Teil B). Im zweiten Fall ist eine separate, geschlossene Umkleidemöglichkeit anzubieten. Der Sportler bekommt für jede Disziplin einen Kleiderbeutel und muß sich im Umkleidebereich umziehen. Am Radstellplatz dürfen nur die Radschuhe deponiert werden. Diese Variante stellt wesentlich höhere Anforderungen an die Organisation. Abbildung 73 verdeutlicht den Ablauf nach der Sportordnung, Teil B.

Beginn und Ende der Wechselzone sind zu markieren, weil im Wechselbereich der Triathlet sein Rad schieben muß und der Helm erst im Wechselraum gelöst werden darf.

Materielle Ausstattung des Wechselraums

- Zaun und Absperrmaterial
- ein oder zwei Umkleidezelte (für Frauen und Männer)
- numerierte Radständer
- Kleiderbeutel
- Bänke
- Verpflegungsstände
- Aufsichtspersonal
- eventuell Balken am Ein- u. Ausgang.

Zieleinlauf

Im Bereich Ziel ist die wichtigste Aufgabe des gesamten Wettkampfes zu erfüllen, nämlich die Endzeitnahme. Eine verpaßte Zwischenzeit ist unschön, jedoch zu verkraften; viel schlimmer ist es, wenn Athleten beim Zieleinlauf nicht erfaßt oder ihnen falsche Zeiten und Plazierungen zugeordnet werden. Das passiert vor allem dann, wenn mehrere Sportler gleichzeitig einlaufen. Die Zeitnahme im Ziel sollte deshalb nur solchen Kampfrichtern zugemutet werden, die schon Erfahrung haben und sich von der Hektik eines Wettkampfes nicht aus der Ruhe bringen lassen.

Entscheidend für eine reibungslose Zeiterfassung ist auch die Gestaltung des Zieleinlaufes. Einlaufgasse und abgeschlossenes Zeitnehmerareal sind Voraussetzung. Wichtig ist vor allem, daß die Plazierung und die Endzeit mit zwei unabhängigen Systemen erfaßt werden, um unter allen Umständen die Ergebnisse zu sichern.

Für die Zeiterfassung gibt es inzwischen verläßliche Computerprogramme. Es kommt also nur noch darauf an, daß die Startnummern der Einlaufenden richtig in den Computer eingegeben werden. Dafür sind also „Ansager" und „Eingeber" notwendig. Die Gruppenzuordnung und Plazierung sowie den Ausdruck der Endzeiten übernimmt dann automatisch der Computer.

Unmittelbar hinter der computergestützten Erfassung sollte eine manuelle Zielerfassung postiert sein. Hier wird auf eine vorbereitete Liste die Reihenfolge der ankommenden Läufer notiert und die Zeit immer dann dazugeschrieben, wenn es die Einlaufdichte zuläßt. Als Kontrollerfassung reicht die später interpolierte Einzelzeit für den Sportler aus. Die gesamte Zeiterfassung wird erleichtert, wenn

Einzug eines Gladiators

hinter dem Zielstrich eine möglichst enge Einlaufgasse aufgebaut ist. In der Einlaufgasse kann dann dem ankommenden Sportler problemlos eine Teilnehmerurkunde oder ein Finishershirt überreicht werden.

Materielle Ausstattung des Zieleinlaufs
- Zielturm, möglichst mit Wettkampfuhr
- Absperrmaterial für Einlaufgasse
- Absperrmaterial für Zieleinlaufraum
- Verpflegungsstände für Finisher (Getränke, Obst, feste Nahrung)
- Computer, Drucker, Uhren
- möglichst Raum oder Zelt für Computerauswertung
- Tische, Stühle
- eventuell Raum für Urkundenschreiber.

Umweltschutz

Lange Zeit galten Industrie, Energieerzeuger und Verkehr als die alleinigen Verursacher der Umweltverschmutzung. In den letzten Jahren sind jedoch auch der Sport und die Touristik ins Gerede gekommen. Kein Wunder, denn es ist offensichtlich, wie z.B. der Skilauf ganze Landstriche verändert oder der Wassersport manchem See arg zusetzt.

Die Umweltbeeinträchtigung durch die Sportart Triathlon ist zwar gering, da die Teildisziplinen Rad und Lauf ausschließlich auf Straßen und Wegen ausgeübt werden, und das Schwimmen entweder in Schwimmbädern oder an Badestränden stattfindet. Dennoch gibt es im Umfeld von Triathlonveranstaltungen eine ganze Menge Einwirkungsmöglichkeiten, die Umweltbelastung zu verringern.

Hier nun einige Hinweise, wie Veranstaltungen und die Arbeit in den Vereinen im Hinblick auf den Umweltschutz verbessert werden können:

• Bereits in der Vorbereitung einer Veranstaltung sollte entschieden werden, ob für Ausschreibungen, Programmhefte, Meldekarten unbedingt Hochglanzpapier oder besser Recyclingpapier verwendet werden sollte.

• Die Strecke muß so geführt sein, daß Naturschutzgebiete, Vogelnistplätze und ähnliche sensible Naturbereiche geschont werden. Das kann bei Crosstriathlons durchaus ein Thema sein.

• Es ist zu prüfen, ob auf Kleiderbeutel aus Kunststoff verzichtet werden kann. Textiltaschen erhöhen zwar den organisatorischen Aufwand, sie erleichtern aber auch das Säubern des Wechselgeländes nach dem Wettkampf. Trinkbecher aus Pappe belasten in Herstellung und Entsorgung wesentlich weniger die Umwelt als Plastikbecher. Noch besser sind allerdings wiederverwendbare Becher.

Als Prinzip sollte gelten, den Anfall an „Wettkampfmüll" so gering wie möglich zu halten.

• Bei Großveranstaltungen kann die Geräuschbelästigung zum Problem werden (Lautsprecheranlage, Startschüsse). Der Veranstalter sollte prüfen, wie der Geräuschpegel und die Dauer der Beschallung auf das organisatorisch notwendige Maß reduziert werden können.

• Besondere Probleme beim Triathlon entstehen durch die Ausweitung des Autoverkehrs und die Inanspruchnahme von Parkplätzen. Da es kaum realistisch ist, Triathleten zur Anreise mit öffentlichen Verkehrsmitteln aufzufordern, sollte zumindest durch Fahrgemeinschaften das Verkehrsaufkommen eingeschränkt werden.

• Die Vereine werden angehalten, nicht nur Forderungen bei der Genehmigung von Wettkampfstrecken zu stellen, sondern auch bei unterhaltenden Maßnahmen (z. B. Ufersäuberung) mitzuhelfen. Das bringt auch ein besseres Verhältnis zu Naturschützern, die häufig bei der Genehmigung von Wettkampfstrecken mitentscheiden.

• Auch bei kleinen Triathlonveranstaltungen ist es üblich, Organisationskonzepte zu erarbeiten. Maßnahmen zum Umweltschutz, zur Vermeidung von Abfall und zur Entsorgung sind darin meist nicht enthalten. Hierüber müssen sich die Organisatoren jedoch auch Gedanken machen.

• Schließlich besteht eine der wichtigsten Aufgaben von Vereinen und Verbandsverantwortlichen darin, bei Sportlern und Funktionsträgern das Umweltbewußtsein zu entwickeln. Triathleten sind in der Regel naturverbundene Menschen, trotzdem ist es wichtig, das Verständnis für den Schutz der Natur zu vertiefen, denn in vielen Situationen muß der Sportler unabhängig von Regeln selbst entscheiden, was er der Natur zumuten kann. Triathlon ist auf eine intakte Umwelt angewiesen, schon deshalb müssen die Sportler mithelfen, die Natur zu bewahren. Diese gegenseitige Abhängigkeit mehr und mehr erkennen und zu beachten, sollte Aufgabe aller Verantwortlichen sein. Umweltschutz im Triathlonsport geschieht auch aus Eigeninteresse. Denn wer möchte schon den Ast abschneiden, auf dem er sitzt?

Schema eines Organisationsplanes

Das folgende Schema soll für die Ausrichter von Triathlonveranstaltungen ein Fahrplan für die organisatorischen Maßnahmen sein und den Wettkämpfern einen Einblick geben in die umfangreichen Arbeiten, die mit der Durchführung eines Triathlons verbunden sind.

10 Monate vor dem Wettkampf

1. **Terminplanung, Festlegung der Wettkampfstätten**
- Absprache mit den Eigentümern der Sportstätten, des Schwimmgewässers bzw. des Raumes für die Wechselzone
- Festlegung des Wettkampftermins und der Startzeit (Berücksichtigung anderer Veranstaltungen und der Wetterabhängigkeit)
2. **Bestimmung der maximalen Teilnehmerzahl**
3. **Einholen der notwendigen Genehmigungen**
- Nutzung öffentlicher Wege und Straßen
- Anmeldung beim Landesverband
- Veranstaltungsgenehmigung durch die Gemeinde oder die Kreisverwaltung
- Genehmigung der Rechtsträger (Besitzer) der genutzten Sportanlagen und Strecken (Forstverwaltung, Naherholungsgebietsverwaltung, private Besitzer)
4. **Fertigstellung der Ausschreibung**
Diese muß enthalten:
- Bezeichnung des Wettkampfes
- Veranstalter/Ausrichter
- Ort des Wettkampfes
- maximale Teilnehmerzahl

- Termin und Startzeiten der einzelnen Gruppen
- Länge der Teilstrecken
- Rahmenwettbewerbe
- Altersklasseneinteilung
- Zeitlimit für einzelne Strecken
- Meldeanschrift/Meldeschluß
- Meldegebühr und Kontonummer
- Hinweise zur Wettkampforganisation (z. B. Streckenplan, Zeitpunkt der Einweisung, Siegerehrung)
- Trainingszeiten auf den Teilstrecken
- Übernachtungsmöglichkeiten
- Parkplätze

5. Organisationsplan
- Genauer zeitlicher Ablauf der Haupt- und Rahmenveranstaltungen
- Zeitplan für alle Vorbereitungsarbeiten
- Festlegung aller notwendigen Sicherheitsmaßnahmen
- Plan für alle Maßnahmen der Werbung und der Medieninformation
- Maßnahmen für Sponsorengewinnung

6 Monate vor dem Wettkampf

1. Verschicken der Ausschreibungen
(an Einzelpersonen und Vereine)
2. Erstellen eines Finanzierungsplanes
Eingänge
- Startgelder
- Gewinne durch Souvenirverkauf und Werbung
- Sponsorengelder

Ausgaben
- Druckkosten (Ausschreibung, Plakate, Ergebnislisten usw.)
- Kosten für Herrichtung der Strecken und des Wechselgartens

- Mieten (Zelte, Stühle, Tische, Sportgeräte, Boote usw.)
- medizinische Betreuung
- Wettkampfverpflegung
- Porto
- Startnummern
- Lautsprecheranlagen
- Beschilderung
- Zeitnahme und Ergebnisdienst (Computernutzung)
- Urkunden, Siegergeschenke
- Preisgelder
- Kampfrichter- und Helferentschädigung

3. Aufbau des Mitarbeiterstabes
Ein Mitarbeiterstab muß aufgestellt werden, durch den alle weiteren Maßnahmen in den Teilbereichen der Veranstaltung erledigt werden. Regelmäßige Besprechungen sind notwendig. Der Mitarbeiterstab sollte umfassen:
- Gesamtleiter des Wettkampfes
- Organisationsleiter
- Wettkampfleiter Schwimmen
- Wettkampfleiter Radfahren
- Wettkampfleiter Laufen
- Leiter der Zeitnahme
- Leiter Meldewesen/Siegerehrung
- Leiter Sicherheit und medizinische Betreuung
- Verpflegungsverantwortlicher (einschließlich Nudelparty)
- Chef der Jury

4. Eröffnung des Meldebüros
- Konto für Meldegebühren eröffnen
5. Erarbeitung eines Materialbeschaffungsprogramms für
- den Wechselgarten
- die Schwimmstrecke
- die Radfahrstrecke
- die Laufstrecke
s. „Materielle Voraussetzungen …" bzw. „Materielle Ausstattung …" auf den Seiten 179 ff.

3 Monate vor dem Wettkampf

1. **Verschicken von Informationsmaterialien an Presse, Rundfunk und Fernsehen** (Ausschreibungen, Plakate, Presseinformationen)
2. **Absprachen mit verschiedenen Organisationen** bezüglich Mithilfe
   - Deutsches Rotes Kreuz
   - Gemeindeverwaltungen der von Strecken berührten Kommunen
   - Straßenaufsicht
   - Polizei (evtl. Absperrung)
   - Feuerwehr
   - Wasserrettungsdienst
   - Sportvereine
3. **Erarbeitung eines Einsatzplanes für die Kampfrichter und Helfer**
   - Gewinnung von Kampfrichtern und Helfern
4. **Verschicken der Startbenachrichtigung**
   - Merkblatt für den Wettkämpfer
5. **Massagedienst**
6. **Beschaffung von Transportfahrzeugen und Motorrädern für Kontrollen**

4 Wochen vor dem Wettkampf

1. **Markieren der Wettkampfstrecken für das Training**
   - evtl. Tageszeiten festlegen
2. **Werbung**
   - Regelmäßige Information der Presse (evtl. Pressekonferenz)
   - Einladung prominenter Persönlichkeiten und Sponsoren
3. **Feinabsprache mit Polizei und Gemeinden**
   - evtl. Ortsbegehung

1 Woche vor dem Wettkampf

1. **Beginn mit dem Herrichten der Wettkampfanlage,** insbesondere des Wechselraumes
2. **Zusammenkunft aller Verantwortlichen des Mitarbeiterstabes**

1 Tag vor dem Wettkampf

1. **Aufbau aller Wettkampfanlagen**
   - Wechselgarten (Radständer, Umkleideanlagen usw.)
   - Start- und Zieleinrichtungen
   - alle Vorrichtungen für die Zeitnahme
   - Bereitschaft aller Nebenanlagen einschließlich der Parkplätze
   - Lautsprecheranlage
2. **Markierung der Strecken** (km-Angaben)
   - Bodenmarkierung und Hinweisschilder für die Radfahr- und Laufstrecke
   - evtl. Verkehrsschilder aufstellen
   - Setzen der Bojen für die Schwimmstrecke
3. **Sprechereinweisung**
4. **Kontrolle aller sicherheitstechnischen Maßnahmen**
   - Führungs- und Schlußfahrzeuge
5. **Sponsorenwerbung anbringen und Fahnenschmuck**

Wettkampftag

1. **Melde- und Informationsstelle einrichten**
   - Schreibarbeiten
   - Informationstafeln (Ergebnisse)
2. **Kampfrichterbesprechung**
   - Kontrolle aller eingeteilten Kampfrichter
3. **Kontrolle aller Sicherheitsmaßnahmen**

4. Aufbau der Wasserstellen und Verpflegungsstationen im Wechselgarten und auf den Strecken
5. **Start-Check**

Veranstaltung

1. **Begrüßung**
2. **Wettkampfeinweisung** (Pflicht für alle Wettkämpfer)
3. **15 Minuten nach der Einweisung: „Start"**
4. **Siegerehrung**

Nach der Veranstaltung

1. **Abbau aller Anlagen**
2. **Säuberung der Wettkampfstätten**
3. **Rückführung aller Materialien**
4. **Berichterstattung an die Medien**
5. **Ergebnisprotokoll zusammenstellen und an die Teilnehmer verschicken**
6. **Dankschreiben an die Förderer und Sponsoren der Veranstaltung**
7. **Abrechnung aller entstandenen Kosten**
8. **Auswertung aller Mängel und Fehler der Organisation**
9. **Beginn mit der Vorbereitung des folgenden Triathlons.**

Literatur

Altig, Rudi/Link, K.: Optimale Radsport-Technik 2. Für Könner. Oberhaching: Sportinform Verl., 1986

Aschwer, Hermann: Handbuch für Triathlon. Aachen: Meyer & Meyer, 1988

Berendonk, Brigitte: Dopingdokumente. Von der Forschung zum Betrug. Berlin/Heidelberg/New York: Springer-Verlag, 1991

Bremer, D./Engelhardt, M./Kremer, A./Wodick, R. (Red.): Triathlon. Trainingssteuerung, Psychologie, Jugendtriathlon. Internationales Triathlon-Symposium, Neumünster 1988. Ahrensburg: Czwalina, 1989

Bremer, D./Engelhardt, M./Krcmer, A.: Triathlon: Psychologie, Training, Doping: Internationales Triathlon-Symposium, Nürnberg, 1987

Bremer, D./Engelhardt, M./Kremer, A./Wodick, R. (Red.): Triathlon. Sportmedizin und Trainingswissenschaft. Internationales Triathlon-Symposium, Hanau, 1986. Ahrensburg: Czwalina, 1989

Bremer, D. (R.)/Engelhardt, M./Kremer, A./Wodick, R.: Triathlon: Physiologie, Betreuung, Trainingsplanung. Internationales Triathlon-Symposium, Niedernberg, 1989

Die Ordnung der DTU. München: Bayrischer Triathlon-Verband, 1992

Ehrler, W./Menschel, C. H./Meyer, J.: Triathlon. Berlin: Sportverlag, 1987

Engelhardt, M.: Faszination Triathlon. Bielefeld: Bielefelder Verlagsanstalt, 1987

Engelhardt, M. / Kremer, A.: Triathlon perfekt. München/Wien/Zürich: BLV, 1987

Janssen, P. G. J. M.: Ausdauertraining. Trainingssteuerung über die Herzfrequenz- und Milchsäurebestimmung. Erlangen: perimed, 1989

Klaeren, K.: Trainingsplan Triathlon – Einsteiger und Fortgeschrittene. Oberhaching: sportinform, 1988

Klaeren, K.: Der Triathlon-Ratgeber. Oberhaching: sportinform, 1988

Lachmann, G./Steffens, T.: Triathlon. Die Krone der Ausdauer. Hilden: Spiridon, 1983

Schramm, E.: Sportschwimmen. Berlin: Sportverlag, 1987

Wachter, G./Hofmann, J./Zaeck, J.: Erfolg im Triathlon durch systematisches Kraft- und Schnelligkeitstraining. Bielefeld: Bielefelder Verlagsanstalt, 1988

Wachter, Gerhard: Faszination Triathlon. Bielefeld: Bielefelder Verlagsanstalt, 1987

Helmut Linzbichler

Der Transamerika-Lauf

5000 Kilometer von Los Angeles nach New York

144 Seiten mit 70 Fotos
ISBN 3-328-00564-1

TRANS AM '92: 25 Läufer aus der ganzen Welt stellen sich einer der größten Herausforderungen der Sportgeschichte. Sie starten am 20. Juni 1992 in Los Angeles und laufen zwei Monate, um am 22. August, mit 5000 Kilometern in den Beinen, in New York anzukommen – Hoffnung und Ziel aller Beteiligten.

Sie testen menschliches Leistungsvermögen bis an die Grenzen aus. Die Chance anzukommen besteht, die Sicherheit nicht. Bestimmt wird es ein Lauf, bei dem Blut, Schweiß und Tränen fließen werden, ein Lauf, der Emotionen auslöst, die nur wenigen Menschen zuteil werden. Quer durch Amerika zu laufen, heißt, Halbwüsten zu durchqueren, Berge zu erobern und Meile für Meile auf endlosen, schnurgeraden Highways nicht zu verzweifeln.

Einer dieser Männer, der fünfzigjährige Österreicher Helmut Linzbichler, prominenter Sportabenteurer und weltreisender „Marathon-Mann", beschreibt in seinem Tagebuch alles, was ihm an Ereignissen und Gefühlen widerfährt. Zu seinem Team gehören ein Arzt, ein Masseur, ein Campingbusfahrer und ein Fahrradbegleiter. Mit ihm läuft Stefan Schlett, der einzige deutsche Teilnehmer.

Werden die Männer diesen Ultralangstreckenlauf bestehen? Wird die Ernährung, die Ausrüstung richtig gewählt sein? Werden Physis und Psyche 120mal das aushalten, was für den Läufer von Marathon im Jahre 490 v. Chr. den Tod bedeutet hat? Die Antworten wird dieses Buch geben, das für die Freunde des Langlaufs Maßstäbe setzt.

Sport und Gesundheit Verlag GmbH